Die

Bergwerksverwaltung

des

Hannoverschen Oberharzes

seit 1837

und

der Ernst-August-Stollen.

Von

dem Oberbergrathe **Jugler**

zu Hannover.

(Besonderer Abdruck aus Karsten und v. Dechen Archiv XXVI. Bd.)

Druck von Georg Reimer in Berlin.

1854.

Die Bergwerksverwaltung des Hannoverschen Oberharzes seit 1837.

I. Einleitung.

1. Allgemeine Bemerkungen.

Seitdem in dem Archiv,*) von dem viel zu früh verstorbenen Oberbergrathe Albert die Resultate der Bergwerksverwaltung des Hannoverschen Oberharzes in den Jahren 1831 bis 1836 zusammengestellt worden, sind ähnliche Mittheilungen für das bergmännische Publicum nicht erschienen, und es wird nach dem Ablaufe von funfzehn Jahren eine Fortsetzung jener Nachrichten nicht ohne Interesse seyn.

Die folgenden Bemerkungen sollen sich an jene Arbeit unter besonderer Berücksichtigung der vollständigen und ausführlichen Angaben anschliefsen, welche Hausmann's bekanntes Werk über den Hannoverschen Harz sowohl selbst, als in seinen Anlagen enthält. **)

*) Band X. p. 3. ff. Resultate der Bergwerksverwaltung des Hannoverschen Oberharzes in den Jahren 1831 — 1836.

**) 1. Hausmann: Ueber den gegenwärtigen Zustand und die Wichtigkeit des Hannoverschen Harzes. Gött. 1832. 8.

2. Eine Darstellung des Harzhaushaltes und der Steinkohlenbergwerke und Salzwerke des Königreichs Hannover in staatswirthschaftlicher Beziehung findet sich in dem neu erschienenen

Es wird auf diese Weise eine Reihe aus verschiedenen Zeiten fortlaufender Zusammenstellungen den Ueberblick der Veränderungen des Harzhaushaltes erleichtern.

2. Veränderungen und Einrichtungen etc.

Seit dem Erscheinen dieses Werkes sind jedoch mehrere Veränderungen in dem allgemeinen Zustande des Harzes und in der Verwaltung des Bergwerkshaushaltes eingetreten, welche hier nicht ganz übergangen werden dürfen.

Die Leitung des Bergwerks- Hütten- und Forsthaushaltes war als ein Theil der gesammten Domanialverwaltung früher stets der Rentcammer (s. g. „Cammer") beigelegt gewesen, ging aber bei deren Aufhebung im J. 1823 nebst den übrigen Bergwerks- und Salzwerksangelegenheiten und zwar provisorisch an das Cabinetsministerium über, bei dem schon für die Regiminalsachen ein eigenes Harzdepartement bestand.

Beide Departements wurden von dem am 16. Febr. 1849 verstorbenen Minister von Meding, der seit von Trebra's Rücktritte bis 1825 den Geschäften des Harzes vorgestanden und während der letzten Jahre bis 1813 die Generaldirection der Bergwerke in Cassel geführt hatte, mit grofser Vorliebe für den Harz geleitet, aber mit seinem Ausscheiden aus dem Staatsdienste hörte diese unmittelbare Verbindung auf.

Die Regiminalsachen des Harzes wurden dem Departement des Innern, die Bergwerksangelegenheiten aber dem der Finanzen überwiesen und diese Vertheilung dauert

---

Werke des Hrn. Ministerialvorstandes Lehzen: Hannovers Staatshaushalt. 1. Theil. Hann. 1853. 8.

3. Die Mittheilungen des Gewerbe-Vereins für das Königr. Hannover (1852). Lief. 68. u. 69. enthalten eine Uebersicht der Production und ähnliche Angaben über den Betrieb des Harzes und anderer Fabriken u. s. w. des Landes.

bei der neuerlich eingetretenen Anordnung selbstständiger Ministerien noch jetzt fort.

Die am Harze selbst angeordneten Veränderungen blieben ohne wesentlichen Einflufs. Doch wurden durch neue Einrichtungen bei den Gerichten und in der Ortsverwaltung die Verhältnisse der Bergstädte, unter denen Andreasberg und Zellerfeld neue Stadtverfassungen erhielten, und der übrigen Orte vereinfacht.

Die Forstschule, welche seit dem J. 1821 in Verbindung mit der Bergschule zu Clausthal bestanden hatte, wurde 1844 nach Münden verlegt, ist aber 1849 zeitweilig aufgehoben, weil sie bei den neuen Einrichtungen des Forstwesens wenigstens für die nächste Zeit nicht mehr nothwendig war.

An einen Besuch des Königs im Herbste 1839, den ersten des rechtmäfsigen Landesfürsten seit der Anwesenheit Georgs II. im J. 1729, und an einige günstige Veränderungen knüpften sich manche Hoffnungen, welche jedoch durch einen an sich sehr unbedeutenden Auflauf in Zellerfeld, 26. Aug. 1844, und die grofse Feuersbrunst zu Clausthal, $\frac{11}{12}$ September dess. Jahres, sehr getrübt wurden.

Diese Ereignisse veranlafsten die Einrichtung einer Polizeidirection für die aneinanderstofsenden Bergstädte Clausthal und Zellerfeld und nebst den nothwendigen Vorschriften wegen einer weniger feuergefährlichen Bauart auch eine erschwerte Versicherung der Gebäude.

Die ursprüngliche, durch die Errichtung des Königreichs Westphalen unterbrochene, Steuerfreiheit des Harzbezirks war durch die erste Anordnung eines allgemeinen Steuersystems für das ganze Königreich 1817 nur wenig geschmälert, wurde aber bei der Gründung des Steuervereins 1834 gröfsten Theils beseitigt und konnte auch nach dem Rücktritte des Herzogthums Braunschweig von diesem Verbande nicht wiederhergestellt werden.

Durch die erste Vereinigung der Kön. Generalcasse

mit der Landescasse, der „Generalsteuercasse", von 1834 bis 1841 wurde bei den bald eingetretenen Veränderungen die Regelung der Harzverhältnisse, welche sie erwarten liefs, nicht bewirkt.

Die jetzige, mit dem 1. Juli 1849 anhebende Vereinigung beider Cassen hat aber, verbunden mit den übrigen durch die neue Landesverfassung bedingten Veränderungen die fast gänzliche Gleichstellung des Harzbezirkes mit den übrigen Landesprovinzen vollendet und aufserdem eine neue Anordnung der Verwaltung des Oberharzes herbeigeführt.

Die Rathsamkeit einer solchen Organisation des Oberharzes war seit langer Zeit von den Oberbehörden anerkannt, und diese Veränderung ist für den Harz von so grofser Wichtigkeit, dafs sie näher berührt werden mufs.

3. Die neue Organisation.

Die ältere, aus dem Ende des vorletzten Jahrhunderts herrührende Einrichtung der Harzverwaltung war an und für sich auf die Verhältnisse des einseitigen Oberharzes mit den drei freien Bergstädten Clausthal, Altenau und S. Andreasberg, den Silberbergwerks- und Forsthaushalt unter dem Berg- und Forstamte und auf die Leitung und Oberaufsicht eines Berghauptmannes oder Landdrosten berechnet.

Dem letzteren war in späterer Zeit meistens ein Viceberghauptmann zur Seite gesetzt, und beide hatten auch nebst der Herzogl. Berghauptmannschaft die Angelegenheiten des Communion-Harzes wahrzunehmen. Nach der Theilung des Communion-Oberharzes fielen der Churfürstlichen Linie auch die anderen vier Bergstädte Zellerfeld, Wildemann, Grund und Lautenthal nebst dem gesammten Communion oberharzischen Silberbergwerkshaushalte und einem grofsen Theil der Forsten auf dem ihr zu $^4/_7$ überwiesenen Gebietsantheile zu.

Die Einrichtungen blieben unverändert, so dafs gewisser Mafsen nur ein Wechsel in dem Personale der Direction eintrat, obwohl eine Vereinfachung immer beabsichtigt wurde.

Durch die französische Besetzung des ganzen Landes im J. 1803 wurden alle durchgreifenden Veränderungen abgeschnitten, auch wenn es sonst rathsam gewesen wäre, sie auszuführen, weil sie der Genehmigung des rechtmäfsigen Landesfürsten bedurft hätten.

Einer störenden Einwirkung der französischen Administration auf die innern Angelegenheiten des Harzes wurde zwar durch die aufopfernden Bemühungen des Berghauptmannes von Meding und die Anordnungen des für die Domanialsachen fortbestehenden Cammercollegiums, verbunden mit Villefosse's wissenschaftlicher Thätigkeit und wohlwollender Anerkennung mancher Vorzüge des Harzischen Betriebes vorgebeugt, allein ein übermäfsiger Angriff der reichsten Erzmittel der wichtigsten Gruben begann, um dem Harzhaushalte die nothwendigen Geldmittel zu verschaffen.

Bei der Bildung des Königreichs Westphalen wurden diesem die südlichen Provinzen des Churfürstenthums Hannover, die Fürstenthümer Göttingen und Grubenhagen nebst dem Harze zugetheilt, und einer ganz neuen Organisation des Landes nach dem französischen Muster folgte auch die der Bergwerks-, Hütten- und Salzwerksverwaltung, welche bei allen Mängeln, die sie in der Ausführung gehabt haben mag, diesem wichtigen Zweige ein rasches Emporblühen sichern konnte.

Sie beruhte aber wesentlich auf einer Verbindung solcher Provinzen, welche nach der Wiederauflösung des neuen Königreichs von selbst an die früheren Landesfürsten zurück fielen. Aufserdem war die neue Anordnung der Harzverwaltung auch nach dem Frieden nicht wohl beizubehalten, weil sie mit den Einrichtungen in den übrigen

Landestheilen nicht zu vereinigen gewesen wäre, in welchen die alte Verwaltung auf dem früheren Fufse sich bei der entschiedenen Abneigung der Mehrzahl der Einwohner gegen die Neuerungen einer verhafsten Fremdherrschaft gewisser Mafsen von selbst wiederhergestellt hatte.

Am Harze traten daher, obwohl mit einigen Modificationen, die alten Verhältnisse ebenfalls wieder ein. Wie in den sieben Bergstädten die Magistrate mit dem Namen von „Richter und Rath", wurden in dem ehemals einseitigen Bezirke das Bergamt zu Clausthal; in dem vormaligen Communionbezirke aber das Bergamt zu Zellerfeld als Gerichts- und Verwaltungsbehörden für die aufserhalb der Bergstädte belegenen Orte mit ihren rechtskundigen Mitgliedern wieder eingesetzt. Diese wurden nebst einigen andern Mitgliedern die Bergbeamten „von der Feder" genannt und bildeten mit denen „vom Leder" die Bergbehörden, mit den Oberförstern und den Forstreferenten aber die Forstbehörde. Der Berghauptmannschaft endlich stand als vorsitzenden Mitgliedern dieser Behörde, zugleich aber auch als Provincialoberbehörde, die Leitung aller dieser Geschäfte zu.

Von den neuen Einrichtungen wurde Anfangs nur das allgemeine Revisionsbureau und die Bergschule, statt einzeln stehender Revisoren und Lehrer, beibehalten, allein es folgten allmälig mehrere Anordnungen, um die Verwaltung zu vereinfachen.

Statt der beiden getrennten, immer von dem Vorstande des Bergamts selbst verwalteten, Zehntcassen wurde eine Zehntcasse zu Clausthal unter den zu diesem Zwecke bestimmten Beamten angeordnet, das Bergamt zu Zellerfeld aufgehoben und seine Geschäfte und Mitglieder dem zu Clausthal mit überwiesen (1818), eine gröfsere Trennung in den verschiedenen Geschäftszweigen des Bergamtes eingeführt und eine Abänderung der städtischen Verwaltung vorbereitet, endlich aber, — zum Theil mit Rücksicht auf vorübergehende Verhältnisse, — ein provisorisches berghauptmannschaftliches Collegium statt der früheren Directionsbehörde angeordnet.

Alle diese Veränderungen liefsen aber noch sehr Vieles zu wünschen übrig, und es wurde in Veranlassung der mit den Ständen 1833 vereinbarten, zunächst freilich eine Ersparung bezweckenden, neuen Civilorganisation auch eine ganz abweichende Anordnung der Harzverwaltung beschlossen.

Diese neue Anordnung, welche eine Ueberweisung des Harzbezirkes an die Landdrostei Hildesheim voraussetzte, sollte im Wesentlichen eine Verwaltungsbehörde für den Bergwerks-, Hütten- und Forsthaushalt des Oberharzes begründen, welche aus dem Berghauptmanne, einem für die allgemeinen Angelegenheiten bestimmten Bergrathe, einem Rechtskundigen, den fünf Vorstehern der Betriebszweige nebst einem Rechnungsdirector bestehen; kam aber wegen veränderter Umstände, wie die für die übrige Landesverwaltung beabsichtigten Veränderungen, nicht zur Ausführung.

Unter den nachher angeordneten Veränderungen ist aufser der Errichtung zweier neuer K. Berg- und Stadtgerichte zu Zellerfeld und Andreasberg für den Bergamtsbezirk und für die Bergstädte mit Ausnahme von Clausthal nur die seit 1842 fortbestehende Verbindung des Amtes Elbingerode mit dem eigentlichen Harzbezirke anzuführen, welche sowohl durch die vereinzelte Lage des Amtes, als durch Rücksichten auf den Betrieb der dortigen Forsten und Hütten veranlafst wurde, der schon lange dem Harzhaushalte beigelegt war.

Mehr eingreifende Veränderungen, die im Plane lagen, wurden durch ein Zusammentreffen ungünstiger Umstände oder störender Ereignisse, namentlich den grofsen Brand zu Clausthal, den Wassermangel von 1846, die Theurung im J. 1847, welche die Kräfte der Verwaltung in einem engen Kreise völlig in Anspruch nahmen, und andere Gründe verzögert, bis die Nothwendigkeit einer durchgreifenden ganz neuen Anordnung sich im J. 1848 herausstellte.

Es war damals ein Gewinn, dafs diese Veränderungen gerade zu einer Zeit beschlossen und ausgeführt wurden, in welcher mit denselben mehrere andere Verbesserungen verbunden oder zu einer baldigen Ausführung mit vorbereitet werden konnten.

Diese neuen Anordnungen sind von so grofser Bedeutung für die innere Verwaltung und die richtige Haushaltsführung des Oberharzes, dafs mit ihrem Anfange ein neuer Zeitraum begonnen werden mufs, dessen Uebergangszeit sich mit dem Eintritte der neuen Landesorganisation, — der Trennung der Rechtspflege von der Verwaltung statt deren früherer Verbindung bei den Städten, Patrimonialgerichten und K. Aemtern — abschliefst. (1. October 1852.)

Ueber diese neue Organisation, und über die Rücksichten, welche von dem Entwurfe von 1837 abriethen, wurde den Ständen unter dem 2. April 1850 eine Mittheilung gemacht, welche sich auch über die Regelung des Haushaltes und des Schuldenwesens der Zehntcasse aussprach.

Das Wesentliche der neuen Einrichtung besteht darin, dafs

a. für die gesammte Regiminalverwaltung des Harzbezirkes eine den Landdrosteien (Provincialregierungen) gleichstehende Berghauptmannschaft errichtet und mit einem Berghauptmanne, als allein entscheidendem Beamten, unter Beiordnung eines ihn vertretenden Regierungsrathes besetzt wurde, und dafs

b. für den gesammten oberharzischen Bergwerks-, Hütten- und Forsthaushalt ein neues Berg- und Forstamt hergestellt wurde, welches nur dem Finanzministerium untergeordnet ist, die Verwaltung möglichst selbstständig führt und aufser dem präsidirenden Berghauptmanne aus sechs stimmführenden Mitgliedern besteht, von denen jedes ohne zu den Betriebsbeamten zu gehören, für einen Verwaltungszweig zunächst bestimmt ist.

Von diesen sechs Mitgliedern, denen drei Hülfsarbeiter zugetheilt wurden, hat je einer die Angelegenheiten des Silberbergwerkshaushaltes, der Eisenhütten und des Eisensteinbergbaues, die Forstsachen, die Bausachen, die Rechnungssachen und die Rechtssachen wahrzunehmen.

c. Für die Besorgung der Communion unterharzischen Sachen, welche nach wechselnder Direction gemeinschaftlich mit der Herzoglich Braunschweigschen Behörde bearbeitet, übrigens aber durch diese neue Organisation gar nicht berührt werden, ist dem Berghauptmanne ein Hülfsreferent beigegeben. *)

Bei den von den Ständen genehmigten Vorschlägen über die Bestimmung der Gehalte für die neuen Beamten und für die bei der Zehntcasse neu eintretenden Beamten wurde zugleich dafür Sorge getragen, dafs die Beamten, denen eine angemessene Anstellung sogleich nicht wieder zu Theil werden konnte, einen Verlust an den bis dahin bezogenen Diensteinnahmen nicht erleiden sollten.

Gleichzeitig wurden auch die Besoldungen der Beamten der Harzforsten, wie die der übrigen Domanialforsten, im folgenden Jahre diejenigen der Betriebsbeamten des Silberbergwerkshaushaltes und im letzten Jahre die der Beamten der Eisenhütten und des Eisenbergbaues auf eine erwünschte Weise durch nähere Vereinbarungen mit den Ständen festgesetzt.

Endlich wurde am Ende des J. 1852 ein bis dahin mangelndes Regulativ über die Heranziehung von Beamten

*) Der Communionharz bildet bekanntlich noch auf einem selbstständigen kleinen Gebiete einen eigenen Bergwerks- und Hüttenhaushalt, an dem der K. Hannoverschen Linie $\frac{4}{7}$, der Herzogl. Braunschweigschen Linie $\frac{3}{7}$ zustehen. (Vergl. Kerl, der Communion-Unterharz. Freib. 1853.)

für den technischen Dienst des oberharzischen Berg- und Hüttenwesens erlassen.

4. Bergschule zu Clausthal.

Diese Bestimmungen stehen mit der Bergschule zu Clausthal in wesentlicher Beziehung, welche von der Westphälischen Regierung errichtet und für die sämmtlichen Berg- und Hüttenwerke des Königreichs bestimmt (1810), seitdem aber zur wissenschaftlichen Ausbildung der Betriebsbeamten und Unterofficianten des oberharzischen Bergwerkshaushaltes beibehalten war. Die Lehranstalten hatten sich unter steter Mitwirkung des verstorbenen Oberbergrathes Dr. Zimmermann sehr gehoben, und es wurde nach der Verlegung der Forstschule für sie so gesorgt, dafs sie die Mitbenutzung der bis dahin gemeinschaftlich gewesenen Hülfsmittel etc. nicht entbehrte.

Die vorhandenen Sammlungen wurden eifrig vermehrt und der Unterricht in der Hüttenkunde durch die Erbauung eines neuen Laboratoriums sehr gefördert. Zuletzt ist der Anstalt das schon früher sehr erweiterte Gebäude ganz überwiesen, nachdem durch die Einstellung des Münzbetriebes für das Berg- und Forstamt neue Räume frei geworden.

Der im J. 1818 nur 1200 Rthlr. Cass. M. betragende Etat der Anstalt ist allmälig und zwar ohne den Harzangehörigen den Vortheil des wesentlich freien Unterrichts zu entziehen, so erhöhet, dafs er sich einschliefslich der Gehalte jetzt auf etwa 3200 Rthlr. Cour. beläuft.

Neben diesen äufseren Begünstigungen hat die Anstalt aber auch in der Ausdehnung des Unterrichts gewonnen. Aufser den Bemühungen des früh verstorbenen Bodemann und des Hrn. Kerl für Probirkunst und Hüttenkunde und des Hrn. Markscheiders Borchers für die Vervollkommnung der Markscheidekunst, magnetische Observationen, *) Auf-

*) U. a. Ausmittelung des Ganges der Abweichung seit etwa 200 Jahren.

stellung sehr übersichtlicher Grubenmodelle, ist besonders der Thätigkeit Roemer's zu erwähnen, welcher nicht blofs für die Erforschung der Lagerungsverhältnisse des Oberharzes und die Bearbeitung der dort vorkommenden Petrefacten, sondern auch durch die Anregung seiner Schüler für Geognosie und Mineralogie mit dem günstigsten Erfolge wirkt.

Es ist sehr zu wünschen, dafs sich an die schon vollendeten Arbeiten eine umfassende Darstellung der Verhältnisse der Erzgänge und Lager anschliefse und dafs bald eine kritische Geschichte des Bergbaues für Zwecke der Verwaltung entworfen werde, deren Resultate auch in wissenschaftlicher Hinsicht von dauerndem Werthe seyn würden.

Bei der zunehmenden Wichtigkeit der Bergschule wird es auch keine Schwierigkeit finden, bei derselben die Anstellung einiger ihr wesentlich allein angehörender Lehrer möglich zu machen, welche ohne öfter zu wechseln und ohne durch ununterbrochene Berufsgeschäfte gestört oder zu übermäfsigen Anstrengungen gezwungen zu werden, die wissenschaftlichen Zwecke der Anstalt verfolgen können.

Die erforderliche Mehrverwendung wird sich bei dem raschen Emporstreben ähnlicher Anstalten und den gesteigerten Anforderungen um so mehr rechtfertigen, als sie zur Vervollständigung ihrer Leistungen nothwendig sein wird, wenn auch der grofse Vorzug noch so hoch angeschlagen wird, welchen die Vereinigung der mannigfaltigsten Betriebsanlagen etc. auf engem Raum ihr für practische Anleitung gewährt.

5. Jetzige Haushaltsführung.

Bei der neu begonnenen Haushaltsführung soll zunächst mittelst einer sehr genauen Aufstellung und strengen Innehaltung des Budgets für die einzelnen Zweige und Werke, — so weit solche bei einem derartigen grofsen Betriebe ausführbar ist, — und einer möglichst einfachen Berechnungsweise zwischen den verschiedenen Cassen, eine scharfe Trennung des Haushalts der gewerkschaftlichen und Königlichen Gruben und ähnlichen Cassen, bewirkt werden. Aufserdem wird eine allmälige Tilgung des Guthabens der gewerkschaftlichen Gruben und selbstständigen Cassen aus dem bei der Zehntcasse und der Berghandlung gesammelten Reservefonds beabsichtigt und endlich wird durch die völlige Beseitigung der bisherigen verwickelten Verhältnisse zwischen diesen beiden K. Cassen ein klarer Abschlufs des oberharzischen Haushalts von jedem Rechnungsjahre erlangt werden.

Nach den in dieser Weise gesicherten Ergebnissen kann dann der Haushalt selbst so geordnet werden, wie es die Lage des Bergbaues und der übrigen Zweige mit Rücksicht auf einen möglichst nachhaltigen Betrieb anrathen wird, ohne dabei jetzt einen unmittelbaren Ueberschufs für die Staatscasse zu bezwecken.

Wegen jener tief eingreifenden Veränderungen ergiebt sich für die Zusammenstellungen, welche hier mitgetheilt werden sollen, ein natürlicher Abschnitt mit dem Ende des J. 1849. Der nächste Zeitraum von anderthalb Jahren, 1. Januar 1850 bis zum 1. Julius 1851, verbindet das alte Rechnungsjahr nach dem Calenderjahr mit dem neuen vom 1. Julius, welches bei den übrigen K. Cassen schon seit 1823 eingeführt ist und mit jenem Zeitpunkte auch für den Oberharz beginnt.

Diesen Zusammenstellungen sind einige Jahresangaben aus früherer Zeit hinzugefügt, wenn sie zur Vergleichung nützlich seyn oder auf die veränderten Zustände ein helleres Licht werfen konnten, und es sind dann für die Jahre von $18\frac{35}{36}$ die Zahlen auf den jetzigen Courantfufs *) und das Gewicht des Centners zu 100 Pfd. Cöln. umgerechnet.

*) Die Cassenmünze zu 18, die Conventionsmünze zu 20 gegen 21.

Für den Fall, dafs einzelnen Lesern etwa Hausmann's oder Zimmermann's Werke oder ähnliche Arbeiten über den Oberharz nicht zur Hand sein sollten, soll hier im Voraus noch angeführt werden, dafs der gesammte Haushalt des Oberharzes aus drei Zweigen zusammengesetzt ist.

Ueber den wichtigsten dieser Zweige, den Silberbergwerks- und Hüttenhaushalt, werden in dem folgenden Aufsatze einige nähere Angaben mitgetheilt werden, auf welche hier Bezug genommen werden darf.

Es wird daher im Allgemeinen die Bemerkung genügen, dafs der eigentliche Bergwerksbetrieb nebst der Aufbereitung in die drei Bezirke Clausthal und Zellerfeld diesseits und Andreasberg jenseits des Bruchberges zerfällt, dafs in jenem die drei Silberhütten bei Clausthal, Altenau und Lautenthal, in diesem aber die Andreasberger Hütte betrieben wird.

Die Eisenhütten befinden sich hauptsächlich in der Gegend von Elbingerode und Lauterberg und an einigen anderen Orten, wie unten näher angegeben werden soll.

Die Forsten nehmen fast die ganze Fläche des Bezirkes ein.

II. Silberbergwerkshaushalt.

A. Bergbau.

a. Production.

In der folgenden Uebersicht ist die Production des gesammten Silberbergwerkshaushalts nach der Erzförderung in Treiben zu 40 Tonnen (ungefähr 220 Ctr. Gewicht) die Schliechlieferung nach Rösten zu etwa 38 Ctr. Gewicht und das Ausbringen der Metalle zusammengestellt.

Die zwischen der Production der Erze und Metalle eintretenden Verschiedenheiten werden sich im Ganzen ausgleichen, obwohl in den einzelnen Jahren der Gang der Arbeiten eine genaue, abschliefsende Uebereinstimmung nicht mit sich führen kann.

Aufser den von Hausmann nach Böse und Villefosse für 17$\frac{18}{26}$ und 18$\frac{02}{05}$ und für 18$\frac{26}{30}$ mitgetheilten Zahlen und den für 18$\frac{31}{35}$ zusammengezogenen Angaben von Albert, sind auch die Jahre von 1806 bis 1825 mit aufgenommen, so dafs seit 1802 eine vollständige Durchschnittsreihe vorliegt.

Für die neuere Zeit sind die einzelnen Jahre aufgeführt, statt der früheren zuweilen zusammengezogenen Zahlen von Blei und Glötte die letztern abgesondert angegeben, bei der Zusammenziehung aber nur durchgehends zu 90 Procent Blei in Rechnung gebracht.

Um eine Vergleichung der einzelnen Durchschnitts- oder Jahresangaben zu erleichtern, sind zwei Columnen für den Geldbetrag der Production hinzugefügt, deren Summen auf 1000 Rthlr. abgerundet sind.

Die erstere ergiebt den Werth nach den Preisen eines grofsen Durchschnitts von 14 Rthlr. für die Mark Silber, 5 Rthlr. für den Centner Blei und 25 Rthlr. für den Centner Kupfer, die zweite aber den Betrag, welcher sich bei der Vermünzung des Silbers und bei dem Verkaufe von Bergwaaren nach den Durchschnittspreisen des betr. Jahres als wirklich zur Casse gekommen herausstellen würde.

Während die erstere Columne also zur Vergleichung der wirklich erfolgten Production den Mafsstab darbietet, giebt die zweite den nach den sehr wechselnden Preisen des Verkaufs sich für die Casse herausstellenden Geldertrag.

Production des Silberbergwerkshaushaltes.

Jahr.	Erz Treiben	Schliech Röste	Silber Mrk.	Blei Ctr.	Glötte Ctr.	Blei und Glötte Ctr	Kupfer Ctr.	Durchschnittswerth Rthlr.	Ungefährer Ertrag Rthlr.
$17\frac{19}{34}$	.	.	60,500	34,800	13,900	47,000	3,940	1,182,000	1,160,000
$18\frac{02}{05}$	.	.	32,200	42,600	13,700	55,000	800	755,000	900,000
$18\frac{06}{13}$	.	.	45,300	58,800	30,300	86,000	497	1,178,000	1,300,000
$18\frac{14}{15}$	11,038	6,940	41,775	58,600	32,200	87,600	764	1,043,000	1,000,000
$18\frac{19}{20}$	8,320	6,600	45,850	61,380	27,000	88,400	1,170	1,113,000	940,000
$18\frac{21}{25}$	7,275	6,035	40,500	54,600	25,465	78,000	611	972,000	1,020,000
$18\frac{26}{30}$	7,245	6,430	44,200	62,900	28,700	89,000	580	1,071,000	1,060,000
$18\frac{31}{36}$	6,800	6,837	50,500	71,270	23,600	92,500	545	1,184,000	1,079,000
1837	6,527	6,189	43,562	83,441	8,419	91,000	555	1,072,000	921,000
1838	6,664	6,324	43,513	72,296	14,847	85,600	894	1,052,000	1,041,000
1839	6,968	6,626	45,293	69,943	14,376	83,000	579	1,055,000	1,007,000
1840	7.268	6,318	46,341	74,328	13,941	87,000	813	1,088,000	1,049,000
1841	7,229	6,172	46,004	76,590	9,684	85,300	898	1,085,000	1,035,000
1842	7,322	5,951	44,799	74,402	12,326	85,500	818	1,068,000	990,000
1843	7,347	6,005	44,954	72,433	11,888	83,130	958	1,069,000	960,000
1844	7,553	5,609	43,617	71,747	12,216	82,740	998	1,048,000	939,000
1845	7,786	6,022	46,962	79,507	9,970	88,580	965	1,124,000	1,047,000
1846	7,155	5,836	45,975	75,955	12,436	87,150	776	1,098,000	1,022,000
1847	7,800	5,888	44,556	74,598	12.385	85,750	1,194	1,085,000	1,001,000
1848	7,576	6,005	46,383	78,513	12,878	90,060	1,262	1,123,000	1,035,000
1849	7,305	5,811	46,336	78,228	13,369	90,260	1,403	1,127,000	1,055,000

Bemerkungen.

1. Ein Treiben Erz sind 40 Tonnen zu 7 Cub. F. und wird wohl zu 220 Ctr. angenommen, so wie ein Rost Schliech jetzt zu 38 Ctr.

2. Die Preise für Blei, Glötte und Kupfer sind nach den Verkäufen der Berghandlung angerechnet, bei denen die Glötte sehr oft höher stand, als das Blei.

Sie wechseln oft sehr rasch, z. B. 1837 und 1838 für das Blei 3¼ Thlr. auf 4¾, für die Glötte von 4 Thlr. auf 4½ Thlr.

3. In dem Blei ist das Hartblei mit 16—20 pCt. Antimongehalt, früher 1200 Ctr., 1848 und 1849 mit 2500—3400 Ctr. begriffen.

4. Ausser dem angesetzten Frischblei der Jahresproduction sind aus alten Glöttevorräthen 1848 und 1849 noch etwa 9500 Ctr. dargestellt.

Die Abweichungen in diesen Zahlen bedürfen kaum einer Erläuterung, da aus den früheren Arbeiten die Gründe bekannt sind, welche in den verschiedenen Zeitabschnitten eine Erhöhung der Erzförderung wieder herbeiführten.

Wie die Zeitumstände in den Jahren von $18\frac{05}{13}$ eine unverhältnifsmäfsige Steigerung der Metallproduction .veranlafst hatten, trat nach den günstigen Jahren von $18\frac{21}{25}$ in dem ersten fünfjährigen Abschnitte von $18\frac{26}{30}$ schon die Nothwendigkeit einer stärkeren Metalllieferung hervor, welche in den folgenden Jahren $18\frac{31}{36}$ wegen der geringen Bleipreise noch dringender wurde, um das Geldbedürfnifs des Haushalts decken zu können.

Dieses Mifsverhältnifs würde ohne den hinzugekommenen Bau der lohnenden Gruben zur Bockswiese, Bergwerkswohlfahrt und Hülfe Gottes und ohne den verbesserten Betrieb der Aufbereitung noch weit tiefer eingegriffen haben, konnte aber in den Jahren von $18\frac{37}{41}$ wieder so weit gehoben werden, dafs im Ganzen die Production den früheren Durchschnittswerth nicht erheblich mehr überschritt.

Später wurden die Umstände wieder ungünstiger, und es wurde eine stärkere Erzförderung sowohl wegen der abnehmenden reinen Massen als auch wegen der Verhältnisse des Absatzes unvermeidlich, da die Zeit die Herstellung des Gleichgewichts in anderer Weise nicht gestattete.

b. Die Gruben.

In dem nächst verflossenen Zeitraum hat zwar die Verwaltung unausgesetzt sich bestrebt, den Betrieb der Gruben so zu führen, dafs ihr Bestehen noch auf eine möglichst lange Reihe von Jahren gesichert bleibe, aber dieser Zweck hat sich in erwünschter Weise nicht vollständig erreichen lassen.

Besonders ist neuerlich durch den abnehmenden Röstefall die stärkere Erzförderung herbeigeführt worden, um durch eine gröfsere Anzahl von Treiben eine Ausgleichung im Ganzen zu bewirken.

Noch weniger günstig als bei der Gesammtproduction zeigt sich dieser Erfolg bei einzelnen Gruben, während einige andere fortdauernd in solchen Verhältnissen baueten, welche einen beträchtlichen Vortheil gaben.

Die gewerkschaftlichen Gruben liegen aufser der zum Zellerfelder Bezirke gehörenden Grube Bergwerkswohlfahrt und den beiden Andreasberger Gruben Samson und Catharine Neufang bekanntlich alle auf dem Burgstädter Zuge bei Clausthal.

Die wesentlichsten Veränderungen des Zustandes dieser Gruben, — unter denen die Grube Gabe Gottes und Rosenbusch schon lange nur einen Versuchbau treibt, jetzt aber nächst der Grube Dorothea die Grube Bergmannstrost von grofser Wichtigkeit ist, — zeigen sich in ihrer Ausbeute, welche in der folgenden Uebersicht zusammengestellt ist:

Betrag der Ausbeute der gewerkschaftlichen Gruben.

(Quartalige Ausbeute der Gruben für 1 Kux.)

Jahr	Dorothea	Carolina	Kranich	Bergmanns-Trost	S. Margarethe	Bergwerks-Wohlfahrt	Samson	Catharine Neufang	Jahresbetrag der gesammten Ausbeute in Thalern
1835	52	2	5	6	.	12	12	3	47,888
1836	50	2	5	8	.	15	10	2	47,900
1837	50	2	5	8	2	18	10	2	50,512
1838	50	2	5	8	2	20	8	2	50,520
1839	50	2	7	8	2	22	8	2	52,608
1840	50	2	7	9	2	26	4	2	53,144
1841	47	2	7	12	2	28	4	2	54,192
1842	47	2	10	15	2	30	4	2	58,360
1843	44	2	10	18	2	33	2	2	60,452
1844	43	2	10	20	2	36	2	2	60,984
1845	40	2	10	20	2	38	.	2	59,432
1846	37	2	12	22	2	40	.	2	61,000
1847	37	2	12	22	2	40	.	2	61,000

Jahr	Dorothea	Carolina	Kranich	Bergmanns-Trost	S. Margarethe	Bergwerks-Wohlfahrt	Samson	Catharine Neufang	Jahresbetrag der gesammten Ausbeute in Thalern
1848	37	2	15	25	2	42	.	2	65,688
1849	37	.	15	25	2	42	.	3	64,648
1850	37	.	15	25	.	42	.	3	63,608
1851	37	.	15	25	.	42	.	3	63,608
1852	34	.	15	25	.	45	.	3	63,888

Die Grube Samson mit ihrem Beilehn Felicitas steht jetzt mit 12 Rthlr., die Grube Carolina mit 3 Rthlr. vierteljährlich in Zubufse und die seit 1850 in Freibau gebliebene Grube S. Margarethe wird in diesem Jahre ebenfalls in Zubufse kommen und deshalb bald von den wenigen Privatgewerken verlassen werden.

Unter den 15 Königlichen Gruben liefern die drei des Rosenhöfer Zuges und die drei Gruben Anna Eleonore, König Wilhelm und Herzog Wilhelm zwar noch immer eine nicht unbeträchtliche Erzmenge, aber von ungenügendem Ertrage.

Neuerlich hat auf der zunächst bei Zellerfeld auf dem Burgstädter Zuge belegenen Grube Königin Charlotte eine bedeutende Gewinnung von Kupferkies angefangen, durch welche die Kupferproduction, die seit der Erschöpfung der Lauterberger Gruben gewöhnlich nur 500 bis 600 Centner betrug, wieder auf mehr als das Doppelte erhöht ist.

Unter den Königlichen Gruben des Zellerfelder Bezirkes geben die Gruben Herzog August und Johann Friedrich zu Bockswiese und Hülfe Gottes bei Grund einen erheblichen Reinertrag, der den Schadenbau der beiden Gruben des Hauptzuges, „Ring und Silberschnur" und „Regenbogen" und der Gruben Juliane Sophie im Schulenberge (unweit der Oker) und Lautenthals Glück wieder deckt.

Im Andreasberger Bezirke, wo die Grube Samson mit dem 412 Ltr. tiefen Schachte bei dem von Zeit zu Zeit wiederkehrenden Aufschliefsen neuer Erzpunkte den Haushalt noch immer aufrecht erhält, befinden sich aufserdem noch die gewerkschaftliche Grube Catharina Neufang, die drei vereinigten kleinen Gruben Gnade Gottes, Bergmannstrost und Abendröthe und die Grube Andreaskreuz, deren Metallproduction für die Kosten des Betriebes nicht mehr genügend ist.

c. Versuchbaue.

Ueber die bergmännischen Versuche, welche am Oberharze in den letzten 40 Jahren ununterbrochen mit grofsem Eifer betrieben sind, soll in dem folgenden Aufsatze eine nähere Mittheilung gegeben, hier aber nur der wichtigsten Arbeiten kurz gedacht werden, welche seit dem J. 1837 ausgeführt sind.

Der als selbstständige Grube behandelte Versuchbau Franz August im Mönchsthale hat bauwürdige Gänge nicht aufgeschlossen und ist bei mangelnden Aussichten 1844 nach dreifsigjährigem Betriebe wieder aufgegeben und es sind auch auf dem Burgstädter Zuge die etwa 20 Jahre hindurch betriebenen Kranicher und Fortuner Oerter, auf dem Rosenhöfer Zuge aber die Drei Könige Oerter als hoffnungslos eingestellt.

Dagegen werden auf dem ersteren Zuge, — wo die Arbeiten für die Grube Dorothea einen günstigen Erfolg gehabt haben, — der Versuch der Grube Gabe Gottes und Rosenbusch, auf dem letzteren aber einige andere Oerter noch fortgesetzt.

Im Zellerfelder Bezirke ist eine neue Hoffnungsgrube Ernst August bei Wildemann, unterhalb des Neunzehn Lachter Stollens, besonders mit Rücksicht auf die alten Baue der Gegend in Betrieb genommen und von der Grube Herzog August und Johann Friedrich sind bedeutende Versucharbeiten im ununterbrochenen Gange, welche sich demnächst auch auf den Festenburg-Schulenberger Zug erstrecken werden, auf dem die langjährigen Arbeiten der

Grube Juliane Sophie zu einem erwünschten Resultate nicht geführt haben.

Von der Bockswiese und Wildemann aus, so wie abendwärts von der Grube Bergwerkswohlfahrt werden noch sehr bedeutende Erfolge zu erwarten sein, allein für den Lautenthaler Grubenbau sind die Aussichten nur ungünstig.

Bei der geringen Ausdehnung des Feldes der Andreasberger Gänge sind dort Versuche von grofser Erstreckung nicht vorzunehmen gewesen, und die Lauterberger Versuche bedürfen noch einer längeren Fortsetzung.

d. Ereignisse.

Unter den Ereignissen, welche während des hier vorliegenden Zeitraums auf den Gang des Grubenbetriebes störend einwirkten, soll hier nur des grofsen Wassermangels im Winter $18\frac{46}{47}$ und des Zellerfelder Grubenbrandes im October 1848 erwähnt werden.

Nach einem fast beispiellosen Regenmangel im Sommer und Herbste 1846 trat gegen das Ende des Jahres ein Wassermangel ein, welcher den Silberbergwerkshaushalt mit den gröfsten Verlegenheiten bedrohte. Es gelang jedoch mit Anwendung aller Hülfsmittel und der äufsersten Sparsamkeit den Betrieb der wichtigeren Punkte bis dahin zu behaupten, dafs ein günstiger Wechsel der Witterung gestattete, die Arbeiten in regelmäfsiger Weise fortzusetzen.

Durch den Brand, welcher am 20. October 1848 in der Grube Regenbogen in der Nähe des Jungfrauer Schachtes ausbrach, wurden in aufserordentlich kurzer Zeit alle anstofsenden Baue und selbst die entfernteren Gruben des Burgstädter Zuges mit tödtlichen Gasen gefüllt.

Gleich anfangs waren auf jener Grube ein Untersteiger und ein Arbeiter umgekommen, und die sogleich ergriffenen Mafsregeln zur Absperrung der Wettercirculation waren ohne Erfolg geblieben und sogar mit dem Verluste der

Arbeiter begleitet. Trotz aller Anstrengungen der freiwillig zusammengetretenen Arbeiter, Aufseher und Beamten fanden in der Grube Königin Charlotte 6 Arbeiter, 2 Steiger, 2 Untersteiger und der Reviergeschworne als Opfer der Berufstreue ihren Tod.

Nach acht Tagen konnten zwar fast alle Baue wieder belegt werden, aber in der Grube Regenbogen dauerte der durch Verdämmungen abgeschlossene Brand noch mehrere Monate fort*)

c. Baue und Anlagen.

Bei dem eigentlichen Grubenbetriebe sind in den letzten 15 Jahren ebenfalls mehrere wichtige Verbesserungen und Anlagen ausgeführt, unter denen die Absenkung des „Güte des Herrner Richtschachtes" zu Lautenthal von $93^3/_8$ Ltr. Tiefe behuf der Erbauung der Wassersäulenmaschine, welche bei 405 Fufs senkrechter Höhe die Wasser 70 Ltr. hoch hebt, hervorgehoben werden mufs.

Die wichtigste Unternehmung aber unter allen, welche seit einem halben Jahrhundert begonnen sind, der wirkliche Angriff des tiefsten, für die Clausthaler und Zellerfelder Gruben möglichen, Stollens gehört zwar nicht mehr dem hier vorliegenden Zeitraume an, aber dieser schliefst die grofsartigen Vorarbeiten der tiefen Wasserstrecken und der Silbersegner Wassersäulenmaschinen noch ein, welche die Ausführung des neuen Stollens möglich machen.

Da die Ausarbeitung und Feststellung des Planes zu einem tiefsten Stollen schon in der Zeit des Ueberganges zu den neuen Verwaltungseinrichtungen abgeschlossen ist, so soll sie in einem besonderen Aufsatze behandelt wer-

---

*) Der Grubenbrand und die bösen Wetter in den Bergwerken des Oberharzes am 21. October 1848. Clausth. 1849. 8. vergl. Brockmann, die metallurgischen Krankheiten des Oberharzes. Osterode, 1851. 8.

den, der zugleich einen Ueberblick des Grubenbetriebes am Schlusse des J. 1849 giebt.

Es mufs hier nur erwähnt werden, dafs dieser tiefste Stollen nach der noch von dem hochseligen Könige ertheilten Erlaubnifs den Namen des Ernst August-Stollen führen soll.

Nach dem neuen Plane würde derselbe in dem für den s. g. Lasfelder Stollen gewählten Niveau der ersten tiefen Wasserstrecke bei Gittelde ausmünden, nach seiner Vollendung aber die um 60 Ltr. tiefere zweite Wasserstrecke dereinst die Wasserhaltung der Tiefbaue in ähnlicher Weise, wie jetzt die erste, weiter sichern.

f. Verbesserungen etc.

Unter den dem Grubenbetriebe angehörenden Verbesserungen haben sich bekanntlich die von dem Oberbergrathe Albert eingeführten Drahtseile für den Harz höchst vortheilhaft bewährt und auf vielen anderen Bergwerken rasch einen grofsen Eingang gefunden.

Bei den grofsen Kosten, welche früher für die hanfenen und eisernen Treibseile verwendet werden mufsten, läfst sich annehmen, dafs bei den oberharzischen Gruben, welche jetzt sämmtlich mit geflochtenen Drahtseilen versehen sind, jährlich mindestens 10,000 Thaler erspart werden.

Auch die von dem Hrn. Bergmeister Dörell angegebenen, bis zum Schlusse des J. 1836 in drei Schächten vorgerichteten Fahrmaschinen sind in dem seitdem verflossenen Zeitraume mit günstigem Erfolge zur weiteren Anwendung gebracht.

Die zunächst auf dem Samsoner Schachte eingehängte Fahrkunst brach zwar im Anfange des J. 1838 nach einem kurzen Umgange, allein ohne alle Beschädigung eines Arbeiters, wie auch ein ähnlicher Bruch, der vor einigen

Jahren in einem Clausthaler Schachte erfolgte, ohne nachtheilige Folgen blieb.

Die eine Zeit lang angewandte Einlegung von Eisendraht in die Fahrtschenkel hat sich nach den neuesten Beobachtungen als wirklich vortheilhaft nicht bewährt.

Die Anwendung der Grubenmauerung ist so weit die Umstände sie mit Vortheil zulassen, weiter verfolgt und auch die Bewässerung des Grubenholzes ist in allen Bauen, wo sie sich empfiehlt, fortgesetzt.

Bei der grofsen Ausdehnung des Betriebes und der Tiefe der Schächte würden ohne dieses Hülfsmittel die Anforderungen des Grubenhaushaltes von den Forsten noch ungleich schwieriger befriedigt werden können, weil sie meistens ein starkes Material betreffen, welches theils nur ungenügend vorhanden ist, theils auch auf andere Weise stets zu einem hohen Preise auszubringen ist.

Die Versuche mit der Anwendung des Cements von verschiedenen Orten zum Zwecke der Streckenmauerung haben noch nicht zu einem Resultate geführt.

Veranlafst durch die entsetzend rasche Verbreitung der tödtlichen Gase bei dem Zellerfelder Grubenbrande ist dem Wetterzuge in den Gruben eine besondere Aufmerksamkeit zugewendet und die Entwerfung eigener Wetterrisse angefangen.

Die Vorrichtung von Schienenwegen zur Erleichterung der Förderung ist sowohl am Tage, als in den Gruben selbst, mit wesentlichem Vortheil auch neuerlich noch weiter ausgedehnt.

Für jeden der drei Bergwerksbezirke bestand bisher eine Bergfactorei, — ein herrschaftliches Magazin, aus denen die einzelnen Gruben und Werke, auch Privatpersonen, die Materialien zu bestimmten oder nach den Umständen wechselnden Preisen beziehen. —

Diese Gegenstände sind besonders das Oel und Unschlitt zu dem Grubengeleuchte und anderem Verbrauche,

Eisenmaterialien, Pochbleche und Holzgeräthe; sie werden für die Bergfactorei zu festgesetzten oder laufenden Preisen angekauft, woraus ein kleiner Gewinn hervorzugehen pflegt, der jedoch die Verwaltungskosten vollständig nur im Clausthaler Bezirke deckte.

Zur Vereinfachung ist neuerlich eine Hauptbergfactorei mit einer Nebenfactorei zu Andreasberg eingerichtet, welche alle diese Gegenstände, — namentlich auch das vorhin unmittelbar auf Rechnung der Zehntcasse angekaufte Oel und Unschlitt, — anschafft und verabfolgen läfst.

Der Verbrauch an den bisher von den Factoreien unmittelbar gelieferten Materialien beläuft sich durchschnittlich für Gufs- und Stabeisen auf je 15,000 Rthlr., für andere Eisenwaaren, für Pochbleche und sonstige Materialien auf je 2000 Rthlr. und im Ganzen etwa auf 35,000 bis 37,000 Rthlr.

Künftig werden diese Rechnungen auch die Einnahmen für das Grubenpulver umfassen.

Die seit dem J. 1835 von der Bergwerksverwaltung selbst, statt früher von der Berghandlung, besorgten Ankäufe des Salpeters nebst der Anfertigung des Grubenpulvers ist auf die angefangene Weise mit sehr grofser Ersparung fortgesetzt, namentlich mittelst der eigenen Raffinirung des Salpeters.

Einige Unfälle, welche sowohl theilweise die K. Pulverfabrik bei Lautenthal, als auch die Privatfabrik bei Andreasberg, betroffen haben, sind nicht von grofsen Verlusten begleitet gewesen und haben nur ein Mal den Tod eines Arbeiters veranlafst.

Das Pulver, dessen Verbrauch mit einer Ausgabe von ungefähr 30,000 Rthlr. überhaupt etwa 2200 Ctr. beträgt, wird zum Theil von einem Privatunternehmer geliefert, welcher neben der Fabrik in Andreasberg auch eine Fabrik zur „Eisenhütte Kunigunde" zwischen Goslar und Salzgitter betreibt.

Um das Pulver in genügendem Vorrathe aber ohne die mit den Pulverhäusern verbundene Gefahr aufzubewahren, wird zu diesem Zwecke ein abgegangener nasser Tagestollen bei Lautenthal als Pulvermagazin benutzt, nachdem sich gezeigt hatte, dafs dasselbe hier in Zinkflaschen trocken blieb, welche auch beim Transport angewandt werden.

Wegen der grofsen Schwankungen in den Oelpreisen wurde die ausgemauerte Kehrradstube des abgegangenen Rosenhöfer Schachtes zu einem Oelmagazine vorgerichtet.

Der Verbrauch des Oels ist zu 1450 Centner und des Unschlitts zu etwa 250 Ctr. anzunehmen, und es werden jährlich für beide Gegenstände ungefähr 22,000 Rthlr. verausgabt.

B. Die Aufbereitung. *)

Auch in den verflossenen funfzehn Jahren ist man sehr bemüht gewesen, die Aufbereitung der Erze möglichst zu verbessern, welches zum Theil durch die Anwendung der Walzwerke und einer ausgedehnten Setzarbeit bewirkt und in den letzteren Jahren durch eine sorgfältige Klaub- und Scheidarbeit, namentlich in geräumigen und auch im Winter zu benutzenden Scheidhäusern, befördert ist.

Bei der Abnahme der derberen und reineren Erzmassen ist dieser Betriebszweig von doppelter Wichtigkeit, allein es hat gerade die grofse Verbesserung der Aufbereitung zu dem bedenklichen Erfolge geführt, dafs eine ungleich gröfsere Anzahl von jungen Pocharbeitern nothwendig wurde als früher. Bei dieser Vermehrung fehlt es später an einer genügenden Gelegenheit zu ihrer angemessenen Beschäftigung, weshalb ältere Arbeiter weit länger, als ihren Kräften und ihrem Lebensalter entspricht, bei der Aufbereitung verbleiben müssen, statt wie früher zu der besser lohnenden Grubenarbeit überzugehen.

*) Vergl. Rivot, Description de la préparation mécanique des minerais de plomb dans le Oberharz. Par. 1851. 8.

Die Anwendung des von Rittinger erfundenen Spitzkastenapparates, welche für den Harz sich sehr zu empfehlen scheint, ist dadurch verzögert, dafs das zu diesem Zwecke vorgerichtete Pochwerk bei Zellerfeld abbrannte, als es gerade in Betrieb gesetzt werden sollte; die hier nach der vor Kurzem vollendeten Wiederherstellung und bei den Gruben Hülfe Gottes und zu Bockswiese angefangenen Arbeiten haben noch nicht zu einem Ergebnisse geführt.

C. Hüttenwesen.

Bei den Silberhütten sind in dem Zeitraum von 1837—1849 bedeutende Veränderungen nicht eingetreten.

Erhebliche Neubaue waren nicht auszuführen und die Verwendungen konnten sich daher im Wesentlichen auf Erneuerungen, Erweiterungen und Verbesserungen der vorhandenen Gebäude und Bauwerke beschränken.

Auf der Andreasberger Silberhütte ist die im J. 1836 angefangene Erbauung einer Arsenikhütte vollendet und seitdem die Gewinnung des Arseniks dem regelmäfsigen Gange der Arbeiten mit hinzugekommen.

An Arsenikglas sind in den meisten Jahren durchschnittlich 300 Ctr. dargestellt, aber es würde etwa die doppelte Menge sich gewinnen lassen, wenn es nicht am Absatze gemangelt hätte. Aus diesem Grunde hat die Gewinnung in einzelnen Jahren nicht stattgefunden.

An die noch immer mit Vortheil anwendbare Benutzung des gepochten Thonschiefers — (statt des aus der Umgegend des Harzes zu beziehenden Lehms) — zu Gestübbe, Mörtel und Backsteinen schlofs sich die Anfertigung gebrannter Ziegelwaaren aus gepochtem Thonschiefer, besonders für Zwecke des Hüttenbetriebes, um Eisen zu ersparen, und zur Versorgung der Bergstadt Andreasberg mit den mangelnden Dachziegeln. Die auf der dortigen Silberhütte eingerichtete Fabrik wurde später nur schwach betrieben und nach einer theilweisen Zerstörung durch einen

Brand (1848) noch nicht wiederhergestellt, da die Hüttengeräthe (Muffeln, Tiegel, Traillen und Hauben der Treiböfen) weniger vortheilhaft befunden wurden.

Nach dem grofsen Clausthaler Brande wurde für die neuen Gebäude die Anwendung ausgemauerter Wände allgemein vorgeschrieben, und es wurde bei dem Mangel an Ziegeln auf dem Oberharze und der theuren Anfuhr aus den benachbarten Gegenden die schon früher versuchte Anfertigung von Schlackensteinen ernstlich aufgenommen.

Auf der Clausthaler und Altenauer Silberhütte wurden beim Schliechschmelzen aus den Schlacken, welche man in eiserne Formen laufen liefs, Steine von doppelter und dreifacher Gröfse der gewöhnlichen Ziegel dargestellt und dadurch den Abgebrannten für die Neubaue eine grofse Unterstützung geleistet, den Arbeitern aber ein sehr erwünschter Nebenverdienst verschafft. Die Anzahl der angefertigten Ziegel belief sich im J. 1845 auf etwa 330,000 Stück,

- -	1846	- -	240,000	-
- -	1847	- -	245,000	-
- -	1848 u. 1849	fast	160,000	-

Unter den Versuchen haben bis jetzt so wenig die Verschmelzung der Bleischlieche im Rastofen, als die des Bleiglanzes im Flammofen nach englischer Weise (1833 und 1835) ein befriedigendes Resultat gegeben.

Aus den Versuchen, welche nach dem in der Bretagne befolgten Verfahren (1848 und 1849) unter Leitung des jetzigen Hrn. Bergrathes Koch ausgeführt sind, hat sich die Vermuthung nicht bestätigt, dafs sich auf dasselbe bei gehöriger Berechnung von Verlusten und Kosten eine Veränderung des bisherigen Prozesses gründen lasse, besonders weil die Anwendung mit Vortheil sich nur auf einen Theil der Erze (die kieselerdefreieren Schlieche) beschränken würde, welche dem übrigen Betriebe nicht ohne Nachtheil entzogen werden könnten, für die anderen Erze aber das jetzige Verfahren doch beibehalten werden müfste.

Aufserdem sind auf der Altenauer Hütte Versuche mit der Anwendung des Torfes bei der Röstarbeit, mit der Darstellung von Kupfervitriol aus geröstetem Kupferstein, mit der Anwendung der bei dem Hohofenbetriebe unbenutzt entweichenden Gase zur Röstung des Steins und zu anderen Nebenarbeiten, so wie eine Verschmelzung von Bleifrischschlacken, und auf der Clausthaler oder Frankenscharner Hütte mit der Auffangung des Hüttenrauchs bei der Treibarbeit mittelst Centrifugalgebläses und Wasserzuführung, auf der Andreasberger und Altenauer Hütte aber mit der Entsilberung von Kupferstein mittelst der Bleisäule, auch sonst noch einige Versuche anderer Art angestellt, ohne jedoch zu gröfseren Ausführungen in gleichem Wege aufzufordern.

Die oft zur Sprache gekommene Zugutemachung der Lautenthaler Zinkblende wurde 1839 mittelst Anwendung eines Schachtofens wieder angeregt, aber dieses Verfahren sehr bald als unausführbar anerkannt.

Endlich sind auch in Beziehung auf die wichtige Frage, ob die Andreasberger Hütte wegen des verhältnifsmäfsig theureren Betriebes einzustellen und die Verschmelzung der dasigen Erze auf der Altenauer Hütte vorzunehmen sei, einige Versuche und andere Vorarbeiten angefangen, welche aber eine schliefsliche Erwägung noch nicht zugelassen haben.

In den Jahren 18$\frac{48}{52}$ sind durch die Zugutemachung der aus früherer Zeit zurückgebliebenen Vorräthe alter Glötte zwar auf der Clausthaler und Altenauer Hütte, wo dieselben lagerten, einige Abweichungen von dem gewöhnlichen Gange der Arbeiten herbeigeführt, diese jedoch ohne nachtheilige Folgen für den Betrieb geblieben.

D. Die Münze.

Rücksichtlich der Clausthaler Münze und der in dem Aufsatze von 1837 hervorgehobenen Ausprägung des Harzsilbers haben sich die Verhältnisse ganz verändert.

In der Clausthaler Münze, welche nach der Aufhebung der Zellerfelder Münze auch die von dem Rammelsbergschen Berg- und Hüttenhaushalte erfolgenden Silber und Gold zu $^{4}/_{7}$ empfing,*) war immer nur feines Silber ausgeprägt worden, und zwar früher in Gülden zu 20 mgl. und Speciesthalern, nachher aber $^{2}/_{3}$ Stücke oder Gulden nach Cassenmünze und später in Conventionsmünze nebst Kupferscheidemünze.

Nach der Einführung des Courantfufses wurden feine Thaler geprägt, allein man fand es zuletzt unangemessen, neben den eigentlichen Courantthalern, welche auch aus der Münze zu Hannover erfolgten, eine solche abweichende Prägung fortdauern zu lassen und es wurde daher auch für die Clausthaler Münze die Ausprägung in beschicktem Silber angeordnet, welches eine jährliche Verwendung von etwa 77 Centner Kupfer erforderte.

Da jedoch für den Umfang des Königreichs Eine Münze völlig genügte, die zu Hannover aber aus mehreren Gründen nicht zu entbehren war, die Clausthaler Münze hingegen zur befriedigenden Ausprägung beschickter Thaler noch mancher neuen Vorrichtungen, Maschinen etc. bedurft haben würde, so wurde beschlossen, das Oberharzische Silber, wie schon mit den Unterharzischen Münzmetallen früher geschehen war, in Hannover vermünzen zu lassen.

Es wurde daher — und zwar zum grofsen Bedauern der Bewohner und der Behörden des Harzes — der Betrieb der Clausthaler Münze im Monate Julius 1849 eingestellt. Den Arbeitern wurde eine andere Beschäftigung zugetheilt, den Beamten aber die bis dahin bezogene Einnahme belassen.

---

*) Im J. $17\frac{80}{81}$ wurden an Brandsilber des Clausthaler Bezirkes 24,002 Mrk., von Zellerfeld 5,177 Mrk. und vom Com. Unterharze 2,580 Mrk., überhaupt also 31,759 Mrk. verarbeitet.

Das Feinbrennen der oberharzischen Blicksilber wird jetzt noch in dem Brennhause der Clausthaler Münze besorgt, deren übrige Räume schon für andere Zwecke der Verwaltung bestimmt sind.

Nach der Vollendung des neuen, den Fortschritten des Münzofens entsprechenden Gebäudes der Münze zu Hannover, welche von dem Hrn. Finanzrathe Brüel geleitet wird, wird diese Arbeit ebenfalls hier vorgenommen werden.

Das vermünzte Silber des Harzes wird mit der Ueberschrift „Bergsegen des Harzes" bezeichnet.

Das seit der letzten Prägung von Ducaten bei derselben angesammelte Gold wurde mit etwa 69 Mrk. bei der Einstellung an die Hannoversche Münze abgeliefert, welche von $18\frac{4}{5}\frac{1}{2}$ vom Unterharze 69 Mrk. 13 Lth. Gold empfing und 1849 und 1850 zusammen 3927 Stück einfache Pistolen mit der Bezeichnung „Harzgold" prägte.

Die Ausprägung der Clausthaler Münze von den letzten 15 Jahren ist in der folgenden Uebersicht zusammengestellt.

Ausprägung der Clausthaler Münze nach Courantwerth in

Jahr	Cassen-Gulden fein	Convent.-Guld. fein	Thaler fein	beschickt	Gute-Groschen etc.	Kupfergeld	zusammen	Bemerkungen.
1816	520,324	.	.	.	95,738	745	616,807	An Golde wur-
$18\frac{20}{24}$	595,083	.	.	.	.	1,260	596,343	de in Ducaten
$18\frac{25}{29}$	630,252	.	.	.	.	2,282	632,534	1821 für
$18\frac{30}{34}$	595,444	152,820	.	.	.	.	648,264	1791 Thlr.
1835	.	.	711,791	.	1,814	2,470	716,075	1824 für
1836	.	.	697,000	.	7.917	1,597	706,514	2330 -
1837	.	.	601,000	.	.	2,621	603.621	1827 für
1838	.	.	594,000	.	.	2,167	569,167	4010 -
1839	118.657	.	514,200	.	4,901	2,217	639,974	1831 für
1840	13,000	.	248,000	390,000	4,208	1,330	656,538	4122 -
1841	.	.	.	632,000	3.711	1,579	637,290	Court ausge-
1842	.	.	.	620.000	2.032	1,547	623 579	prägt.

Jahr	Cassen-Gulden fein	Convent.-Guld. fein	Thaler fein	beschickt	Gute Groschen etc.	Kupfergeld	zusammen	Bemerkungen.
1843	.	.	.	638,000	967	1,432	640,399	1816 wurden in Cassenwerth für 81200 Thlr. in $\frac{1}{12}$ Stücken (gGr.), 530 Thl. in Mariengrosch. u. 330 Thl. in Matieren (4 Pf.) ausgeprägt. An Kupfermünze sind von $18\frac{34}{49}$ etwa für 50,000 Thl. geprägt.
1844	.	.	.	622,000	477	1,544	624,021	
1845	.	.	.	656,000	487	1,573	656,060	
1846	.	.	.	650,366	1,122	1,438	652,926	
1847	.	.	.	624,751	.	1,535	626,286	
1848	.	.	.	661,472	.	1,600	663,072	
1849	.	.	.	357,361	.	1,272	358,633	

E. Andere Anstalten und Einrichtungen.

a. Wasserwirthschaft und Bauhof.

Dem Silberbergwerkshaushalte gehören im Wesentlichen auch die in dem Umfange der Bergwerksbezirke vorhandenen Anlagen und Vorrichtungen der Wasserwirthschaft mit ihrem Betriebe an, obgleich sie auch von den Werken des Eisenhütten- und Forsthaushaltes mit benutzt werden.

Für diesen wichtigen Betriebszweig, von dem das Bestehen des gesammten Bergbaues zunächst abhängt, ist neuerlich durch die Fortsetzung der schon vorhandenen und den Anfang neuer Wasserläufe und durch einige gröſsere Arbeiten zur Verbesserung mehrerer Teiche gesorgt, und es sind auch für die Rechnung der „Teiche und Gräben" mehrere Steinbrüche eröffnet.

Die nicht ohne Grund gehegten Hoffnungen, der immer steigenden Bevölkerung eine nützliche Beschäftigung durch einen mehrfachen Absatz der Producte des Harzes zu verschaffen, — namentlich durch Verfertigung von Bleiröhren, Bleidraht und Plomben — sind durch den Erfolg der Bergfabricatenhandlung ebensowenig gerechtfertigt worden, als die früheren Bemühungen des Hrn. Oberbergrathes Freiherrn Grote, die Harzbewohner zu der Schnitzarbeit und ähnlichen Nebengewerben zu ermuntern.

Diese letzteren Nebenbeschäftigungen scheinen den Arbeitern des Bergwerkshaushaltes noch zu entfernt zu liegen und vielleicht auch andere häusliche Verhältnisse vorauszusetzen, als gegenwärtig noch bei denselben stattfinden. (Vergl. Hausmann, S. 73 und Ostmann's Preisschr.)

Einen günstigeren Erfolg haben die neuen Einrichtungen einer gröfseren Maschinenfabrik auf dem Clausthaler Bauhofe gehabt, welche durch die im J. 1837 aus Derby angekauften Hobel- und Bohrmaschinen und durch die in den eigenen Werkstätten angefertigten Maschinen in den Stand gesetzt wurde, viele bedeutende Ausführungen für den Harzhaushalt, für mehre inländische Verwaltungen und eine grofse Anzahl von Privatbestellern zu übernehmen.

Auf dem Bauhofe befindet sich auch eine Badeanstalt, welche für die Bewohner der beiden Bergstädte Clausthal und Zellerfeld, besonders aber für die Arbeiter des Bergwerkshaushaltes von Werthe ist.

b. Unterstützungscassen.

Von den Knappschafts- und ähnlichen Cassen werden die Ausgaben für die ärztliche und wundärztliche Behandlung der Arbeiter nebst den Kosten der Arzneien und sonstiger Heilmittel bestritten. Der Verbrauch der Arzneien etc. war seit etwa 20 Jahren so bedeutend angestiegen, dafs man aus nothwendiger Rücksicht auf den Bestand dieser wohlthätigen Cassen gezwungen war, auf beschränkende oder den Mifsbrauch hindernde Anordnungen Bedacht zu nehmen, welche ihrem Zwecke zu entsprechen scheinen.

Aufser der schon früher den Theilnehmern an der Zellerfelder Knappschaftscasse auf den Grund ihrer bedeutenden Einnahme von der Ausbeute der Grube Bergwerkswohlfahrt gewährten Gleichstellung mit den höheren Claus-thaler Sätzen sind auch die Beträge der Gnadenlöhne für einige Arbeiterclassen und der Unterstützungen für ältere Wittwen neuerlich etwas erhöhet.

c. Kornmagazine.

Die Verhältnisse, welche hinsichtlich der Kornausmafse aus den dem Silberbergwerkshaushalte angehörenden Magazinen und der Brot- und Haferzulagen bestehen, sind auch in dem Zeitraume von 1837 bis 1849 unverändert geblieben.

Nachdem die niedrigen, dem Bergwerkshaushalte günstigen Preise sich noch im J. 1837 erhalten hatten, trat um die Mitte des J. 1838 ein unerwartetes und zunehmendes Steigen ein, welches mit Ausnahme des J. 1841 eine bedeutende Ausmafse bis zum J. 1848 herbeiführte und erst wieder im J. 1849 eine Schliefsung der Magazine zu Osterode und Goslar gestattete.

Bei dem Mangel an genügenden Vorräthen entstanden im J. 1847 die gröfsten Besorgnisse und es gelang nur mit der äufsersten Anstrengung bis dahin einem wirklichen Mangel vorzubeugen, dafs neue Zufuhren und die Aussicht auf eine günstige Erndte sowohl der Theurung selbst, als den gefährlichen Schwindeleien ein Ziel setzten.

Die Preise, welche für den Himten Roggen zu Hannover im Monate Mai zu 2 Thlr. 21 gGr. gestanden hatten, gingen im M. August auf 1 Thlr. 1 gGr. herunter und würden noch weiter gewichen sein, wenn die Erndte den Erwartungen völlig entsprochen hätte.

Die in den einzelnen Jahren $18\frac{37}{49}$ bei den Magazinen vorgekommenen Korn-Ankäufe und Ausmafse und dafür erfolgten Ausgaben und Einnahmen nebst dem ausgemittelten Schaden sind in der folgenden Uebersicht angegeben:

Kornmagazine.

Jahr	Korn-Malter: Vorrath.	Korn-Malter: Ankauf.	Korn-Malter: Ausmasse	Geld: Ausgabe für Korn Thlr.	Geld: Einnahme für Korn Thlr.	Geld: Schaden Thlr.	Bemerkungen.
1830	6,305	12,643	11.964	62,295	55.879	5.705	
1831	6.897	12,432	16.630	73.507	77,680	25.264	
1832	2,469	16.315	14.776	103.015	63,988	26.206	
1833	3,919	11,699	991	55.267	4,624	3.027	
1834	14,488						
1835	- -						
1836	- -	7,470	10,880	27,467	50,888	13,431	
1837	21,093						
1838	- -						
1839	10,028	16,591	18,290	111,795	85,542	24,147	
1840	8,497	17,581	17,230	96,268	80,573	18,635	
1841	8,764	10,730	2,587	52,671	12,083	4,125	
1842	16,744	. .	11.226	. .	52,510	8,939	
1843	5,363	20,495	18,755	146.213	87,727	40,260	Der Magazin-
1844	7,280	15,664	17,223	99,669	80,564	33,707	schaden betrug
1945	5.618	16,019	14.321	101,935	66,998	26,847	1801
1846	7.261	17,531	19.032	137.827	89,035	54.856	43,886 Thlr.
1847	5,709	20,449	18,642	175.273	87,205	72,815	1811 aber
1848	7.064	14,163	5,672	76,082	26,529	12,555	151,650 Thlr.
1849	15,409	2,000	. .	7,272	. .	3.492	

In dem ganzen Zeitraume vom 1. Jan. 1834 bis dahin 1850 sind bei einem Bestande von 14,488 Malter Roggen überhaupt

150,800 Malter Roggen,
950 - Weizen,
5,806 - Gerste, und
846 - Russisches Mehl

für die Summe von etwa 1,030,000 Thlr. angekauft.

Nach der Ausmafse von 1837 bis einschl. 1848 von überhaupt 153,361 Malter Korn zu dem hergebrachten Preise von 16 gGr. Cass. M. für den Himten und einem Verkaufe von 134 Malter Weizen blieben beim Absatz eine Krimpfe von überhaupt 1,777 Malter am Schlusse des J 1849 noch 17,234 Malt. Roggen vorräthig.*)

*) Von 1813 bis Ende 1849 sind aus den Magazinen überhaupt fast 321,000 M. Roggen ausgemessen.

Zu jener Summe kommen an Verwaltungskosten und sonstigen Ausgaben jährlich noch etwa 2200 Thlr., zu der Einnahme für ausgemessenes Korn aber von etwa 720,000 Thlr. noch einige Nebeneinnahmen hinzu, so dafs sich der ganze Schaden für den Zeitraum von 1 Jan. 1834 bis dahin 1850 auf 313,909 Thlr. oder durchschnittlich für das Jahr auf 19,600 Thlr. berechnet, von welchem ein Drittel von den Gruben etc. im Clausthaler Bezirke, ein Sechstel von der Bergbaucasse, der übrige Betrag aber von der Zehntcasse getragen wird.

Von den Ständen ist die Aufhebung der Kornmagazine in Frage gestellt, darüber aber eine Entscheidung noch nicht erfolgt.

d. Brot- und Haferzulagen.

Einem gleichen Zwecke, wie bei fast sämmtlichen Arbeitern des Silberbergwerkshaushaltes durch die Kornmagazine erreicht wird, entsprechen die **Brotzulagen** für die übrigen dabei beschäftigten und die dem Eisenhütten- und Forsthaushalte angehörenden Arbeiter und die **Haferzulagen** für die Fuhrleute der drei Verwaltungszweige.

Jene werden bewilligt, wenn der Roggen über Einen Thaler Cass. M., diese wenn der Hafer über 8 gGr. Cass. M. für den Himten im Preise ansteigt.

Bei der ungleichen Lage der Orte und Werke und den wechselnden Schwankungen in den Preisen beider Getreidearten ist sowohl der Betrag als das Verhältnifs dieser Zulagen sehr verschieden, wie die folgende Zusammenstellung zeigt:

Zusammenstellung der am Oberharze verausgabten

Jahr	Brotzulagen				Haferzulagen				Bemerkungen.
	Silberbergwerk	Eisenhütt.	Forsth.	zusammen	Silberbergwerk	Eisenhütt.	Forsth.	zusammen	
1836	. .	. .	. .	. .	3,419	1,727	3,000	8,146	Im J. 1819
1837	. .	. .	. .	. .	. .	904	. .	904	betrug d. Brot-
1838	90	277	963	1,330	2,630	3,191	. .	8,700	zulage 8710
1839	545	3,295	3,758	7,598	4,630	6,683	2,879	15,449	Thlr., die Ha-
1840	38	237	611	886	3,774	3,640	3,229	10,643	ferzulage aber
1841	. .	. .	. .	. .	6	7	35	48	37,892 Thlr.
1842	178	1,578	3,477	5,233	2,097	2,058	2,397	6,552	
1843	824	5,975	10,737	17,536	8,767	7,479	7,370	23,616	
1844	409	1,705	3,862	5,976	2,536	1,773	2,080	6,389	
1845	346	1,982	4,293	6,621	791	828	1,024	2,643	
1846	1,060	7,690	12,876	21,626	3,931	4,242	4,050	12,223	
1847	4,362	20,979	23,169	48,510	8,468	11,010	6,487	25,965	
1848	6	634	35	675	474	1,141	199	1,814	
1849	. .	. .	. .	. .	. .	. .	. .	. .	

Den höchsten Belauf haben sie in den letzten 30 Jahren im J. 1847 zusammen mit 25,965 Thlr. erreicht.

Diese Summe giebt zu dem Magazinschaden von 72,815 Thlr. hinzugerechnet die Mehrausgabe von 98,780 Thlr. für den Oberharzischen Haushalt gegen diejenigen Jahre in denen die Preise jene Sätze nicht übersteigen.

F. Die Berghandlung.

Als eine sehr wesentliche Veränderung in den Beziehungen des Silberbergwerkshaushaltes, so weit dieser sich in den Cassenverhältnissen herausstellt, mufs die seit 1850 zwischen der Clausthaler Zehntcasse und der Berghandlungscasse getroffene neue Anordnung hervorgehoben werden.

Die Berghandlung war im Anfange des vorigen Jahrhunderts an die Stelle von Contrahenten getreten und besorgte in ähnlicher Weise, wie von diesen zuletzt geschehen, den Absatz der Bergwaaren (Blei, Glötte und Kupfer) nebst der Lieferung der Hauptmaterialien an Oel, Unschlitte und Pulver.

Bei den aus jener Zeit mit geringen Veränderungen beibehaltenen Preisen entstanden bald für beide Cassen unrichtige Erfolge und besonders für die Zehntcasse beträchtliche Ausfälle, welche zu Nachschüssen u. a. Zahlungen führten.

Einige Vereinfachung wurde im J. 1835 durch eine neue Feststellung der Preise nach dem Durchschnitte einschliefslich aller übrigen Zuschüsse und durch eine Beseitigung jener Lieferungen in der auf Ueberschlägen beruhenden Voraussetzung bewirkt, dafs diese neuen Verhältnisse die Einnahmen und Ausgaben der Zehntcasse für gewöhnliche, nicht ungünstige Jahre sichern würden.

Der Erfolg entsprach den Erwartungen nicht, besonders weil die Betriebskosten höher anstiegen, und es stellte sich vielmehr heraus, dafs der Oberharzische Siberbergwerkshaushalt einen Ueberschufs durch die Berghandlung nicht mehr gewähren könne, dafs aber diese Trennung der beiden Cassen in mehrfacher Hinsicht immer nachtheiliger werden müsse.

Deshalb wurde bei der neuen Anordnung des Oberharzischen Zehntcassenhaushaltes das bisherige System der festen Preise ganz verlassen und vielmehr bestimmt, dafs die Berghandlung nur das für die abgesetzten Bergwaaren wirklich Erhobene zahlt, nöthigen Falles aber ihr, wie jeder anderen Untercasse, die K. Generalcasse mit Vorschüssen zu Hülfe kommt.

Ein Ueberschufs für die Generalcasse kommt seit dem Anfange dieser Einrichtung, 1. Jan. 1850, nur wegen des Communionunterharzes vor, bei dem mit Rücksicht auf die Communionverhältnisse die festen Zehntpreise noch fortbestehen.

Mit dem 1. Julius 1851 wurde das Vermögen der Berghandlung — nach vorgängiger Ausscheidung des von dem Betriebe der unterharzischen Bergwaaren herrührenden, der K. Generalcasse überwiesenen Theils, — namentlich der früher angesammelte Reservefonds mit den Nebeneinnahmen, und der mit dem Anfange des J. 1843 gebildete Reservefonds der Zehntcasse von ursprünglich 100,000 Thlr. mit überhaupt 990,900 Thlr. zur Tilgung der etwa 827,000 Thlr. betragenden Schulden bestimmt.

Dabei wurde festgesetzt, dafs der Reserve- und Tilgungsfonds getrennt von der K. Generalcasse und der Zehntcasse gehalten und verwaltet werden solle,

dafs neue Schulden nicht gemacht werden dürfen,

dafs auf die Schulden jährlich etwa 20,000 Thlr. — unter Vorbehalt einer Erhöhung — abzutragen seien,

die Rückzahlungen aber zunächst aus den Ueberschüssen der Zehntcasse erfolgen sollen.

Die Ausführung dieser Bestimmungen gehört zwar nur einer späteren Zeit an, als hier behandelt wird, allein es darf nicht unbemerkt bleiben, dafs schon in den letztverflossenen beiden Jahren die Rückzahlungen jene jährliche Abtragssumme bedeutend überschritten haben.

Die Beziehungen der ebenerwähnten Schulden der Zehntcasse sollen, so weit sie die gewerkschaftlichen Gruben betreffen, in dem Anhange noch etwas näher berührt werden. *)

Die Geschäftsführung der Berghandlung war früher schon durch die Ueberweisung der Communion-Messing- und Kupferfabriken zu Oker an das Communionbergamt zu Goslar und durch die Einstellung der letzten noch übrigen Fabrik, der im J. 1748 angelegten und 1829 durch einen Kupferhammer vervollständigten Messingfabrik bei Reher unweit Hameln (1843) vereinfacht, dadurch aber die leichtere Uebersicht der wahren Verhältnisse des Verkaufs der Bergwaaren vorbereitet.

---

*) Actenstücke der Stände-Vers. XI. 1. (Budg. von 1850 Erläuterungen) u. s. f., bes.
Schreiben vom 15. Mai 1852, das Budget für 18$\frac{52}{53}$.

Es war zwar schon im J. 1837 die Aufhebung der beiden Hauptfactoreien zu Osterode und Goslar und der bald nachher beseitigten Factorei zu Hannover aus mehreren Gründen rathsam gefunden, die Ausführung der Mafsregel aber bis zu einem eintretenden Wechsel noch ausgesetzt.

Bei unveränderten Umständen zeigten sich aber diese grofsen Factoreien, durch welche die Berghandlung die Bergwaaren gröfsten Theils empfing und versandte, nicht mehr blofs entbehrlich, sondern selbst nachtheilig, und sie wurden deshalb als solche Hauptniederlagen im J. 1850 aufgehoben.

III. Der Eisenhüttenhaushalt.

Der Eisenhüttenhaushalt des Oberharzes bildet ein Ganzes, obgleich der Eisensteinsbergbau von den Eigenlöhnern der Gruben auf eigene Rechnung betrieben wird und die Kön. Cassen nur bei einzelnen gröfseren Anlagen sich unmittelbar betheiligen. Die Verwaltung der Hütten selbst, welche sämmtlich Staatseigenthum sind, zerfällt in vier getrennte Administrationen, die immer mehrere einzelne Werke umfassen. *)

1. Der Bergbau.

Nach den Verhältnissen dieser Hüttenadministrationen sind auch die Eisensteinsgruben in drei Reviere vertheilt.

Das der Rothehütter Administration umfafst das Amt Elbingerode, während die Königshütter Administration den Betrieb der Andreasberger und Lauterberger Gruben, die Administration der Altenau-Lerbacher Hütte endlich die Gruben in der Gegend von Altenau und Osterode wahrzunehmen hat. Die ehemals auf Rechnung der Sollinger Hütte bei Uslar betriebenen Gruben sind erschöpft oder

*) Vergl. die oben angeführten Mittheilungen des Gewerbe-Vereins S. 278.

wegen geringer Güte des Eisensteins aufgegeben, so dafs die dortige Administration jetzt Angelegenheiten des Bergbaues, welche hier immer nur von geringer Bedeutung waren, gar nicht mehr zu besorgen hat.

Unter den verliehenen Gruben pflegt eine grofse Anzahl als „Weilgruben" nicht stets betrieben zu werden.

Aufser in den früher für die Sollinger Hütte betriebenen Gruben bei Calefeld wird in der Nähe auch noch bei Oldershausen sowie bei Steinlah im Amte Liebenburg, — dort im Lias, hier im Hils — Eisenstein gewonnen und letzterer auf der Altenauer Hütte verschmolzen.

Während im Andreasberger und Lauterberger Bezirke nur schmale Gänge und Lager, bei Altenau und Lerbach aber die dem Grünstein angehörenden Lager auf vereinzelten Gruben mit oft unverhältnifsmäfsigen Kosten abgebauet werden können, gestattet das Elbingeroder Revier besonders von dem reichen Gräfenhagensberger Lager, — welches in den Gr. Wernigerodischen Büchenberg fortsetzt — eine sehr bedeutende Förderung guten Eisensteins bei leichterem Betriebe.

Seit Jahrhunderten verdankte die Umgegend diesem und anderen dort auftretenden Eisensteinslagern einen gesicherten Erwerb, der zunächst den hausbesitzenden Bürgern der Stadt Elbingerode, als zum Grubenbaue berechtigt, zu Theil wurde. Bei der Unzulänglichkeit der Elbingeroder Forsten wurde der Eisenstein auch nach der Königshütte u. a. H. verfahren, von der Rothehütter Administration aber die Abnahme und die Zahlung des Langerlohns besorgt.

Je wichtiger bei solchen Verhältnissen sowohl für die Bergleute und das ganze Amt, als auch für den Betrieb der Hütten ein regelmäfsiger und nachhaltiger Bau der Gruben ist, um desto mehr hatten die Rothehütter Administration und das Bergamt zu Clausthal verpflichtet zu seyn geglaubt, den Bergbau zu regeln und zu beaufsichtigen. Die zu diesem Zwecke getroffenen Anordnungen gaben zu mannigfachen Beschwerden der Eigenlöhner Anlafs, denen allerdings eine alte s. g. Bergordnung zur Seite stand.

Die von denselben nachgesuchte Bestätigung dieser mehr einen Gildebrief, als eine eigentliche Bergordnung enthaltenden Urkunde fand unter den veränderten Umständen Bedenken und sie wurde deshalb nach langen Verhandlungen und nach mehrfacher Vernehmung der Bergleute in abgeänderter Fassung und mit den für das Bestehen des Bergbaues und Hüttenbetriebes nothwendig gehaltenen Beschränkungen unterm 21. März 1847 neu erlassen.

Auf die von Seiten der Eigenlöhner angebrachten Gesuche wurde durch die unterm 8. Junius 1848 erlassenen Abänderungen der Inhalt jener alten Bergordnung fast gänzlich wiederhergestellt, namentlich die Ausfuhr des Eisensteins ins Ausland nicht mehr von der Erlaubnifs, sondern von dem Vorwissen des Amtes abhängig gemacht.

In Folge dieser wohlwollenden Berücksichtigung jener Wünsche hat sich neuerlich eine beträchtliche Ausfuhr guten, leicht zu gewinnenden Eisensteins entwickelt, welche nach den Ansichten einer grofsen Anzahl der Betheiligten und der Verwaltung bei längerer Fortdauer den Bergbau und Hüttenbetrieb auf eine beunruhigende Weise gefährden und ohne wahren Vortheil der Grubenbesitzer auf den Erwerb der Stadt höchst nachtheilig einwirken wird.

2. Hüttenadministration.

Von den vier Administrationen besteht:

Die der Rothehütte aus den beiden Hohöfen zu Rothehütte den dasigen 3 Frischfeuern und denen zu Mandelholz und Elend u. s. w. welche sämmtlich von der „kalten Bode" ihre Betriebswasser erhalten;

die zu Königshütte aus dem am Anfange des Sieberthales liegenden Hohofen zur Steinrenner Hütte, welcher wesentlich nur Roheisen und Granalien liefert, und den zur Königshütte selbst am Okerflusse belegenen Hohofen, 6 Frischfeuern, Zain- und Reckhammer, Walz- und Schneidewerk, Drahtwerk, Bohr- und Drehwerk und dem Roh- und Raffinirstahlwerke;

zu der Altenau-Lerbacher Administration gehören die beiden Hohöfen zu Altenau und Lerbach, das Emaillirwerk zu Zellerfeld und die beiden Frischfeuer zum Silbernen Aale;

zu der Sollinger Hüttenadministration endlich die bei Uslar betriebenen Werke, — ein Cupoloofen, 5 Frischfeuer, ein Walz- und Schneidewerk und das Gufsstahlwerk.

Aufser den Hohöfen werden zur Königshütte und Lerbacher Hütte auch Cupoloöfen betrieben, und es wird überhaupt nach der Lage der Gruben und den verschiedenen Zwecken der Betrieb so geführt, dafs auf der Altenauer Hütte vorzugsweise Töpfe und dergl., auf den übrigen Hohöfen Oefen und andere Gufswaaren, zu Altenau, Rothehütte und Steinrenne die Granalien, auf der Rothehütte aber vorzugsweise auch Roheisen für die Frischfeuer erblasen wird. Der Cupoloofen zur Sollinger Hütte wird mit Rothehütter und Gittelde'schen Roheisen und angekauften Alteisen, das Hammerwerk zum Silbernen Aal endlich mit dem bei dem Silberbergwerkshaushalte des Clausthaler und Zellerfelder Bezirkes vorfallenden Brucheisen etc. versorgt.

3. Production, Absatz, Betriebzweige.

Die Production der Eisenwerke ist von einigen früheren Jahren und von der hier in Betracht kommenden Jahresreihe in der folgenden Uebersicht zusammengestellt.

Das Mifsverhältnifs, welches sich in einzelnen Jahren zwischen der Menge des gewonnenen und verschmolzenen Eisensteines zeigt, ist in 1838 und 1846 durch schwächeren Betrieb der Hohöfen wegen des Wassermangels, in den letzten Jahren 1847 und 1848 aber durch die Berücksichtigung der Erwerblosigkeit der Bergleute wesentlich veranlafst.

1804 -- 1849, in Centnern zu 100 Pfd.

Stabeisenproduction							
Königsh.	Rothehütt.	Mandelh.	Elend	Silbernaal.	Solling. H.	überhaupt	Puddeleis.
11840	8331	5390	2797	—	10094	38000	—
10367	3076	4447	2229	4493	3147	32960	—
11343	4521	5721	2334	3856	9458	37233	—
11941	4354	5606	2361	4645	9375	38282	—
12981	4965	7066	2461	4726	11315	43514	—
13607	5428	8109	2512	5047	12712	47415	—
13824	5612	7810	2661	5165	14167	49239	-
12897	5655	7625	2673	4961	13308	47119	—
12704	5541	7728	2550	5148	10066	43437	—
12772	5196	6941	2207	4913	10152	42181	—
11074	4968	6826	2197	4718	10131	39914	67
12123	5387	7292	2374	3818	11525	42519	185
13636	5463	7767	2552	4797	12333	46196	602
14021	5471	7587	2696	5421	12700	47896	—
14158	5280	7228	3047	5513	13075	48301	—

e Verstärkung möglich wurde.

$18\frac{14}{20}$ nur etwa 65000 Ctr., von $18\frac{24}{25}$ wieder fast 73000 Ctr., von

ınd die Lieferung des Bleches ging von 1200 Ctr. bis auf 600 Ctr.

Zu Seite 44.

Schneideisen		Blech	Draht	Achsen	Stahl		
Solling. II	zusammen				Roh	Raffinirt	Guss
805	7000	1400	1200	—	280	150	—
1293	5553	1460	472	—	271	169	29
2880	9603	3	908	-	290	179	54
2305	8043	44	968	—	270	115	70½
2868	8702	116	1024	—	274	183	87
3081	9209	—	1178	—	215	119	101
4019	10149	—	1308	—	218	109	103
2048	8171	—	1068	—	141	92	89
2581	8883	--	1027	—	412	140	121
2199	7612	-	969	—	90	83	136
2349	7929	--	910	—	350	147	196
2396	8356	—	1146	1072	56	64	170
2278	9638	—	1287	1509	170	135	292
3564	10672	—	936	1213	180	112	196
3384	10548	-	1077	1073	108	77	357

, 78000 Ctr., unter denen die Production an Gusswaaren auf etwa

herunter, bis sie allmälig noch mehr nachliess und nach einigem

Jahre	Eisenstein Fuder		Production der			
	Förderung	Verschm.	Königsh.	Steinren.	Rotheh.	Altenau
18^{0}_{13}	22270		9100	9670	39690	1120
18^{31}_{36}	24570	25180	16185	7285	42561	2012
1837	25151	28638	15520	11931	57849	1904
1838	26665	23616	14086	9960	47901	2137
1839	29484	31681	18659	10085	64272	2473
1840	29044	24817	17469	11752	38152	26147
1841	27174	26555	19073	9277	40874	1748
1842	25640	25078	11649	13478	41466	2387
1843	25500	29105	20329	14801	41861	2247
1844	26547	30562	19524	18278	39971	23973
1845	26423	24671	17078	6873	40310	2111
1846	29103	23764	20294	17113	39513	1975
1847	30469	28217	22335	17201	53755	1671
1848	30018	29440	22810	11726	47729	2182
1849	27243	26956	17633	12901	43653	1913

Anmerk. Nach dem Jahre 1813 trat wegen des Ko
Die Hohofen lieferten *) von 18^{02}_{13} einsch
23000 Ctr. anstieg.
In diesem Zeitraum blieb sich die Staber

Production der Eisenhütten von

		im Ganzen		Gusswaaren		
	überhaupt	Roheisen	Granalien	Gusswaar.	Cupolo	überhaupt
30	*) 98600	46000	36000	16000	—	16000
32	95283	40450	31800	23050	—	—
)4	117038	68405	20301	28332	—	—
45	98864	44914	20093	33857	—	—
23	129632	62402	26602	39965	663	40628
18	101299	39033	27058	35208	3943	39151
)9	108051	50022	21597	36432	6109	42541
	106271	48238	26827	31206	11806	43012
52	127394	59721	28502	39171	3791	42962
	123280	62124	27345	33811	8278	42089
	101947	42620	20387	38440	9330	47770
	96674	40570	11527	44577	16352	60929
	116202	59342	17206	39654	10853	50412
	123002	59196	22201	41605	5567	47172
	110566	51997	21334	37235	5005	42240

schwächerer Betrieb ein, bis seit 1830 wieder eine beträchtlich
ıofens zu Elend mit 18380 Ctr. überhaupt 90600 Ctr., von

nfabrikation mit 35000 Ctr. und 6000 Ctr. ziemlich gleich, u

Für den Absatz der Rothehütte und ihrer Nebenwerke zu Mandelholz und Elend war der Anschlufs des Amts Elbingerode an den Zollverein günstig, indem er ihren Waaren den Eingang in die benachbarten Gegenden des Auslandes wieder eröffnete.

Auf die Production der Hohöfen hat in einigen Jahren (1838) der Mangel an den nöthigen Kohlen, Bauveränderungen auf der Steinrenner Hütte (1838—1845), das Ausblasen und das Kaltlager des zweiten Rothehütter Hohofens, (1848—1849), der neue Betrieb des Lerbacher Hohofens seit dem Herbste 1840 und die gänzliche Einstellung des im J. 1821 neu erbaueten Hohofens zu Sollinger Hütte (1843) am bedeutendsten eingewirkt.

Der Ausfall an den Gufswaaren ist seit 1839 durch die neuen Cupoloöfen ausgeglichen und übertroffen, doch haben — namentlich in den J. 1848 und 1849 — die Zeitverhältnisse eine Störung des Absatzes und dadurch auch eine Beschränkung dieses Betriebes herbeigeführt.

Für den Absatz des Stabeisens waren die ersten Jahre 1837 und 1838 sehr günstig und es mufste der Betrieb der Frischfeuer verstärkt werden, nachdem die vor dem Eintritte des Steuervereins eingeführten Massen ausländischen Eisens verbraucht waren.

Seit 1840 wurde aber bei dem anfangenden Sinken der Preise des englischen Stabeisens und bei dem Zurücktreten einiger benachbarten Hüttenwerke von den früheren Vereinbarungen das Verhältnifs des Stabeisenhandels viel ungünstiger, besonders weil das ausländische geschmiedete Eisen, welches in den nördlichen Provinzen des Landes nur eine Eingangssteuer von 4 gGr. für den Centner zu tragen hatte, allmälig einen ausgedehnteren Markt fand und deshalb die Hütten des Harzes zu Preisermäfsigungen und Rabattbewilligungen immer mehr gezwungen wurden.

Ohne die Ausdehnung des Betriebes der Walz- und Schneidewerke zu Sollinger Hütte und zu Königshütte, welche schon in den ersten Jahren der vorliegenden Periode begonnen und nur 1838 durch einen Mangel an zu verwalzendem Stabeisen etwas unterbrochen war, würde der Absatz der Hütten sehr zurückgegangen seyn, weil der Verbrauch dieser Eisensorten, welche das Ausland in grofser Mannichfaltigkeit schon lieferte, sich bei mäfsigen Preisen und wegen bequemerer Verarbeitung immer mehr verbreitete.

Während jene Werke, namentlich durch Lieferung von Rundeisen bis zur Stärke der Drahtsorten No. 6., ihre Fabrication steigerten, beförderten sie auch durch Vorwalzen des Drahteisens den Absatz des Drahtes, der von dem Drahtwalzwerke selbst ungleich besser, als mittelst der früheren Anwendung der Zangen geliefert wurde.

Dagegen nahm der Absatz des zu Mandelholz geschmiedeten Bleches immer mehr ab, nicht blofs wegen seiner verminderten eigenen Güte, sondern hauptsächlich wegen der Anwendung des Bandeisens statt des Bleches für manche Gewerbe und wegen der äufseren Vorzüge und des geringeren Preises der gewalzten Bleche des Auslandes.

Dieser Betriebszweig wäre nur durch ein Walzwerk und durch eine höhere Besteuerung des fremden Bleches (statt des Satzes von nur 10 gGr. für den Centner) aufrecht zu erhalten gewesen, allein die grofsen Kosten dieses Baues, verbunden mit anderen Schwierigkeiten, mufsten von einer solchen jeden Falles nur wenig gesicherten Anlage abschrecken, und es wurde deshalb der Blechhammer zu Mandelholz, welcher etwa 45 Jahre betrieben war, im J. 1839 aufgegeben und seitdem als Frischfeuer benutzt.

Die Fabrication von Rohstahl (aus Gittelde'schem Eisen) und Raffinirstahl auf der Königshütte ist im unveränderten Fortgange geblieben. Dagegen hat sich die Production des Gufsstahls auf der Sollinger Hütte in den letzten Jahren ungleich rascher gehoben, als bis dahin ungeachtet der vorzüglichen Waare bei ungenügendem Absatze möglich war.

Die gelungene eigene Bereitung von Cementstahl zum Umschmelzen veranlafste hier im J. 1849 die Einrichtung eines eigenen Cementirofens und es ist zu erwarten, dafs der Absatz sich bei stärkerer und wohlfeilerer Production noch ungleich mehr heben werde.

In den letzteren Jahren fanden die eisernen Achsen mit gufseisernen Büchsen immer mehr Eingang, und es wurde zu ihrer Herstellung auf der Königshütte zum Ausschmieden ein solcher Schweifsofen angewandt, wie auf der Sollinger Hütte zu den Schmiedearbeiten für die Kettenbrücke bei Hameln benutzt war, auf der Rothen Hütte aber eine Esse und Werkstätte in der Zainhütte vorgerichtet.

Obgleich bei allen eben erwähnten Hauptproducten der Absatz der einzelnen Jahre nicht im gleichen Verhältnisse zu der Fabrication blieb, so ist doch das Anwachsen lästiger Vorräthe thunlichst vermieden und wenn Betriebsbeschränkungen eintreten mufsten, den Arbeitern ein anderer Erwerb verschafft.

Im Grofsen gerechnet mag sich die Production der Eisenwerke gegen den vorletzten Zeitraum um etwa den zehnten Theil vermehrt haben, welches bei gleicher Menge der Granalien hauptsächlich bei der Darstellung der Gufswaaren sich zeigt.

Dieser Betriebszweig würde sich aber weit mehr ausgedehnt haben, wenn nicht in mehreren Gegenden des Landes — (Linden bei Hannover, Lüneburg, Osnabrück, Norden) — von Privatunternehmern bedeutende Giefsereien angelegt wären, welche durch die steuerfreie Einfuhr des Roheisens bis zu dem seit dem 1. März d. J. eingetretenen Uebergange zu dem Zollvereine sehr begünstigt wurden.

Die Verschiedenheit der wichtigeren Gufswaaren, welche von den einzelnen Hütten geliefert werden, zeigt sich in dem **Musterbuche**, zu dem noch fortwährend Nachträge erscheinen.

Unter den Gufswaaren sind die Töpfe u. dgl. besonders auch für den auswärtigen Absatz bestimmt und die Mannichfaltigkeit der Oefen wird wesentlich durch die vermehrte Anwendung ganz eiserner Oefen und die zunehmende Baulust in vielen Orten des Landes hervorgerufen.

Aufserdem haben gröfsere Bauten und das Bedürfnifs der Eisenbahnen die Anfertigung von Säulen, Pfeilern, Fenstern, Röhren und mancher anderen Gegenstände erfordert. Als eines gröfseren Kunstgusses ist der Bildsäule des Königs Wilhelm IV. zu erwähnen, welche zu dem Feste des hundertjährigen Bestehens der Georgia-Augusta für den Universitätsplatz zu Göttingen auf der Rothen Hütte gegossen ist.

Eine Verstärkung der **Stabeisenproduction** würde bei der Güte des Eisens für das Land selbst sehr wichtig seyn, sobald eine Ausdehnung des Betriebes sich durch eine Veränderung in dem Kohlenbezuge oder durch eine Anwendung von Puddelwerken erreichen läfst.

Mit den vorhandenen Hammerwerken läfst sich der Bedarf des Landes längst nicht liefern, indem jährlich in den Steuerverein an wirklich geschmiedetem Eisen mindestens noch 50,000 Ctr., an gewalztem, geschnittenem Nageleisen u. a. Eisen aber etwa 20,000 Ctr. eingeführt werden.

4. Baue und Anlagen.

Unter den während der letzten dreizehn Jahre ausgeführten Bauen und Anlagen sind der schon erwähnte Neubau der Lerbacher Hohofenhütte ($18\frac{39}{40}$), die Erbauung einer Frischhütte zu Elend, 1849, auf dem Platze des vormaligen im Jahre 1819 eingestellten Hohofens, so wie die Erneuerung der Frischhütte auf dem zweiten Gefälle der Königshütte, die wichtigsten.

Aufserdem sind auf derselben Hütte zwei, auf der Sollinger Hütte aber ein neuer Wasserkasten mit gufseisernen Borden und eichenem Boden, zu Bodenfelde an der Weser ein neues Ablagerhaus für die Sollinger Hütte, auf der Rothen Hütte einige bedeutende Erweiterungen und Verbesserungen der Kohlenschoppen, Magazine und Werkstätten ausgeführt.

Neben mehreren Verbesserungen des Hüttenbetriebes und abgesehen von der auf allen Hütten fortwährend angewandten Benutzung der Hohofengase ist der Anwendung künstlicher Gestellmasse statt des Blankenburger Sandsteins, der Aufstellung einer mittelst der Hohofengase bewegten Dampfmaschine auf der Lerbacher Hütte zur Verstärkung der Betriebskraft bei eintretendem Wassermangel, der Erbauung einer Werkstatt für das Nach- und Zusammenarbeiten gröfserer Gufswerke etc. auf der Rothen Hütte und der Versuche mit einer wohlfeileren Verzinnung auf der Altenauer Hütte zu erwähnen.

5. Puddelwerke.

Die Bedeutung dieser mehr oder weniger mit günstigem Erfolge ausgeführten Anlagen und Verbesserungen tritt aber gegen die verfehlte Hoffnung sehr zurück, ein grofses Puddelwerk mit Torfgasen betreiben und mit dessen Hülfe die Production des Stabeisens steigern zu können.

Nachdem ziemlich lange fortgesetzte Versuche nach dem Verfahren des Hrn. Bergrathes Faber du Faur zu Wasseralfingen auf der Steinrenner Hütte herausgestellt hatten, dafs das Puddeln bei Torfgas ein gutes Eisen liefern könne, erregte zwar sowohl die Ungleichheit der Menge und Beschaffenheit des Gases, als auch der Mangel an genügender Wasserkraft bei den vorhandenen Hohöfen, besonders aber die Schwierigkeit auf den feuchten Gebirgshöhen trockenen Torf in zureichender Menge jährlich gewinnen und diese grofsen Massen ohne unverhältnifsmäfsige

Kosten zu dem Puddelwerke herbeifahren zu können, so begründete Bedenken, dafs das sehr ernstlich verfolgte Project einer grofsen Puddelanlage bei Elend um so mehr zurückgesetzt werden mufste, als die unsicheren Zustände des Eisenhüttenwesens den Ertrag so ausgedehnter neuer Werke gänzlich in Zweifel stellten.

Endlich riethen auch später die aufserordentlich hohen Anlagekosten von diesem Baue eines grofsen Puddelwerkes bei Elend ab, während sich die Erbauung mehrerer kleineren, der Oertlichkeit entsprechenden Puddelwerke empfahl.

Gegenwärtig wird die in Siegen und in den benachbarten Gegenden nach Französischem und Belgischem Vorgange mit günstigem Erfolge verbundene Anwendung des Puddelverfahrens mit den vorhandenen Frischhütten auch am Harze, und zwar, zuerst zu Mandelholz versucht. Bei der Anwendung einer abgesonderten Gaserzeugung und verstärkter Torfgewinnung wird auf diese Weise vielleicht der beabsichtigte Zweck weit sicherer erreicht werden, als es bei jener grofsen Anlage möglich gewesen wäre, auf deren Betrieb eine ungünstige Witterung oft sehr störend einwirken konnte.

Der in Veranlassung jener Versuche angefangene Zusatz von Torf und Holzkohlen, welcher sich bei dem Hohofenbetriebe zur Rothen Hütte vortheilhaft gezeigt hat, wird auch für die Königshütte und die Altenauer Hütte Anwendung finden können.

Wie die Verhältnisse der K. Eisenwerke sich bei dem bevorstehenden Anschlusse des ganzen Steuervereins an den Zollverein gestalten werden, läfst sich in diesem Augenblicke noch gar nicht übersehen; es ist aber sehr zu besorgen, dafs die Schwierigkeiten, mit denen dieser Betriebszweig schon jetzt bei der Concurrenz der Privatunternehmer, wie jede auf Rechnung des Staats arbeitende Verwaltung, vielfach zu kämpfen hat, sich künftig bei dem Emporkommen neuer grofser Werke noch vermehren werden.

Zunächst können diese Veränderungen auf die für die Stadt Uslar und die Umgegend sehr wichtige Sollinger Eisenhütte einwirken, weil sie vorzugsweise für ihren Absatz auf die Weser hingewiesen ist und die Sollingsforsten, deren grofse Bestände einst (1713) ihre Anlegung hervorriefen, ihr das Kohlenholz ohne einen Ausfall an den gewöhnlichen oder sonst zu erlangenden Verkaufspreisen nicht zu liefern vermögen.

6. Geldhaushalt.

Bei solchen und ähnlichen Verhältnissen des Holzbezuges, welche auch am Harze stattfinden und sich überhaupt sehr leicht zwischen den einzelnen Zweigen der Domanialverwaltung entwickelten, hat zwar eine nähere Angabe über die Geldeinnahmen und Ausgaben der Hüttenwerke des Harzes nur einen sehr geringen Werth für eine allgemeine Vergleichung mit anderen Gegenden, und wird gerade deshalb in der Uebersicht von 1837 gänzlich übergangen sein.

Mit Rücksicht auf das Hausmann'sche Werk sollen hier aber doch wenigstens die abgerundeten Hauptbeträge der Einnahmen und Ausgaben mitgetheilt werden.

Nach einem grofsen Durchschnitte und mit Abrechnung des von einer Hüttenadministration an die andere verabfolgten Eisensteins und Roheisens etc. beläuft sich die wirklich in die Hüttencassen geflossene Einnahme auf etwa 450,000 Thlr., wovon auf die Gufswaaren etwa 130,000 Thlr., auf die an die Silberhütten gelieferten Granalien 60,000 Thlr., auf Stabeisen 150,000 Thlr., auf Zain- und Schneideisen 40,000 Thlr., auf Achsen 8000 Thlr., auf Draht 8000 Thlr., auf Roh- und Raffinirstahl 1000 Thlr., und Gufsstahl 5000 Thlr., an sonstigen Einnahmen aller Art endlich 12,000 Thlr. zu rechnen seyn mögen.

Nach ähnlicher Ausmittelung sind die sämmtlichen Ausgaben ungefähr zu 380,000 Thlr. anzunehmen.

Für den Eisensteinsbergbau sind etwa 44,000 Thlr, für den Betrieb der Hohöfen und Cupoloöfen etwa 80,000 Thlr., der Frischfeuer 63,000 Thlr., der Zain-, Walz- und Schneidewerke 3000 Thlr., der Achsenschmiederei 1000 Thlr., des Drahtwerkes 2000 Thlr., des Gufsstahlwerkes 5000 Thlr., der übrigen Stahlwerke, des Bohr- und Drehwerkes und des Emaillirwerkes 2000 Thlr., also für alle diese Zweige ungefähr 200,000 Thlr. anzurechnen.

Aufserdem wurden für Kohlen, Holz, Steinkohlen und Torf etwa 110,000 Thlr., für andere Materialien aller Art aber 20,000 Thlr. verausgabt und für Baue und Reparaturen ungefähr 15 bis 20,000 Thlr. verwendet.

Unter den allgemeinen Ausgaben belaufen sich die Gehalte der Beamten und Löhne der Aufseher jetzt auf etwa 20,000 Thlr., die Handelskosten auf 3000 Thlr., die sonstigen Ausgaben aber auf 5000 Thlr., und es kommen an verschiedenen anderen Ausgaben noch etwa 2000 Thlr. hinzu.

Der durchschnittliche Ueberschufs stellt sich für die letztverflossenen Jahre und auch nach den seit 1849 erfolgten oder veranschlagten Abschlüssen auf etwa 40,000 Thlr. heraus.

Um insbesondere für die Erfolge, welche zuletzt nach einer Reihe von Jahren aufser den Verwendungen für Neubauten in den Ablieferungen der Ueberschüsse sich zeigen, an die frühere Zeit anzuknüpfen, folgt hier eine Zusammenstellung der seit dem Abschlusse der Uebersicht von $18\frac{14}{30}$ an die Zehntcasse abgelieferten Ueberschüsse in Courant, in welcher Münzsorte der Durchschnitt jener Ablieferungen sich insgesammt auf 14,172 Thlr. belief:

Zusammenstellung der von den Eisenhüttencassen in die Clausthaler Zehntcasse abgelieferten Ueberschüsse.

Jahr	Rothe Hütte Thlr.	Königshütte Thlr.	Altenau-Lerbacher Hütte Thlr.	Sollinger Hütte Thlr.	Ueberhaupt Thlr.	Bemerkungen.
1831	—	2,150	8,202	—	10,352	
1832	11,093	—	2,309	—	13,402	
1833	—	—	12,779	—	12,779	
1834	1,332	—	2,477	—	3,809	
1835	10,420	—	8,291	—	18,711	
1836	—	—	—	—	—	
1837	12,000	—	—	—	12,000	
1838	32,800	—	—	21,200	54,000	
1839	24,800	—	—	15,000	39,800	
1840	43,000	—	—	18,000	61,000	
1841	64,818	9,648	9,380	—	83,846	
1842	59,061	—	1,034	8,920	69,015	
1843	32,715	—	4,341	1,469	38,525	
1844	23,873	—	5,454	238	29,565	
1845	35,896	—	19,009	786	55,691	
1846	44,111	1,002	13,800	3,981	62,894	Einschl. je 10,000 Thlr. bei der Roth. Hütte u. Altenau-Lerbacher Hütte aus d. J. 1846 u. nach Absatz des Schadens d. Königshütte von 4479 Thlr.
1847	35,057	—	2,668	5,682	43,407	
1848	33,512	—	4,793	2,534	40,839	
1849	20,503	—	24,946	2,721	43,691	

Bei dieser Angabe der Ueberschüsse darf aber zur Erläuterung des raschen Ansteigens nicht unbemerkt bleiben, dafs früher durch die geringeren Preise, welche am Harze für das von den K. Eisenhütten gelieferte Eisen bezahlt wurden, ein bedeutender Ausfall bei den Cassen entstand, durch dessen Beseitigung sich die Ueberschüsse um zehntausend Thaler erhöhet haben mögen.

In den Jahren, bei denen eine Ueberschufsablieferung nicht angegeben, sind die wirklich erlangten, oft sehr bedeutenden, Ueberschüsse zur Ausführung gröfserer Baue, zur Abtragung früher bezogener Vorschüsse oder rückständiger Ausgaben und zur Ergänzung des nicht genügenden Betriebscapitals etc. verwendet.

IV. Forsthaushalt.

1. Die Forsten überhaupt.

Die enge Verbindung des Bergwerks- und Hüttenbetriebes des Harzes mit der Forstwirthschaft, über welche sich Hausmann näher ausgesprochen hat, dauert noch unverändert fort.

Da sich die einzelnen Zweige dieses grofsen Haushalts nur mit einander verbunden in ihrer hohen Wichtigkeit für die Harzbewohner und für das ganze Land behaupten können, sich auch gegenseitig ergänzen und unterstützen müssen, so dürfen für den Ueberblick des Harzbergbaues von einem längeren Zeitraume auch die Forsten nicht gänzlich übergangen werden, wie für die 6 Jahre 1831 bis 1836 wohl geschehen mochte.

Deshalb sollen hier die Veränderungen kurz angedeutet werden, welche in den Verhältnissen der Harzforsten seit dem Erscheinen des Hausmann'schen Werkes eingetreten sind, und einige Angaben über den Betrieb während der letzten zwanzig Jahre hinzugefügt werden.

Die Gesammtfläche der Harzforsten, welche in sechs Inspectionen und 25 Reviere eingetheilt werden, beträgt nach den neuesten Ausmittelungen etwa 213,000 Morgen zu 120 Q.Ruth. Hann. M. Von dieser ganzen Fläche sind für unculturbare Blöfsen, Brüche, Teiche, Flüsse, Strafsen und Wege etwa 12,000 Morgen abzurechnen, so dafs für die eigentliche Forstbenutzung etwa 201,000 Morgen übrig bleiben, welche ungefähr zu vier Fünfteln mit Fichten, zu einem Fünftel aber mit Laubholz bestanden sind und etwa 12,000 Morgen an älteren und den sich jährlich erneuernden Blöfsen umfassen *)

Die Fläche dieser Blöfsen wurde für den Anfang des J. 1814 zu etwa 21,700 Morgen angegeben und hat sich

*) Drechsler. Die Forsten des Königreichs Hannover. Hann., 1851. 8.

also, ungeachtet mancher bedeutenden Unfälle in Folge unausgesetzter neuer Culturen und Nachbesserungen allmälig fast auf die Hälfte verringert, indem sie am Schlusse des J. 1823 noch zu 17,860, des Jahres 1849 aber nur noch zu 11,458 Morgen angenommen wurde.

Nach den Bergfreiheiten und anderen Berechtigungen, nach dem Herkommen und dem nicht zu beseitigenden thatsächlichen Zustande haben die Bergwerke und Hütten und die Einwohner des eigentlichen Oberharzes und einiger angrenzenden Aemter etc. die nächsten Ansprüche an den Wald, so dafs eine forstwirthschaftliche Benutzung für die Staatscasse erst anfangen kann, wenn jene Bedürfnisse befriedigt sind.

Es ist in neuerer Zeit durch genauere Anordnungen der regelmäfsige Betrieb der Forstwirthschaft mehr gesichert und es ist sehr wünschenswerth, dafs durch eine richtige Feststellung des Mafses jener grofsen Anforderungen auch für die Zukunft und zwar zum eigenen Besten der Betheiligten so wirksam als irgend möglich gesorgt werde.

2. Holzabgabe.

Die Abgabe wurde bis 1837 nach Kohlholzmaltern zu 80 Cubikfufs berechnet und belief sich im Durchschnitte jährlich von 1814 bis 1823 auf etwa 275,000 M.
1824 - 1833 - - 295,000 -
1834 - 1838 - - 290,000 -
allein seit 1839 hat man die verschiedenen Holzarten auf s. g. Normalmalter zu 50 Cbkffs. fester Holzmasse reducirt, und nach dieser im Einzelnen unstreitig richtigeren Berechnungsweise sind durchschnittlich in den Jahren von
1839 bis 1844 294,000
$18\frac{45}{49}$ aber nur 273,000
Normalmalter abgegeben. *)

---

*) In den Jahren $18\frac{03}{08}$ wurden bei einer nur zu etwa 230,000 K. H. M. angenommenen nachhaltigen Abgabe durchschnittlich mehr als 150,000 K. H M. zu viel abgegeben.

Aus den einzelnen Inspectionen von

sind	1814	1831	1839	1849
	Kohlholzmalter		Normal-Malter	
Clausthal	58.613	71,560	61,043	58.833
Herzberg	46,981	64,221	57,692	39,821
Lauterberg	77,766	57,567	62,931	69,415
Elbingerode	27,910	29,363	25.746	24,454
Zellerfeld }	62,466	95,505	56.255	41,317
Lautenthal }			37,434	36,918
im Ganzen	273.736	318,216	301,101	270,758
namentlich an die Werke .	—	—	188,635	146,948
an die Unterthanen . . .	—	—	81,165	90,937
und zum auswärtig. Verkaufe	—	—	30,478	29,079

abgegeben.

Die Abgabe vertheilte sich 1849 so, dafs auf

Schachtholz u. dgl. . . . . 15,176 N. M.
Bauholz . . . . 8,652 - -
Nutzholz . . . . 13,113 - -
Bloche . . . . 20,748 - -
Brennholz (nebst einigem Material zu Zündhölzchen) . . . . 107,341 - -
Kohlholz . . . . 105,728 - -

auf letztere beide also fast $\frac{4}{5}$ des Ganzen fielen.

Früher wurde angenommen, dafs der Waldmorgen zu 160 Q.R. am Hannoverschen Harze tragbaren Waldbodens etwa jährlich 2 Malter zu 80 Cbkffs. liefere, und nach den neueren Annahmen von $18\frac{46}{49}$ würde der Morgen zu 120 Q.R. etwa 1,3 N. M. oder 80 Cbkffs. feste Holzmasse liefern.

Eine unmittelbare Vergleichung im Grofsen läfst sich bei einem verschiedenen Reductionsmafse der Holzsorten auf Kohlholzmalter nach 80 Cbkffs. Rauminhalt und Norm. Maltern von 50 Cbkffs. fester Holzmasse hier nicht versuchen, aber es ist nicht zu bezweifeln, dafs früher ungleich stärkere Stämme abgegeben wurden und dafs gegenwärtig der Betrieb möglichst haushälterisch geführt wird.

Die ganze Kohlenmenge, welche am Hannoverschen Harze jährlich bereitet wird, wurde um 1830 zu 60,000 Karren und der Verbrauch zu 1 Karre Kohlen zu 2,25 bis 2,30 Malter Holz gerechnet.

Diese für die beiden Zweige des Bergwerks- und Hüttenhaushaltes und den Communion-Harz zu $^4/_7$, so wie für die Schmiede etc. bereitete Kohlenmenge und der dazu erforderlich gewesene Holzverbrauch hat von 1840 bis 1849 zwischen 73,400 und 80,000 Karren und 69,5 und 90 Cubikfufs Holzmasse für die Karre geschwankt, durchschnittlich aber etwa 77,000 Karren Kohlen und für die Karre 83 Cubikfufs Holzmasse betragen, wie es die Betriebsverhältnisse und die Ungleichheit der verbrauchten Holzsorten mit sich gebracht haben.

Die jährliche Abgabe der rohen Holzsorten hat sich im Vergleiche zu dem Durchschnitte von $18\frac{26}{30}$ und bei der Annahme, dafs ein Kohlholzmalter zu 80 Cbkffs. etwa zu $^4/_5$ fester Holzmasse zu rechnen sei, so verändert, dafs der Verbrauch an Blochen für die Sägemühlen wesentlich gestiegen ist und dafs der Absatz von Bau- und Brennholz an Nichtberechtigte, welcher in früherer Zeit gar nicht stattfand, mittelst meistbietender Verkäufe jetzt für die Forstcassen eine sehr bedeutende Einnahme bildet, mit dem reinen Ausbringen des Cubikfufses von 2 gGr. 3 Pf. bis 3 gGr. (Vergl. Verhandl. d. Harzer Forst-Ver. Cl. 1846. 8.

Die gesammte Holzabgabe hat in den fünf Jahren 1845 bis 1849 im Einzelnen durchschnittlich bestanden aus

	Stamm	Cubikfss.	Kohlhlz.-M.	N. Malter
a. Schacht- und Materialholz .	24,400	—	—	14,200
b. Bauholz — Nadelholz . .	20,150	—	—	10,100
c. Bauholz, Schwell- u. Säulenholz, — Laubholz . . .	—	12,500	—	250
d. Nutzholz.				
Nadelholz	—	475,000	—	9,500
Laubholz	—	103,000	—	2,100
e. Bloche	45,000	—	—	20,000
f. Brenn- und Kohlenholz.				
Nadelholz	—	—	200,000	169,000
Laubholz	—	—	58,000	48,200
zusammen	—	—	—	73,000
davon zum auswärtigen Verkauf	—	—	—	24,500

und am Kohlenerfolge 76,000 Karren.

Der Durchschnitt an Bauholz war beträchtlich stärker als gewöhnlich, weil in die ersten Jahre die Anforderungen zum Wiederaufbau der durch den grofsen Brand zu Clausthal zerstörten Häuser fielen, für den Bedarf an Brenn- und Kohlenholz etwas geringer, weil die Umstände zu dieser Beschränkung und zu einem Verbrauche aus den Vorräthen nöthigten.

Aufser der Clausthaler Feuersbrunst sind einige Störungen des regelmäfsigen Ganges der Hauungen durch bedeutende Stürme herbeigeführt, welche die Harzforsten besonders in den Jahren 1836 und 1837 sehr verwüsteten.

Die Einnahme für das zum auswärtigen Verkaufe abgegebene Holz, welche früher nur sehr gering war, hat sich in den Jahren von $18\frac{35}{39}$ durchschnittlich auf fast 42,800 Thlr., in dem Jahre 1849 aber auf ungefähr 46,000 Thlr. belaufen.

3. Sägemühlen.

Der Betrieb der Sägemühlen, welcher sowohl wegen der Anforderungen des Bergwerks- und Hüttenhaushaltes selbst, als wegen des sehr vortheilhaften Ausbringens der Hölzer von grofser Wichtigkeit ist, ist in der letztverflossenen Zeit durch neue Anlagen und Vorrichtungen wesentlich verbessert.

Die von 1831 bis 1834 ruhende Sägemühle bei Osterode ist zuerst zur Aufarbeitung der durch die Stürme umgeworfenen Stämme wieder in Umgang gesetzt und seitdem ununterbrochen benutzt.

Die Sägemühlen zu Elend und im Oderthale sind neu gebauet und statt der Weifsenwasser Sägemühle ist in dem nahen Bramker Thale eine neue angelegt, welcher die Betriebswasser durch eine eiserne Röhrenleitung von dem gegenüber liegenden Dietrichsberge zugeführt werden, und aufserdem ist die Herzberger Sägemühle umgebauet worden.

Durch die Feuersbrünste in Clausthal und Bockenem, so wie durch die zunehmende Neigung zu neuen Bauausführungen, namentlich in Hannover selbst, hat sich der Absatz und der Ertrag der Sägemühlen sehr erhöhet, und es sind von denselben an Ueberschüssen nach dem Durchschnitte

von $18\frac{20}{33}$	etwa nur . .	21,000 Thlr.
- $18\frac{34}{39}$	sehr nahe . .	38,500 -
- $18\frac{40}{49}$	aber ungefähr	53,000 -

für das Jahr erfolgt.

4. Culturen.

Im Laufe der letzten 20 Jahre sind die Arbeiten, um die älteren und die durch den Abtrieb neu entstandenen Blöfsen wieder in Cultur zu setzen, so rasch erfolgt, als die Verhältnisse es nur gestatteten. Während der letzten 5 Jahre von $18\frac{45}{49}$ sind durchschnittlich 2365 Morgen zu 120 Q.Ruthen an Blöfsen durch den Abtrieb hinzugekommen, dagegen aber im Ganzen 2930 M. und mit Ausschlufs der Nachbesserungen, Pflanzungen und Kämpe 2450 Morgen wieder in Cultur gebracht. Von jener Fläche sind in den Laubforsten 82 M. durch Besamung und 203 M. durch Pflanzung, im Nadelwalde aber 56 M. durch Besamung und 2592 M. durch Pflanzung und zwar hier durch neue Anlagen 2360 Morgen cultivirt. *)

Zu diesem Zwecke sind durchschnittlich

5700	Pfd. Fichtensamen,
2,970,000	Stück Fichtenpflanzen,
3360	Pfd. Laubholzsamen und
266,000	Stück Laubholzpflanzen

verwandt.

In einigen Jahren des verflossenen Zeitraumes hat die Witterung, besonders durch grofse Trockenheit (1846), und durch Wasserfluthen, (1844) Eisanhang und Schneedruck auf die Culturen ungünstig eingewirkt.

*) Im J. 1814 wurden im Laubholz 57 M. bepflanzt, im Fichtenwalde aber 2221 M. besamt und nur 840 M. bepflanzt.

Mit Rücksicht auf die letzteren Umstände hat man die Pflanzungsweite, welcher früher schon von 2 und 3 Fufs auf 4 und 5 Fufs erstreckt war, auf 5 und 6, ja selbst bis auf 7 Fufs auszudehnen angefangen.

Die versuchten Einzelnpflanzungen, statt der Büschel von 3 oder 4 Stück, haben sich am Harze nicht bewährt, wo ihnen jeden Falles die Verhältnisse des Bodens und der Weideberechtigungen ungünstig zu seyn scheinen.

Die auf die Forstculturen verwendeten Kosten beliefen sich durchschnittlich

von	18^{14}_{28}	auf etwa	20,000	Thlr.
-	18^{29}_{31}	- -	20,600	-
-	18^{32}_{34}	- -	13,500	-
-	18^{35}_{40}	- -	6,400	-
-	18^{41}_{44}	- -	10,400	-
-	18^{45}_{49}	- -	14,000	-

und sind für 18^{50}_{51} zu 14,070 Thlr.

18^{51}_{52}	-	13,300	-
18^{52}_{53}	-	13,803	-
18^{53}_{54}	-	14,215	-

veranschlagt.

5. Torfstiche.

Die bei dem Eisenhüttenbetriebe bereits erwähnte Torfgewinnung wird von der Forstverwaltung besorgt.

Schon vor etwa hundert Jahren waren Versuche mit dem Torfstiche auf dem Bruchberge und der Verkohlung des Torfs angestellt, welche jedoch bei den damaligen Holzbeständen noch zu einer ernstlichen Unternehmung nicht auffordern konnten.

Im J. 1816 wurde auf einem der früher ausgewählten Puncte, dem Morgenbrotsplatze, wieder Torf gestochen, dessen Anwendung im rohen und im verkohlten Zustande auf der Altenauer Silberhütte ebenso wenig, als die Gewinnung von Baggertorf am Bärenbruche bei Buntenbock (1829 und 1830) sich empfahl.

Dagegen wurde 1841 und 1842 der Zusatz von rohem Torf zu Holzkohlen bei dem Hohofenbetriebe zur Rothen Hütte und Altenauer Eisenhütte, 1846 aber und 1847 auch zu mehreren Arbeiten auf der dasigen Silberhütte mit ungleichem Erfolge versucht und es wird jene Anwendung auf der Rothen Hütte noch mit Vortheil fortgesetzt und auch bei der Königshütte angefangen werden. Aufserdem wird man auf einen entsprechenden Verbrauch des Torfes nur zur Gasbereitung beim Puddelbetriebe, viel weniger aber zur Versorgung der brennholzarmen Gegenden des Eichsfeldes und bei Osterode rechnen dürfen, weil für diese die Transportkosten sich verhältnifsmäfsig sehr hoch belaufen.

Eine so wohlfeile Gewinnung, wie in den Gegenden wo der Torfstich nur einen Nebenerwerb bildet, wird am Harze niemals möglich seyn, da es in der günstigen Jahreszeit an der vorübergehend nöthigen Anzahl von Arbeitern fehlt, deren Herbeiziehung aus der Umgegend aber viel zu hoch zu stehen kommen würde.

Ueberhaupt ist es zweifelhaft, ob die Gewinnung eines trockenen und mit mäfsigen Kosten herbeizuschaffenden Torfs sich bei einer Folge mehrerer nasser Jahre selbst mit Hülfe von Hürden und kleiner Trockenhäuser hinlänglich sichern läfst, um darauf irgend einen gröfseren Hüttenbetrieb zu gründen, und ob bei dem Mangel eines solchen gröfseren Werkes nach der bevorstehenden Eröffnung der Eisenbahn und der leichteren Anfuhr der Steinkohlen bei den Einwohnern jener Gegenden der Torf der Harzmoore in solcher Menge Absatz finden wird, welche den schwierigen Betrieb lohnen kann.

Endlich wird man niemals die Brüche vollständig oder in unbeschränkter Ausdehnung ausstechen dürfen, weil sie allein die Niederschläge sammeln und festhalten, welche den Bergwerken, Hütten und anderen Anlagen die Betriebswasser liefern und überhaupt die regelmäfsige Bewässerung des Gebirges bewirken.

Rücksichtlich der Nebennutzungen der Forsten ist zu bemerken, dafs das früher schon nur als Frevel betriebene Harzscharren der Bewohner des angrenzenden Eichsfeldes noch immer zum grofsen Nachtheil der Wälder und ungeachtet der angestrengten Bemühungen der Forstverwaltung fortdauert.

Ein gröfserer Versuch zur Gewinnung der Holzsäure aus den Kohlenmeilern wurde nicht verfolgt, weil es an einer Gelegenheit zu ihrer Verwerthung mangelte.

Die Weide in den Harzforsten ist für die Bewohner des Harzes und der benachbarten Aemter, welche sie als Berechtigung ausüben, von grofsem Werthe, hat aber rücksichtlich des Ertrages am Weidegelde für die Forstcasse keine Bedeutung, indem diese Einnahme 1820 noch 550 Thlr. neuerlich aber höchstens 250 Thlr. betragen hat.

Wegen der jetzt dem Abtriebe rascher folgenden Culturen und anderer Gründe hat sich seit 30 Jahren die Benutzung für das Rindvieh von etwa 12,000 Stück auf ungefähr nicht völlig 10,000 verringert, während die Anzahl der Schaafe und Schweine, welche damals sich nur auf etwa 5200 und 230 belief, auf etwa 10,000 und 700 gestiegen ist.

6. Wegbau.

Aufser dem eigentlichen Betriebe mit den Hauungs-, Cultur- und andern Arbeiten, der Köhlerei und den Sägemühlen, zu denen in einigen Inspectionen die Torfgewinnung noch hinzugekommen ist, hat die Forstverwaltung auch den Wegbau wahrzunehmen, welcher am Oberharze in den letzten zwanzig Jahren sich sehr ausgedehnt hat.

Früher waren sämmtliche Wege von solcher Beschaffenheit, dafs die Erz-, Schliech- und Kohlenfuhren nur mit Hülfe einer grofsen Anzahl sehr kräftiger Pferde beschafft werden konnten, das Fuhrwerk aus dem flachen Lande aber fast gänzlich aufser Stande war, die Harzorte zu erreichen.

Es mufsten deshalb die Lebensmittel und andere Gegenstände aus dem flachen Lande heraufgetragen oder auf Pferden und Eseln von den Treibern herbeigeschafft werden, — wie zum Theil auch noch geschieht, — gröfsere Transporte für den Bergwerks- und Forsthaushalt aber vorzugsweise auf Schlitten vorgenommen werden, so dafs sie wesentlich auf den Winter hingewiesen waren und von der Menge und Dauer des Schnee's abhingen.

Die vor dreifsig Jahren begonnene Verbesserung der Harzwege umfafste zunächst die Hauptstrafsen, welche den Oberharz von Süden nach Norden und von Westen nach Osten durchkreuzen, hat aber seit dem Erscheinen des Hausmann'schen Werkes noch solche Fortschritte gemacht, dafs nur wenige Strecken zwischen den Orten und für wichtigere Betriebszwecke noch neuer Anlagen bedürfen.

Die sehr grofsen Kosten dieser Weganlagen, welche allerdings durch beträchtliche Ersparungen in dem gesammten Haushalte und durch die Vortheile eines leichten Verkehrs für den ganzen Bezirk sich im Ganzen sehr nützlich bewährt haben, sind aus mehreren Gründen, hauptsächlich aber wegen der dem Forstbetriebe zunächst erwachsenden Verringerung mancher Kosten und besseren Verwerthung des Materials, gröfsten Theils den Forstcassen zur Last gefallen.

Es kam hinzu, dafs die Mehrzahl der Wege ursprünglich für den Forstbetrieb bestimmt war, und dafs es bei denen auf gewisse Jahreszeiten sich zusammendrängenden Arbeiten wieder — in anderen Zeiten — für das unentbehrliche Personal an Beschäftigung fehlte.

Bei dem gesammten Harzhaushalte sind für Anlagen, Besserungen und Unterhaltung der Wege durchschnittlich

von $18\frac{35}{39}$ 32,500 Thlr.
$18\frac{40}{44}$ 48,600 -
$18\frac{45}{49}$ 44,600 -

verwendet.

Im Ganzen genommen fielen von diesen Verwendungen etwa 25,000 Thlr. auf die Forstcassen, und von der Gesammtsumme bis auf die neueste Zeit etwa $^3/_5$ auf die Unterhaltung, $^2/_5$ aber auf Neubaue und gröfsere Anlagen.

An Weggeld sind in den letzteren Jahren durchschnittlich etwa 5000 Thlr. eingekommen.

Gegenwärtig beläuft sich die Länge der chaussirten Wege auf 36,8 Meilen, der noch unchaussirten aber auf 2,2 Meilen, also beide zusammen, — einschliefslich zwei von der Herzogl. Braunschweigschen Regierung zu unterhaltender Strecken von 1,8 Länge — auf 39 Meilen, und es werden von der grofsen Anzahl von Strafsen als eigentliche Chausseen für den grofsen Verkehr etwas weniger als die Hälfte, mit einer Länge von etwa 18 Meilen, anzusehen seyn.

7. Betriebsregulirung und Vermessung.

Schon vor funfzig Jahren war in Folge der Verwüstungen der Wälder durch Stürme und die „Wurmtrocknifs" die Frage über die Nachhaltigkeit der Forstabgaben sehr dringend geworden, und es wurde wegen der Unzulänglichkeit der älteren Arbeiten zunächst die Vermessung eines Theils der Harzforsten angeordnet. Später wurde der Mangel eines festgestellten Planes immer fühlbarer und endlich 1839 nothwendig gefunden, den Betrieb der gesammten Harzforsten nach der Gröfse und den verschiedenen Verhältnissen der einzelnen Reviere so genau zu regeln, als die Umstände zulassen.

Da jedoch die älteren Vermessungsarbeiten sich weder auf alle Inspectionen erstreckten, noch auch für diesen Zweck vollständig genügten, so wurde eine neue Vermessung der sämmtlichen Harzforsten als die Grundlage der Betriebsregulirung beschlossen und mit derselben eine vollständige trigonometrische Vermessung verbunden, welche auch an und für sich sehr wünschenswerth war.

Diese Arbeiten sind seit dem J. 1840 nach einem sorgfältig berathenen Plane ausgeführt und neben einander so weit vorgeschritten, dafs die trigonometrischen Aufnahmen nebst den Höhenmessungen im Jahre 1853 vollendet sind, die Specialvermessungen im Sommer 1854 beendigt werden und die Betriebsregulirung selbst im J. 1856 geschlossen werden können.

Durch verschiedene Umstände ist ein ungleich gröfserer Aufwand von Zeit und Kosten bei diesen Arbeiten veranlafst, als ursprünglich veranschlagt war, aber sie werden jeden Falles für einen regelmäfsigen Betrieb der Forsten noch in einer entfernteren Zukunft von hohem Werthe seyn, wenn eine möglichst einträgliche Benutzung der Wälder die Ausfälle verringern mufs, welche bei der allmäligen Erschöpfung der Gruben zu befürchten sind.

Bis zum Schlusse des vorigen Rechnungsjahres haben die sämmtlichen Kosten sich auf etwa 52,000 Thlr. belaufen.

Auf jene Vermessungen ist die vortreffliche Charte des nordwestlichen Harzes des Hrn. Prediger gegründet, (Clausthal 1851), und es ist sehr zu wünschen, dafs dieser bald ähnliche Arbeiten über die angrenzenden Gegenden folgen können, welche sowohl für die Zwecke des Betriebes als für die Wissenschaft von grofser Wichtigkeit seyn werden.

8. Geldhaushalt.

Neben den Betriebskosten und den eben angeführten Ausgaben verschiedener Art fallen den Forstcassen auch noch die Erbauung und Unterhaltung der Dienstwohnungen zur Last, welche nach den örtlichen Verhältnissen der Mehrzahl der Beamten gewährt werden müssen.

Endlich sind den Forstcassen auch noch aus der Zeit vor 1841, in welcher die Oberförster in mehreren Inspectionen noch als Delegirte des Bergamtes die örtlichen

Geschäfte der Rechtspflege und Regiminalverwaltung zu besorgen hatten, manche Ausgaben verblieben, die ursprünglich mit dem Forstbetriebe nicht in Beziehung standen.

Neuerlich sind alle diese fremdartigen Gegenstände, so weit als die Umstände es zuliefsen, beseitigt, und es ist auch bei den Forstcassen, von denen die zu Lauterberg auch die Rechnung der Herzberger Inspection, die zu Zellerfeld aber auch die der Lautenthaler Inspection wahrnimmt, der Geschäftsgang wesentlich verbessert.

Als einer aufserordentlichen, aber im Interesse der Forstverwaltung selbst begründeten, Ausgabe ist der Vergütungen zu erwähnen, welche — namentlich den Abgebrannten zu Clausthal — zur Herstellung feuerfesterer Dächer und zur Anwendung von Eichenschwellholz u. s. w. zugestanden sind.

Diese beliefen sich im J. 1845 auf etwa 5800 Thlr. und fast 3400 Thlr., und es sind in das Budget von $18\frac{53}{54}$ für Beihülfen zu Massivbauten und zur Beseitigung der Schindeldächer, Vergütung auf eiserne Kuhkrippen u. s. w. 6850 Thlr., zur Anschaffung von Feuerlöschgeräthschaften aber 260 Thlr. aufgenommen, so wie 2200 Thlr. zur Beförderung der Auswanderung von Wald- und Wegarbeitern, derer sogleich noch erwähnt werden soll.

Unter den angeführten Verhältnissen würde eine Angabe der Ergebnisse der Geldrechnungen der Forstcassen, mit welchen jetzt die Sägemühlencassen vereinigt sind, von geringem Werthe seyn, und es soll hier nur bemerkt werden, dafs die Forstcassen, welche früher in eine s. g. Generalforstcasse einrechneten, seit dem Anfange des R. J. $18\frac{51}{52}$ unmittelbar an die K. Generalcasse gewiesen sind.

Neben diesen Forstcassen sind die drei Holz- und Kohlenadministrationscassen der Silberbergwerksbezirke beibehalten, welche die Bereitung des Holzmaterials aller Art und dessen Anfuhr im Grofsen bestreiten und die

Verabfolgung an die einzelnen Werke etc. nach dem Bedarf vermittelnd berechnen.

Von dem bei der Generalforstcasse sich ergebenden Ueberschusse wurde in einigen Jahren noch ein Theil für aufserordentliche Verwendungen zurückbehalten, die entbehrlichen Schlufssummen aber an die K. Generalcasse abgeliefert.

Diese zu der K. Generalcasse gekommenen Summen, deren wirkliche Ablieferung seit 1814 erst mit dem Jahre 1821 anfing, bilden den Ueberschufs, welchen die Staatscasse von den Harzforsten bezogen hat.

Die Ablieferung betrug in den Rechnungsjahren von

$18\frac{21}{25}$	abgerundet	16,500	Thlr.
$18\frac{25}{34}$	- -	11,500	-
$18\frac{34}{44}$	- -	24,350	-
$18\frac{44}{49}$	- -	30,000	-

im Durchschnitte für das Jahr, hat aber in dem Rechnungsjahre

$18\frac{49}{50}$	auf	41,489	Thlr.	13	gGr.	5	Pf.
$18\frac{50}{51}$	-	96,502	-	19	-	7	-
$18\frac{51}{52}$	-	71,225	-	1	-	9	-

sich belaufen.

Nach den der Ständeversammlung vorgelegten Budgets sind diese Ueberschüsse für

$18\frac{52}{53}$	zu	48,500	Thlr.
$18\frac{53}{54}$	aber zu	50,000	-

veranschlagt, und es ist nicht zu bezweifeln, dafs sie allmälig noch bedeutend ansteigen werden.

V. Allgemeine Verhältnisse des Harzhaushaltes.

1. Ueberhaupt.

Diese Summe ist der ganze Belauf des reinen Ueberschusses, welchen die Staatscasse jetzt von der grofsen

Fläche der Harzforsten und von dem gesammten Bergwerks- und Hüttenhaushalte des Oberharzes unmittelbar bezieht. Es ist daher für die Aufrechterhaltung dieser ausgedehnten Betriebszweige von der äufsersten Wichtigkeit, dafs ihre hohe Bedeutung für die Bevölkerung des unfruchtbaren Gebirges, für die angrenzenden Landestheile und für das ganze Königreich nicht zu gering geschätzt werde, dafs aber auch am Harze nicht mehr mit zu grofser Zuversicht auf die lange Fortdauer der günstigen Umstände gerechnet werde.

Wenn auch noch ein grofser Theil der Ausbeute, welche die Privatgewerken der noch übrigen 8 gewerkschaftlichen Gruben mit jährlich etwa 30,000 Thlr. von ihren Kuxen beziehen, in kürzerer oder längerer Zeit zurückfallen sollte, so wird selbst diese neue Verringerung des reinen Geldertrages doch von einer Fortsetzung eines richtigen Betriebes nicht abschrecken dürfen, so lange der Harzhaushalt in volkswirthschaftlicher Hinsicht sich auf seinem bisherigen Standpunkte zu behaupten vermag und der allmälige Uebergang zu neuen Zuständen vorbereitet wird.

Seit der drohenden Zeit von 1816 und 1817 und selbst noch seit dem Jahre 1830, auf welches sich Hausmann's Darstellung zunächst bezieht, sind in dem Bergwerkshaushalte mehrere günstige Veränderungen eingetreten, welche zu neuen Hoffnungen berechtigten und zu gröfseren Unternehmungen aufforderten, selbst wenn sie ohne eine Vermehrung des Arbeiterpersonals nicht auszuführen waren.

2. Die Arbeiter.

Bei dem oberharzischen Bergwerks-, Hütten- und Forsthaushalte betrug die Zahl der regelmäfsig beschäftigten Aufseher und Arbeiter:

im Jahre	Silberbergwerkshaushalte						Eisenhüttenhaushalte						Forst-haushalt		Ueberhpt.	
	Gruben-betrieb		Hütten-betrieb		zusamm.		Bergb.		Hüttenbtr.		zusamm.					
					Aufs.	Arb.					Aufs.	Arb.	Aufs.	Arb.	Aufseher	Arbeiter
1830	261	3519	31	410	292	3929	2	228	13	399	15	627	43	1534	350	6090
1836	271	3771	23	421	294	4192	2	248	18	452	20	700	53	1663	367	6555
1840	288	4093	32	430	320	4523	2	306	21	605	23	911	56	1751	399	7185
1846	289	4112	31	450	320	4562	1	332	21	603	22	935	59	1787	401	7284
1849	284	4248	20	399	304	4647	2	386	30	772	32	1158	80	1687	416	7492

Die Zahl der bei dem Silbergruben- und Pochwerksbetriebe beschäftigten Arbeiter ist in den letzten 15 Jahren ungefähr um 470 angewachsen und übersteigt bei dem Forstwesen das dauernde Bedürfnifs um fast 350, während sie bei dem Eisensteinsbergbau nach den Umständen und den Betriebseinrichtungen der Eigenlöhner häufig wechselt.

Zu den wesentlich nur auf den Bergwerks-, Hütten- und Forstbetrieb hingewiesenen Arbeitern kommt noch eine beträchtliche Anzahl von Fuhrleuten, Handwerkern und andern Arbeitern, welche ganz oder grofsen Theils bei den verschiedenen Zweigen einen gesicherten Erwerb finden, so dafs die Zahl aller unmittelbar von dem Betriebe lebenden Arbeiter etc. wenigstens zu 9000 zu rechnen ist.

3. Die Bevölkerung.

Im Laufe der letzten dreifsig Jahre ist die Bevölkerung des Harzbezirkes von etwa 27,500 in 3127 Häusern auf etwa 35,700 Seelen in 3392 Häusern gestiegen, also fast um 30 Procent. *)

Bei den Verhältnissen des Climas und des Bodens können diese in der Wirklichkeit auf wenige Quadratmeilen des 11 Q.M. haltenden Harzbezirkes zusammengedrängten Bewohner nur einen sehr geringen Theil ihrer Lebens-

*) Nach den Zählungen von 1821 (Ubbelohde, Statist. Repertorium d. K. Hann. 1823. 4.) und vom 3. December 1852.

mittel selbst gewinnen, und es fliefst daher fast der ganze Betrag ihres Lohnes wieder den Gegenden zu, aus welchen sie ihre Bedürfnisse beziehen.

Die ganze Thätigkeit der Harzbewohner also dient nur dazu, um einem sonst unfruchtbaren Boden jährlich für anderthalb Millionen Thaler verschiedene Rohproducte abzugewinnen, welche ihnen selbst den Unterhalt sichern und die Landwirthschaft und den Verkehr in einem weiten Kreise beleben, dadurch aber auch den Wohlstand des ganzen Landes befördern.

Da eine Verarbeitung dieser Rohproducte am Harze selbst bis jetzt nur in geringem Mafse Eingang gefunden hat, die neuerlich entstandenen Fabriken von Zündhölzchen, gedrehten Holzwaaren etc. aber eine unbedingte Ausdehnung nicht zulassen, *) so würde es von höchster Wichtigkeit seyn, wenn die vorhandene Wasserkraft zum Betriebe neuer Fabriken angewendet werden könnte, und wenn eine gröfsere Neigung sich entwickelte, mit anderen Gewerben sich zu beschäftigen.

4. Die Auswanderung.

So lange aber in diesen Beziehungen die bisherigen Zustände fortdauern, wird bei der gänzlichen Unmöglichkeit, einen sicheren Unterhalt für die wachsende Bevölkerung am Harze selbst auszumitteln, und abgesehen von vorübergehenden Gelegenheiten zum auswärtigen Erwerbe leider für eine beträchtliche Anzahl junger Männer Nichts übrig bleiben, als sich jenseits des Meeres eine neue Heimath zu suchen, wozu den überzähligen Arbeitern des Harzhaushaltes von der Regierung und den Ständen die Mittel geboten werden.

Anfangs wendeten sich die ohne Mitwirkung der Behörden zusammengetretenen Auswanderer nach Texas und

*) Mittheil. d. Gewerbe-Vereins f. d. K. Hann. 1852. Lief. 68 u. 69.

anderen Staaten der Nordamerikanischen Union. Später wurde selbst die Gründung einer Colonie in den Bergwerksgegenden des Lake superior, Mississippi etc. zur Sprache gebracht, solche Plane aber mit Rücksicht auf die eigenen Beobachtungen und begründeten Rathschläge des viel zu früh verstorbenen Bergraths Koch zu Grünenplan *) nicht weiter verfolgt.

Vielmehr hat man es zweckmäfsig gefunden, sich auch ferner darauf zu beschränken, überzähligen Arbeitern besonders mit zahlreichen Familien die Uebersiedelung durch eine kostenfreie Ueberfahrt etc. oder angemessene Unterstützungen zu erleichtern.

Nachdem im J. 1848 etwa 77 Arbeiter mit 220 Angehörigen, 1849 aber nur 28 Arbeiter mit 70 Angehörigen nach Südaustralien ausgewandert sind, ist die Anzahl der Auswanderer $18\frac{50}{51}$ wieder auf ungefähr 250 gestiegen.

Einschliefslich der eigenen Verwendungen der Beiträge der Unterstützungscassen u. s. w. sind in dem Zeitraume von 1848 bis Mitte 1851 zusammen etwa 46,000 Thlr. für diese Zwecke verausgabt, von den Ständen aber

	aus der Clausthaler Zehntcasse	der Forstcasse
für $18\frac{51}{52}$	10,000 Thlr.	3,500 Thlr.
- $18\frac{52}{53}$	10,000 -	2,800 -
- $18\frac{53}{54}$	10,000 -	. 2,200 -

bewilligt.

Neuerlich war Südaustralien das Ziel dieser Auswanderer und die glücklichen Erfolge in den Goldfeldern haben die schon etwas nachlassende Neigung wieder belebt. Wenn für jene Gegenden ein solcher Zustand zurückgekehrt seyn wird, welcher der geregelten Thätigkeit der Bergleute und anderer Arbeiter wieder eine günstige Aus-

*) Koch. Die deutschen Colonien in der Nähe des Saginaw-Flusses etc. Braunschw. 1851. 8. und

Die Mineralgegenden der Vereinigten Staaten Nordamerika's am Lake superior etc. Gött. 1851. 8.

sicht eröffnet, so können die jetzigen, mehr versplitterten, Auswanderungen dazu dienen, den später folgenden Landsleuten die Wege zu eröffnen.

Für die nächste Zeit wird nur eine Uebersiedlung von Arbeitern zu erwarten seyn, welche mit ihrem Fleifse und ihrer Tüchtigkeit sich und ihren Angehörigen leichter ein sorgenfreies Leben sichern wollen, ohne gerade bei den gewohnten Beschäftigungen zu beharren. Künftig werden auch jüngere mit wissenschaftlichen Kenntnissen ausgerüstete und auf andere Auswege nicht hingewiesene Harzer sich nicht scheuen, ihre Kräfte einem neuen Kreise zu widmen, sobald ihre zunehmende Zahl bei einer unausbleiblichen Beschränkung oder allmäligen Erschöpfung des Bergbaues eine angemessene Wirksamkeit am Harze nicht mehr zu finden vermag und nicht länger hoffen wird, dafs das bevorstehende Mifsverhältnifs durch die Anstrengungen der Regierung und die Bereitwilligkeit der Stände sich auf die Dauer ausgleichen lassen werde.

VI. Schlufs.

Die hoffentlich noch entfernte Zeit, in welcher die Gewalt der Umstände die Mehrzahl der Harzbewohner zwingen wird, sich selbst zu helfen, läfst sich hier nicht erörtern; aber es wird unstreitig bis dahin thunlich seyn, die Verhältnisse so weit im Voraus zu übersehen, dafs plötzliche Betriebsbeschränkungen mit ihren mannichfachen Nachtheilen vermieden werden können, wie sie durch die dringendsten Verlegenheiten im Jahre 1817 herbeigeführt wurden.

In dieser Beziehung ist es als ein grofser Fortschritt anzuerkennen, dafs die neue Organisation und die jetzigen Haushaltsgrundsätze einen klaren Ueberblick der Verhältnisse nicht blofs gestatten, sondern beim Abschlusse eines jeden Rechnungsjahres nothwendig herbeiführen, so dafs die Behörden, die Ständeversammlung und jeder Sachkundige die eintretenden grofsen Veränderungen verfolgen können, auf solche Weise aber auch den begründeten Anträgen auf unvermeidliche, vorübergehende Opfer aus den Cassen eine anerkennende Zustimmung gesichert werden wird.

Zunächst wird aber eine möglichst sparsame Haushaltsführung bei allen Betriebszweigen erstrebt werden, um jenen Zeitpunkt noch weit hinauszuschieben. Dieses wird auch gelingen, sobald die Umstände noch lange so günstig bleiben, als sie nach dem neuesten Budget, aus welchem ein Auszug hier folgt, gegenwärtig sich darstellen.

a. Anschlag der Einnahmen und Ausgaben der oberharzischen Zehntcasse für das Rechnungs-Jahr $18\frac{53}{54}$.

A. Einnahme.

I. Vom Silberbergwerkshaushalte.

	Thlr.	gGr.	Pf.	Thlr.	gGr.	Pf.
1) Für Producte:						
a. für 45,518 Mrk. — Lth. Brandsilber = 45,200 - — - fein Silber à 13 Thlr. 19 gGr. 6 Pf. . . .	624325	—	—			
b. für 11,981 Ctr. Glötte à 4 Thlr. 17 gGr.	56410	13	—			
c. für 76,890 Ctr. gutes Blei 75,940 Ctr. à 5 Thlr. — gGr. 950 - à 4 - 16 -	384133	8	—			
d. für 3030 Ctr. Hartblei à 5 Thlr. — gGr.	15150	—	—			
e. für 1460 - gutes Kupfer à 28 Thlr. 4 gGr.	41123	8	—			
35 Ctr. Krätzkupfer à 21 Thlr. — gGr.	735	—	—			
				1121877	5	—
2) Von gewerkschaftlichen Gruben und Cassen.						
a. An Bergwerksgefällen, Erbkuxen . .	23725	—	—			
b. An Ausbeute von andern Kuxen . .	1846	—	—			
c. An Steuern, Erstattungen für Königliche Gruben	5700	—	—			
Zum Uebertrage	31271	—	—	1121877	5	—

	Thlr.	gGr.	Pf.	Thlr.	gGr.	Pf.
Uebertrag	31271	—	—	1121877	5	—
für Stollen, Teiche, Gräben (einschliesslich des Bauhofes mit 1815 Thlr.)	16904	—	—			
d. für Pochzins und Aufbereitungskosten	32881	—	—			
e. für Hüttenzins und Hüttenkosten .	108871	—	—			
				189927	—	—
3) Andere Einnahmen herrschaftlicher Gruben etc., an Schmiedezins, Steuern, fixirten Beträgen, Erstattungen, für alte Materialien, Strafgelder etc.						
a. der Gruben	2661	—	—			
b. der Versuche und Hoffnungsbaue .	47	—	—			
c. der Stollen, Teiche und Gräben . .	2213	—	—			
d. der Pochwerke	3069	—	—			
e. der Silberhütten	2223	—	—			
f. der Wegecassen	1683	—	—			
g. des Bauhofes (einschliesslich 13,875 Thlr. für Materialien und 165 Thlr. von der Bade-Anstalt)	18786	—	—			
h. des neuen tiefsten Stollens . . .	19	—	—			
				30701	—	—
4) Eingezogene Dienst-Emolumente.						
a. von gewerkschaftlichen Gruben und Cassen	4065	—	—			
b. von anderen und von Privat-Personen	503	—	—			
				4568	—	—
5) Erstattungen der Bergbau-Casse für Versuche und Hoffnungsbaue	—	—	—	12600	—	—
6) Pacht und Miethe von Grundstücken und Gebäuden . . .	—	—	—	1350	3	—
7) Sonstige Einnahmen (Ueberschüsse von der Bergfactorei und der Bergfabrikatenhandlung . .	—	—	—	8899	16	—
Summa I. Einnahmen von dem Silberbergwerkshaushalte	—	—	—	1369923	—	—
II. Ueberschüsse von den Eisenhüttencassen	—	—	—	45000	—	—
Zum Uebertrage	—	—	—	1414923	—	—

	Thlr.	gGr.	Pf.	Thlr.	gGr.	Pf.
Uebertrag	—	—	—	1414923	—	—
III. Sonstige Einnahmen.						
1) Pachtgelder von Gebäuden, Grundstücken und Berechtigungen . . .	1209	—	—			
2) Hoheitseinnahmen	255	—	—			
3) Gebühren u. eingezogene Accidenzien	2137	—	—			
4) Von der Bergschule	500	—	—			
				4101	—	—
Summa aller Einnahmen	—	—	—	1419024	—	—

B. Ausgabe.

I. Für den Silberbergwerkshaushalt.

	Thlr.	gGr.	Pf.	Thlr.	gGr.	Pf.
1) Für Producte an gewerkschaftliche Gruben und Cassen	—	—	—	463542	18	9
2) Zubusse für Königliche Kuxtheile an gewerkschaftliche Gruben	—	—	—	109	18	8
3) Betriebskosten der Königl. Werke:						
a. der Gruben, ausschliesslich der Kosten der Aufbereitung in den Königlichen Pochwerken u. der Hüttenkosten	345419	—	—			
b. der Versuche und Hoffnungsbaue	20260	—	—			
c. der Stollen	20764	—	—			
d. der Teiche und Gräben . . .	30804	—	—			
e. der Pochwerke	72711	—	—			
f. der Silberhütten	218585	—	—			
g. für andere Werke, insbesondere den Bauhof	20582	—	—			
h. für den tiefsten Stollen (Ernst-August-Stollen)	21928	—	—			
				751053	—	—
4) Zuschuss zum Magazinschaden . .	—	—	—	24756	—	—
5) Beisteuern zu Unterstützungscassen .	—	—	—	507	—	—
6) Für den Wegebau bei den Wegecassen	—	—	—	10555	—	—
7) Besoldungen:						
a. für die Betriebsbeamten bei dem Bergbau (und Markscheider) bei der Aufbereitung, bei dem Hüttenwesen und dem Probiren	28290	—	—			
Zum Uebertrage	28290	—	—	1250523	13	5

	Thlr.	Sgr.	Pf.	Thlr.	Sgr.	Pf.
Uebertrag	28290	—	—	1250523	13	5
b. für die Rechnungsführer beim Bergbau	6529	—	—			
c. für andere Officianten	1235	—	—			
				36054	—	—
8) Bureau- und andere Dienst-Ausgaben	—	—	—	1600	—	—
9) Ausgaben bei der Berghandlung:						
a. Besoldungen . . . 5350 Thlr.						
b. Bureaukosten . . . 1350 -						
c. Handelskosten, Generalkosten . . . . 3600 -						
d. Unterstützungen und andere Ausgaben . . 900 -						
11200 Thlr.						
Davon ⅘ für den Oberharz . . .	9200	—	—			
e. Kosten des Transports und des Verkaufs der Bergwaaren bei den einzelnen Factoreien	25600	—	—			
				34800	—	—
10) Pensionen und Unterstützungen:						
a. Pensionen	4306	8	—			
b. Unterstützungen	1867	2	—			
				6173	10	—
11) Baukosten, Feuerung etc. für das Königliche Amthaus in St. Andreasberg	—	—	—	631	—	—
12) Extraordinaire Ausgaben	—	—	—	45	—	7
Summa der Ausgaben für den Silberbergwerkshaushalt	—	—	—	1329827	—	—
Summa der Einnahmen für den Silberbergwerkshaushalt	—	—	—	1369923	—	—
Ueberschuss	—	—	—	40096	—	—

II. Allgemeine Kosten der Harzverwaltung.

	Thlr.	gGr.	Pf.	Thlr.	gGr.	Pf.
1) Besoldungen und fortlaufende Remunerationen:						
a. bei der Berghauptmannschaft .						
b. bei dem Berg- und Forstamte .						
c. bei der Zehntcasse						
d. bei der Bergschule	23649	—	—			
e. für überzählig gewordene Beamte bei dem vormaligen Berg- und Forstamte						
f. für die Subalternen der Berghauptmannschaft u. des Berg- u. Forstamtes	11062	—	—			
g. Baubeamte	3700	—	—			
h. Aerzte und Chirurgen	782	6	—			
i. Bei den Gerichten	—	—	—			
k. Bei der Polizei-Direction für die Städte Clausthal und Zellerfeld .	1300	—	—			
				40493	6	—
2) Abgaben und Lasten	—	—	—	193	4	9
3) Commissions- und Bureaukosten . .	—	—	—	5130	—	—
4) Behuf der Regiminal- und Polizei-Verwaltung	—	—	—	1050	—	—
5) Für die Bergschule	—	—	—	1320	—	—
6) Baukosten für die Königlichen Gebäude in den Bergstädten	—	—	—	2990	—	—
7) Pensionen	—	—	—	4839	—	—
8) Gratificationen und Unterstützungen .	—	—	—	3828	16	—
9) Ausserordentliche Ausgaben:						
a. Behuf Beförderung der Auswanderung von Bergwerks- und Hüttenarbeitern	10000	—	—			
b. Zu wissenschaftlichen Zwecken .	2000	—	—			
c. Sonstige ausserordentliche Ausgaben	552	21	3			
				12552	21	3
Summa II. der allgemeinen Kosten der Harzverwaltung	—	—	—	72397	—	—
Dazu die Ausgaben für den Silberbergwerkshaushalt	—	—	—	1329827	—	—
Summa aller Ausgaben	—	—	—	1402224	—	—
Einnahmen betragen	—	—	—	1419024	—	—

	Thlr.	gGr.	Pf.	Thlr.	gGr.	Pf.
Mithin ergiebt sich Ueberschuss	—	—	—	16800	—	—

Anm. Ueberschuss vom Silberbergwerkshaushalte . . . 40,096 Thlr.
von den Eisenhütten . . . . 45,000 -
sonstige Einnahmen . . . . 4,101 -
= 89,197 Thlr.
davon die Kosten der allgemeinen Harzverwaltung . 72,397 -
bleibt Ueberschuss 16,800 Thlr.

b. Anschlag der Einnahmen und Ausgaben der Oberharzischen Eisenhüttencassen für das Rechnungsjahr 18$\frac{53}{54}$.

A. Einnahme.

	Ctr.	Thlr.	gGr.	Pf.	Thlr.	gGr.	Pf.
1) Für Producte: *)							
a. für Gusswaren	50778	180099	—	—			
b. - Roheisen, alt. Eisen etc.	6575	10252	—	—			
c. - Granulir- u. Wascheis.	24500	38683	—	—			
d. - Stabeisen	33115	142975	—	—			
e. - Zaineisen, geschmied.	2020	10352	—	—			
f. - - , gewalztes und Schneideisen . . .	5550	27269	—	—			
g. für Eisendraht . . .	950	8988	—	—			
h. - Wagen-Achsen . .	1465	11186	—	—			
i. - Rohstahl	25	165	—	—			
k. - Raffinir-Stahl . .	75	750	—	—			
l. - Gussstahl	372	8557	—	—			
					439276	—	—
2) Erstattete Auslagen für Modelle etc.	—	—	—	—	5444	—	—
3) Für verkaufte Materialien .	—	—	—	—	12913	—	—
4) Von der Ziegelei zu Mandelholz	—	—	—	—	703	—	—
5) Sonstige Einnahmen v. Dienst-Emolumenten, Pachtgeldern etc.	—	—	—	—	2848	—	—
Summa A. Einnahmen	—	—	—	—	461184	—	—

*) Ausschliesslich des Rabatts von überhaupt 23,951 Thlr.

B. Ausgaben.

	Thlr.	gGr.	Pf.	Thlr.	gGr.	Pf.
1) Für den Eisensteins-Bergbau . . .	—	—	—	36554	—	—
2) - - Betrieb der Hohöfen und Cupoloöfen	92434	—	—			
3) Für den Betrieb der Frischfeuer und Puddlingswerke	59381	—	—			
4) Für den Betrieb der Zain- u. Reckwerke	613	—	—			
5) Für den Betrieb der Walz- und Schneidewerke	2294	—	—			
6) Für den Betrieb des Drahtwerkes .	2117	—	—			
7) - - - der Achsenschmiederei	1766	—	—			
8) Für den Betrieb der Stahlwerke:						
des Rohstahlwerkes	500	—	—			
- Raffinir-Stahlwerkes	71	—	—			
- Gussstahlwerkes	7117	—	—			
9) Für den Betrieb d. Bohr- u. Drehwerkes	446	—	—			
10) Für den Betrieb des Emaillirwerkes	1152	—	—			
				167891	—	—
11) Für Kohlen, Feuerholz, Waasen, Steinkohlen und Torf etc.	—	—	—	131095	—	—
12) Materialien	—	—	—	13727	—	—
13) Baue und Reparaturen	—	—	—	27232	—	—
14) Besoldung und Löhne:						
a. Besoldung der Officianten*) . .	18166	—	—			
b. Löhne der Aufseher	3270	—	—			
				21436	—	—
15) Diäten, Büreaukosten u. andere Dienstausgaben	—	—	—	4413	—	—
16) Pensionen, Gnadenlöhne und sonstige Unterstützungen	—	—	—	907	—	—
17) Beiträge zu Invaliden- u. anderen Cassen	—	—	—	2824	—	—
18) Factorei-Ausgaben	—	—	—	3790	—	—
19) Für die Ziegelei zu Mandelholz . .	—	—	—	386	—	—
20) Insgemein und extraordinair . . .	—	—	—	5929	—	—
Summa der Ausgaben	—	—	—	416184	—	—
- - Einnahmen	—	—	—	461184	—	—
Ueberschuss	—	—	—	45000	—	—

*) Incl. 2045 Thlr. für Emolumente, welche wieder zur Einnahme gelangen.

c. Anschlag der Einnahmen und Ausgaben der Harzforstverwaltung für das Rechnungsjahr $18\frac{53}{54}$.

A. Einnahme.

	Thlr.	Thlr.	gGr.	Pf.
1) Für Holzmaterial und Kohlen:				
a. für Bau- und Nutzholz	53925			
b. - Bergwerksholz	653			
c. - Bloche	3925			
d. - geschnittene Materialien	137543			
e. - Brennholz	33090			
f. - Kohlholz	16			
g. - Kohlen	26912			
		256064	—	—
2) Für Lohborke		1471	—	—
3) - Fichtenzapfen		338	—	—
4) - Torf		2522	—	—
5) - sonstige Waldnutzungen		1836	—	—
6) Grund- und Erbenzins		673	—	—
7) Pacht- und Miethgelder		7015	—	—
8) Weggelder		5845	—	—
9) Forstbusswesen		645	—	—
10) Insgemein		3400	—	—
Summa der Einnahme		279809	—	—

B. Ausgabe.

1) Forstculturkosten		14215	—	—
2) Kosten des Schutzes und der Sicherung der Forsten (für Vertilgung schädlicher Insecten, ausserordentlichen Forstschutz etc)		3875	—	—
3) Hauer- und Bereite- und resp. Fuhrlöhne für Holzmaterial und Kohlen:				
a. für Bau- und Nutzholz	7346			
b. - Bergwerksholz	207			
c. - Bloche	35787			
d. - geschnittene Materialien	8936			
e. - Brennholz	25250			
f. - Kohlholz	11024			
g - Kohlen	6200			
		94750	—	—
Zum Uebertrage		112840	—	—

		Thlr.	Sgr.	Pf.
Uebertrag		112840	—	—
4) Für Zubereitung der Lohborke		920	—	—
5) Gewinnung der Fichtenzapfen		338	—	—
6) Kosten des Torfstichs		2502	—	—
7) Für Vermessungen und Betriebseinrichtungen . . .		6478	—	—
8) Für Regulirung und Befestigung der Forstgrenzen . .		2710	—	—
9) Baukosten		17674	—	—
10) Für Wege, Brücken und Ufersicherungen		25753	—	—
11) Besoldungen und Löhne des Forstpersonals . . .		33026	—	—
12) Besoldungen der Forst-Rechnungsführer		3700	—	—
13) Uebrige Besoldungen und Löhne		421	—	—
14) Commissions- und Bureaukosten		1600	—	—
15) Kosten der Weggelds-Erhebung		1141	—	—
16) Gratificationen an Angehörige der Forstverwaltung .		720	—	—
17) Pensionen und Unterstützungen		5417	—	—
18) Beiträge zu Invaliden- und anderen Cassen		688	—	—
19) Insgemein:				
a. Verschiedene kleinere Betriebs- und Verwaltungs-Ausgaben	995			
b. Beihülfen zu Massivbauten und zur Beseitigung der Schindeldächer, Vergütung auf eiserne Kuhkrippen etc.	6850			
c. Beihülfen zur Anschaffung von Feuer-Lösch-Geräthschaften	260			
d. Entschädigung für die Sägemüller wegen Stillstandes der Sägemühlen	165			
e. Behuf Beförderung der Auswanderung von Wald- und Wegearbeitern	2200			
f. Sonstige ausserordentliche Ausgaben . .	3411			
		13881	—	—
Summa der Ausgaben		229809	—	—
- Einnahmen		279809	—	—
Ueberschuss		50,000	—	—

VII. Anhang.

Die Zehnt-Vorräthe und Schulden der gewerkschaftlichen Gruben des Oberharzes.

Da die gewerkschaftlichen Gruben wegen der gelieferten Bergwaaren und der zu entrichtenden Gefälle und Gebühren fortwährend mit den Fürstl. Zehntcassen in Abrechnung standen, aufserdem auch ihre Einnahmen die Betriebsausgaben überstiegen und für diese ein gewisser Geldbestand nicht zu entbehren war, so bildete sich allmälig für dieselben ein Guthaben bei den Zehntcassen, welches in den „Anschnitten" oder Grubenrechnungen angegeben und nach dem Abschlusse eines jeden Vierteljahrs bei der Feststellung der Ausbeute und Zubufse mit zum Grunde gelegt wurde.

Während auf solche Weise die gröfseren, den „Schichtmeistern" oder Rechnungsführern nicht wohl zu belassenden, Geldbestände der reicheren Gruben im Zehnten aufbewahrt wurden, fand es kein Bedenken, von diesem Vorrathe anderen, mit Hoffnung bauenden, Gruben mäfsige Vorschüsse zur Fortsetzung ihres Betriebes zu gewähren.

Diese Einrichtung wurde durch den gemeinsamen Vortheil der Gruben gerechtfertigt und sie findet sich daher in mehreren anderen Bergwerksgegenden, wo ähnliche Umstände eintreten.

Vor etwa 130 Jahren wurde sie indefs dahin verändert, dafs man statt dieser aus dem laufenden Betriebe hervorgehenden Bestände absichtlich für die wichtigeren Gruben bedeutende Vorräthe ansammelte, um den häufigen Schwankungen in dem Satze der Ausbeute vorzubeugen.

Anfangs wurde am einseitigen Harze ein Theil dieser Gelder verzinslich belegt, allein diese „Gewerkenzinscasse", deren Ertrag zu gemeinnützigen Zwecken des Bergwerkshaushaltes verwendet wurde, hörte bald auf, und ein groſser Theil dieser Bestände wurde den Zubufsgruben vorgeschossen *)

Der Gesammthaushalt der Gruben bildete — im Gegensatze zu der herrschaftlichen Zehntcasse — mit ihren Vorräthen oder Forderungen und Schulden die „Generalzehntcasse", für welche namentlich der Tiefe Georgstollen 1774 bei dem Communionbergamte zu Zellerfeld gemuthet wurde.

So lange bei geringerer Tiefe der Baue noch manche Zubufsgruben wieder emporkamen oder neu zur Ausbeute gelangten, wurden auch die ihnen vorgeschossenen Summen wieder erstattet.

Allmälig änderten sich aber die Betriebsverhältnisse so, dafs nur eine geringe Anzahl günstig belegener Gruben dauernd eine Ausbeute lieferte, die übrigen Gruben aber Schaden baueten, ohne bei dem Zurückbleiben der Gewerken durch eine entsprechende Zubufse gedeckt zu seyn.

Zuletzt fielen diese Gruben, wenn sie nicht geradezu eingestellt wurden, der Zehntcasse anheim, deren Forderungen ununterbrochen anstiegen.

Bei dem Ertrage, welchen mehrere dieser Zubufsgruben wegen des höheren Handelswerthes der von ihnen gelieferten Bergwaaren immer noch für die Zehntcasse oder wenigstens für die Berghandlungscassen abwarfen, waren viele dieser Zehntschulden in der Wirklichkeit nicht als Verlust anzusehen, auch wenn sie nicht abgetragen wurden.

Dagegen bestand immer das sehr ungünstige Verhältnifs, dafs die Zehntcasse den reichen Gruben grofse Summen schuldig blieb, obgleich mit deren Hülfe mehrere der wichtigsten Anlagen ausgeführt wurden, für welche es ohne sie an den nöthigen Mitteln oft gänzlich gefehlt haben würde.

In dem ehemaligen Communion-Oberharze, dessen Bergwerke bei der Theilung 1788 der Churfürstl. Linie

*) Böse, Generalhaushalts-Principia von Berg-, Hütten-, Salz- und Forstwesen. Schmalkalden, 1853. Fol.

zufielen, fanden ähnliche Verhältnisse statt, so dafs der damals mit überwiesene gemeinschaftliche Vorschufs für 17$\frac{34}{35}$ sich auf 789,214 Thlr. Cour. belief.

Eine Tilgung jener Vorräthe mittelst regelmäfsiger Abträge, wie sie eine Zeit lang in der Communion versucht war, *) wurde am einseitigen Harze nicht verfolgt, und es scheint sich hier selbst die Ansicht gebildet zu haben, dafs die Gewerken eine Zurückzahlung der Vorräthe zu verlangen nicht befugt seien, eine Ansicht, welche noch bis in die neueren Jahre herüberreichte. **)

Aufser den gewerkschaftlichen Gruben standen auch die Stollen und andere Werke und Etablissements, so wie die Knappschafts- und sonstigen Unterstützungsanstalten und die übrigen Cassen des Bergwerks- und Hüttenhaushaltes mit den beiden Zehntcassen in fortlaufender Abrechnung, unter denen die für die besseren sich daraus ergebenden Forderungen und Schulden sich grofsen Theils durch einfache Löschung der Vorräthe für die längst eingegangenen Gruben und den Absatz der Schulden der den Zehntcassen anheim gefallenen Gruben etc. beseitigen liefsen.

Nachdem zur Vereinfachung des Rechnungswesens im Jahre 1835 die zwecklose Fortführung dieser Summen abgestellt war, wurden durch eine angemessene Festsetzung der Zubufse die wenigen Privatgewerken bei den factisch schon auf Rechnung der Zehntcasse gebaueten Zubufsgruben veranlafst, ihre Antheile aufzugeben, so dafs nur noch für die in Ausbeute und Freibau stehenden Gruben, für die Unterstützungscassen und einige andere Cassen das Verhältnifs der Vorräthe und Schulden in Betracht kam.

Abgesehen von den nicht zu den Gruben etc. gehörenden Cassen und von den Schulden der der Zehntcasse

---

*) Gilbert, Handbuch für Reisende in Deutschland, III. S. 503.

**) Vergl. Villefosse, I. p. 77.

anheim gefallenen Gruben findet das Interesse einer Abrechnung nur noch bei den Gruben statt, welche wirklich noch im gewerkschaftlichen Eigenthume stehen.

Unter diesen sind die Gruben Caroline und Samson schon seit den Jahren 1849 u. 1850, die Grube S. Margarethe aber, mit sehr wenigen Privatgewerken nach kürzerem Freibaue, in dem Jahre 1853 in Zubufse gesetzt und es ist nicht zu bezweifeln, dafs diese Gruben bei mangelnder Aussicht eines lohnenden Betriebes bald nach der Caducirung der Kuxtheile der Privatgewerken ebenfalls nur auf Rechnung der Zehntcasse fortgebauet werden können.

Dann bleiben nur noch aufser der auf Hoffnung bauenden alten Grube Gabe Gottes und Rosenbusch, die drei Gruben Dorothee, Bergmannstrost und Kranich des Burgstädter Zuges, die neuere Grube Bergwerkswohlfahrt auf dem Silbern-Aaler Zuge und die Grube Catharina Neufang zu S. Andreasberg übrig, denen, gleichwie den Unterstützungscassen und anderen Cassen, die angesammelten Vorräthe nach dem Bedarf oder nach Mafsgabe der vorhandenen Mittel zurückgezahlt werden.

Die Verhandlungen der Ständeversammlung ergeben hierüber die näheren Bestimmungen, und es ist zu hoffen, dafs die Umstände deren Ausführung begünstigen werden.

Bei der Bedeutung, welche diese eigenthümlichen Verhältnisse der Zehntcasse für den gesammten Harzhaushalt länger als ein Jahrhundert gehabt haben, würde eine fortlaufende Zusammenstellung dieser Vorräthe und Schulden nicht ohne Interesse seyn, allein es werden für den hier vorliegenden Zweck einige Angaben über die Vorräthe und Schulden jener jetzt noch auf gewerkschaftliche Rechnung betriebenen Gruben des Burgstädter Zuges genügen.

Nach manchem Wechsel hatten die Vorräthe der Hauptgruben des Burgstädter Zuges, welche allein von wirklichem Belange waren, gegen den Anfang des Jahrhunderts bei dem Schuldbetrage zweier Gruben von 45,676 Thlr.

die Summe von 99,000 Thlr. nicht völlig mehr erreicht, allein in den fünf Jahren 18$\frac{33}{37}$ stiegen sie bei etwa gleich gebliebener Schuld auf fast 360,000 Thlr., in den nächsten sechs Jahren aber weiter auf fast 555,000 Thlr. an.

Diese neue Schuld der neuen Zehntvorräthe von mehr als einer halben Million, mit welcher die zehnjährige Fremdherrschaft die K. Casse aufser derjenigen der Berghandlungscasse von etwa 340,000 Thlr. belastet hatte, wurde weniger drückend, so lange noch einzelne Zubufsgruben wieder emporkamen und ihre Schulden abtrugen und neue gelungene Bergwerksunternehmungen der Zehntcasse zu Hülfe kamen.

Um indefs allmälig für die spätere Zeit die Mittel zur Rückzahlung zu erübrigen, wurde mit dem Anfang des J. 1843 der Reservefonds der Zehntcasse mit 100,000 Thlr. gegründet, dessen Vermehrung durch die Zinsen und durch neuen Zuwachs nur zu früh durch die Folgen des grofsen Brandes in Clausthal, die unerhörte Theuerung des Getreides und andere Ereignisse in den J. 18$\frac{44}{48}$ unterbrochen wurde, so dafs ohne jene vollständige Regelung diese Angelegenheit nicht mehr zu ordnen war.

Der oberharzische Silberbergbau am Schlusse des J. 1849 und der Ernst-August-Stollen.

Einleitung.

Die Veränderungen in der Organisation und Verwaltung des Oberharzes umfassen zwar auch den Eisenhütten- und den Forsthaushalt, aber doch nur mittelbar, während sie, wie schon in dem vorhergehenden Aufsatze bemerkt ist, für den Silberbergwerkshaushalt von so durchgreifendem Einflusse sind, dafs für diesen das Ende des Jahres 1849 einen entscheidenden Abschnitt bildet.

Mit diesem Jahre schliefst ein Zeitraum von fast anderthalb Jahrhunderten, in welchem durch grofsartige Anlagen und mannichfache wichtige Einrichtungen das Bestehen des Bergbaues, wenn nur auf einem richtigen Wege fortgeschritten wird, noch auf eine entfernte Zeit gesichert ist, aber diese wechselvolle Periode wird mit der späteren Zukunft noch durch die eingeleitete Ausführung des wichtigsten Werkes, der Herantreibung des schon vor achtzig Jahren anempfohlenen tiefsten Stollens, auf das engste verknüpft.

Bei diesen Verhältnissen läfst sich eine Uebersicht des Zustandes am Schlusse jenes Zeitraumes nur in Verbindung mit dem Plane der Herantreibung des neuen Stollens ge-

---

Hierzu die Tafeln IV. bis XIII.

ben, der an und für sich wieder eine solche Nachweisung über die nächste Vergangenheit erfordern würde.

Für diese beiden in einandergreifenden Zwecke soll hier aus dem Gesichtspunkte der Verwaltung ein Beitrag mit dem Wunsche geliefert werden, dafs über die Gegenstände des eigentlichen Betriebes bald vollständige Mittheilungen der Beamten folgen, deren Geschäftskreise sie zunächst angehören.

Der Angriff eines neuen Hauptstollens für einen ausgedehnten Bergwerksbetrieb ist für alle Fachgenossen ein Gegenstand der Aufmerksamkeit, selbst wenn die Anlage nur durch die zunehmende Tiefe der Gruben bedingt wird. Der Beschlufs aber, einen solchen Stollen für den Clausthaler und Zellerfelder Bergbau noch in derselben Sohle, welche schon vor 75 Jahren als die richtige anerkannt und seit 50 Jahren für grofse Ausführungen zum Anhalten genommen wurde, jedoch von einem ganz verschiedenen Puncte heranzubringen, kann nur auf einem ungewöhnlichen Zusammentreffen mannichfacher Umstände beruhen, welche eine etwas ausführliche Mittheilung rechtfertigen werden.

Dafs nach einem halben Jahrhunderte seit dem Durchschlage des Georgstollens ein neuer tiefer Stollen höchst rathsam und selbst nothwendig ist, mag nicht befremden, aber dafs er noch mit Zuversicht angefangen werden darf, steht eben so sehr mit allgemeinen Veränderungen, als mit dem Verhalten der Gänge und den Fortschritten des Betriebes im unmittelbaren Zusammenhange.

Es genügt daher nicht, diese letzteren Beziehungen selbst darzulegen, sondern es mufs zunächst auch die Entwickelung des Territorialzustandes angedeutet werden, der gegen die natürlichen Verhältnisse des Bergbaues noch bei der Anlage des Georgstollens überwog.

Während jetzt der Oberharzische Bergbau einen eng verbundenen Haushalt bildet, dessen einzelne Zweige und

Werke bei allen grofsen Unternehmungen gleichmäfsig berücksichtigt und herangezogen werden, wurde bis vor 65 Jahren das ganze Plateau von Clausthal und Zellerfeld durch eine Landesgrenze in zwei unabhängige Gebiete getheilt. Ungeachtet mannichfacher Berührungen bestand zwischen den Verwaltungen beider Bezirke eine oft vom Personenwechsel abhängige Trennung, deren Folgen noch bis auf die neueste Zeit bemerklich waren.

Die Einwirkungen dieses frühern Zustandes haben nebst den Störungen durch die fremden Zwischenregierungen und vielfachen Veränderungen von geringerem Belange wesentlich dazu beigetragen, die Herstellung einer einfachen Haushaltsführung zu verzögern.

Diese klare Uebersicht, mufste aber vorausgehen, ehe — selbst bei den günstigsten Gangverhältnissen und dem bewährtesten Betriebe, — die Anträge auf eine so grofse und kostbare Anlage bei einer zahlreichen Ständeversammlung Eingang erwarten durften.

I. Der oberharzische Silberbergbau überhaupt.

1. Der Harzbezirk.

Um die eigenthümlichen Verhältnisse des oberharzischen Bergwerkshaushaltes richtig beurtheilen zu können und besonders um sie nicht blofs in ihren äufseren Erscheinungen aufzufassen, sind zunächst einige Angaben über die Veränderungen, durch welche allmälig der jetzige Harzbezirk gebildet ist und über die Entwickelung seines Silberbergbaues nothwendig. Bekanntlich hörte mit dem Sturze Heinrichs des Löwen das grofse Herzogthum Sachsen auf (1181) und es wurde aus den Erbgütern seines Hauses (1235) für seinen einzigen Enkel, Otto das Kind, das Herzogthum Braunschweig — und Lüneburg — errichtet, welches im Wesentlichen die jetzigen Fürstenthümer Lüneburg, Calenberg, Braunschweig, Göttingen und Grubenhagen, nebst den dazu gehörigen, später als eröffnete Lehne heimgefallenen Grafschaften nmfafste.

Schon des ersten Herzogs zwei Söhne theilten seine Länder und des ältesten Sohnes Albrecht (d. Grofsen) Antheil, — die südlichen Länder — zerfiel für drei seiner sechs Söhne anfangs in drei neue Theile, Grubenhagen und — die bald wieder vereinigten — Braunschweig und Göttingen.

Die Grubenhagensche Linie besafs den nachher s. g. einseitigen Harz, die Gegenden des nördlichen Harzes aber zwischen Sensen und Harzburg bildeten einen Theil des Fürstenthums Braunschweig, und beide Antheile des Harzes folgten dem Wechsel der Besitzer in einer Reihe von neuen Theilungen, bis allmälig das Aussterben der Linien diese mehr ausglich.

Nachdem unter dem Herzoge Wolfgang (1593) nach dem Tode des letzten Grafen von Hohnstein die Grafschaft Lutterberg mit der Bergstadt S. Andreasberg und dem Amte Scharzfels als heimgefallenes Lehn mit dem Fürstenthume Grubenhagen vereinigt war, erlosch schon mit seinem Bruder Philipp dem Zweiten die Grubenhagensche Linie im Jahre 1596 nach einem Bestehen von 317 Jahren.

Das Fürstenthum Grubenhagen wurde von dem Herzoge Heinrich Julius von Wolfenbüttel in Besitz genommen und dadurch die sämmtlichen Harzbergwerke des Braunschweigschen Hauses unter derselben Regierung zum ersten Male verbunden.

Die Verwaltung der Bergwerke selbst blieb in dem vorgefundenen Zustande, aber es wurde beiden Bezirken der als Schriftsteller des Faches bekannte Berghauptmann Löhneyfs vorgesetzt.

In Folge eines reichsgerichtlichen Erkenntnisses mufste jedoch von seinem Sohne Friedrich Ulrich das Fürstenthum Grubenhagen (1617) an die Herzöge der Cellischen Linie abgetreten werden, so dafs die kaum begonnene Verbindung der Bergwerke auch wieder aufhörte.

Mitten in den Unruhen des dreifsigjährigen Krieges starb aber (1634) mit eben diesem Herzoge Friedrich Ulrich die Braunschweigsche Linie des Stammes nach 206 Jahren aus und seine Besitzungen fielen den Agnaten desselben Lüneburgschen Hauses zu, welches wieder drei Linien zählte, zwei mit je zwei und eine mit drei Prinzen.

Bei der Nachfolge und Theilung (1635) blieben die Forsten und Bergwerke des ehemals Wolfenbüttelschen Harzgebietes nebst dem Salzwerke zu Juliushalle und dem Eisenwerke bei Gittelde in Gemeinschaft nach den Köpfen.

Durch das Aussterben der Harburgschen Linie (1642) fiel jeder der beiden anderen Linien noch ein Siebentheil zu, weshalb der jetzt Herzogl. Wolfenbüttelschen Linie drei, der — Lüneburgschen — jetzt Königlich Hannoverschen, Linie vier Siebentheile an der Harzcommunion zustehen.

Nach mannichfachen Verwickelungen kam endlich eine Theilung des Communionharzes — welche Braunschweigscher Seits der nachmalige Staatscanzler Fürst von Hardenberg abschlofs — (1788), dahin zu Stande, dafs die Forsten nebst dem Gebiete nach der Belegenheit getheilt wurden, Hannover insbesondere die vier Bergstädte Zellerfeld, Wildemann, Lautenthal und Grund nebst dem oberharzischen Bergbaue und seinem Zubehör erhielt, der Communion-Unterharz aber, — (der Rammelsbergsche Berg- und Hüttenhaushalt, die Hütte bei Gittelde nebst ihrem Bergbaue und das Salzwerk Juliushalle) — ungetheilt blieben.

Die letzten Veränderungen in den Verhältnissen des Gebietes bestehen in der Erwerbung der vormaligen Reichsstadt Goslar durch Hannover (1813), deren beträchtliche Forsten aber unter Braunschweigscher Hoheit blieben, und der Abtretung des Salzwerkes Juliushalle an die Herzogl.

Braunschweigsche Seite, welches jetzt nur noch als Badeanstalt benutzt wird.

Alle diese Beziehungen des Territorialbesitzes würden für den Bergwerksbetrieb selbst von geringer Erheblichkeit gewesen seyn, wenn nicht durch jene zweite Theilung gerade die Gegenden, wo allein ausgedehnte Gangzüge einen nachhaltigen Bau zuliefsen, drei Jahrhunderte hindurch fast von Harzburg bis beinahe vor Osterode zerschnitten gewesen wären.

2. Die Erzgänge.

Auf diesem Plateau von Clausthal und Zellerfeld und in dem ganzen diesseits des Bruchberges belegenen Theile des Oberharzes bilden die Erzgänge einzelne Striche oder Züge, welche entweder aus mehreren mit einander in Verbindung stehenden Gängen oder aus einer Gangmasse von milderem Thonschiefer oder zerstörter Grauwacke mit Ganggesteinen und Erztrümmern bestehen.

Diese Gangstriche haben sämmtlich ihre Richtung von Nordwest nach Südost und die Gänge fallen bis auf wenige „verkehrt fallende" nach Süd oder Südost, durchschnittlich unter 70 Grad ein.

Unter den Gangarten sind Kalkspath und Quarz, auf einigen Zügen Schwerspath, überwiegend, zu denen auch Braunspath und Eisenspath hinzukommen.

Die Erze sind Bleiglanz mit sehr ungleichem Silbergehalt, und in geringer Menge oder auf einzelnen Gängen Kupferkies, Bournonit, Bleischweif und Zinkblende, selten auch Weifsbleierz, Bleivitriol und Grünbleierz.

Unter diesen Gangstrichen ist

1) der des Burgstädter Zuges östlich von Clausthal und des westlich von Zellerfeld sich anschliefsenden Zellerfelder Hauptzuges der wichtigste.

Im Clausthaler Bezirke bauen hier die gewerkschaftlichen Gruben Caroline, Dorothee, Bergmannstrost, Kranich und Neue S. Margarethe, so wie die nur noch auf Versuche beschränkte Grube Gabe Gottes und Rosenbusch unweit der Dorothee.

Aufserdem liegen hier die Königl. Gruben König Wilhelm, Anna Eleonore uud Herzog Georg Wilhelm, so wie zunächst bei Zellerfeld die Grube Königin Charlotte.

Auf dem Zellerfelder Hauptzuge sind jetzt nur die Königlichen Gruben „Ring und Silberschnur" und „Regenbogen", nebst dem Versuchbaue „Ernst August" nahe bei Wildemann, in Betriebe.

Oestlich scheinen diesem Gangzuge die Kroncalenberger und Franz Auguster Gänge zuzusetzen.

2) Zunächst nördlich von dem Hauptzuge sind ehemals unweit Wildemann die Gänge des Hütschenthaler und Spiegelthaler Zuges, nordöstlich von Zellerfeld aber die Haus Herzberger Gänge bebauet.

3) In etwa 900 L. Entfernung folgen nördlich die Gänge bei der Bockswiese, auf denen die wichtige Königliche Grube Herzog August und Johann Friedrich einen ausgedehnten Bau führt.

Die östliche Fortsetzung bilden die Festenburger und Schulenberger Gänge; fast an ihrem äufsersten Auftreten wird noch die eine Königliche Grube Juliane Sophie betrieben.

4) Die etwa 800 L. noch mehr nördlich liegenden Lautenthaler Gänge bilden mit ihrer östlichen Fortsetzung, den Hahnenkleer Gängen, den nördlichsten Gangstrich mit dem unter dem Namen „Lautenthals Glück" noch umgehenden Bergbaue bei Lautenthal.

5) Auf dem südlich vom Hauptzuge in etwa 600 L. Entfernung auftretenden Rosenhöfer Gangzuge bauen jetzt westlich von der Stadt Clausthal die drei Königlichen Gruben Thurm Rosenhof, Alter Segen und Silbersegen, und auf der westlichen Fortsetzung sind einige Versuche im Einersberge betrieben.

6) Noch mehr südlich streicht in fast 400 L. Entfernung der mächtige Silbernaaler Hauptgang mit einigen Nebentrümmern mit der einzigen gewerkschaftlichen, aber sehr wichtigen Grube des Zellerfelder Bezirkes, der Bergwerkswohlfahrt.

7) Endlich finden sich noch an der äufsersten Grenze des Gebirges abendwärts die Gänge, auf denen neuerlich die Grube Hülfe Gottes bei Grund für Königliche Rechnung in Betrieb gesetzt ist.

Einiger anderen vereinzelten Puncte, wie namentlich der ehemals bei Altenau bebaueten Gänge, soll später noch erwähnt werden, aber im Wesentlichen sind die eben angeführten Gangstriche diejenigen, auf welche für den Betrieb diesseits des Bruchberges gerechnet werden darf.

Dies Gebirge ist auf mehreren Linien durch vollständige oder sich ergänzende Arbeiten durchörtert, so dafs ein genügender Aufschlufs des ganzen Feldes schon erlangt ist und nur noch, — abgesehen von den Bergen zwischen dem Silbernaaler Zuge und den Lerbacher-Osteroder Eisensteinslagern — in dem Felde zwischen diesem Gangstriche und dem Zellerfelder Hauptzuge zu mangeln scheint.

Der Vollständigkeit wegen mufs hier auch der Gänge des jenseits des Bruchberges belegenen Andreasberger Bezirkes gedacht werden.

Bei S. Andreasberg ist das Vorkommen der nur schmalen Erzgänge so beschränkt, dafs es sich nur wenig über die Umgebung der Bergstadt hinaus erstreckt.

Die Gänge selbst führen nicht blofs Bleiglanz und Kupferkies, sondern auch eigentliche Silbererze, besonders Rothgiltigerz und silberhaltiges Arsenik, und es werden dadurch die Arbeiten der Aufbereitung und der Zugutemachung wesentlich bedingt.

Auf dem wichtigsten Gange, dem „Hauptgange", bauen die beiden gewerkschaftlichen Gruben Samson und Catharina Neufang und die Königlichen Gruben Abendröthe und Gnade Gottes, auf den Nebengängen aber diese letztere Grube und die Grube Bergmannstrost.

Aufserdem besitzt die Grube Samson auf den Nebengängen die Felder des Franz August, der Juliane und des Jacobs Glück.

Auf dem auswendigen Zuge sind östlich von der Stadt, jetzt nur noch die Königliche Grube Andreaskreuz, westlich aber von der Stadt die Grube Felicitas, ein Beilehn der Grube Samson, im Betriebe.

Die Gänge bei Lauterberg, welche ehemals vortreffliches Kupfer lieferten, sind gänzlich erschöpft und die höher im Gebirge nach alten Bauen hin betriebenen Versucharbeiten sind noch nicht zu einem Resultate gelangt.

3. Der Bergbau.

Wann der Bau auf diesen Gängen begonnen hat, ist nicht bekannt, aber es ist vermuthlich der Betrieb des Rammelsberges schon früher angefangen und die älteste Geschichte des Harzbergbaues ist mit dem Emporblühen von Goslar eng verknüpft.

Nach der grofsen Pest, dem Schwarzen Tode, welcher um die Mitte des vierzehnten Jahrhunderts das Abendland entvölkerte und auch den Bergbau am Harze in Stillstand brachte, ruhete der Betrieb längere Zeit und auch später zu wiederholten Malen, wenigstens gröfsten Theils.

Endlich begann auch mit dem Anfange des sechszehnten Jahrhunderts ein neues Leben für den Oberharz. Fast gleichzeitig wurde der Bergbau bei Grund auf Anregung der Herzogin Elisabeth, welche ihren Wittwensitz zu Stauffenburg hatte, und in der Gegend von Andreasberg unter den Grafen von Hohnstein wieder angefangen und beiden Orten das Recht einer Bergstadt verliehen.

Bald nachher wurden auch in dem Braunschweigschen Antheile des Oberharzes, — bei Wildemann und Zellerfeld, — und in dem angrenzenden Grubenhagenschen Gebiete

— von der Innerste bis zu den westlichen Zuflüssen der Oker — die alten Gruben wieder in Betrieb genommen und neue Baue rege.

Selbst die Verwirrungen, welche in den Braunschweigschen und benachbarten Ländern durch die Hildesheimsche Stiftsfehde und den Schmalkaldischen Krieg herbeigeführt wurden, vermogten nicht die neu erwachte Thätigkeit wieder zu unterdrücken.

In allen drei Gebieten des Oberharzes wurden durch die ermunternden Zugeständnisse der Bergfreiheiten der Zudrang einer neuen Bevölkerung befördert und durch Bergordnungen die Verhältnisse des Bergbaues geregelt.

Für die Gruben wurden die „Fundgruben" (6 Lehne der ursprünglichen Einheit zu 7 Lachtern, also zusammen) von 42 Lachtern und hinzukommenden „Mafsen" zu 28 L. Länge und eines Lachters Breite aufserhalb der Mächtigkeit des Ganges bestimmt, das Zehntel des Rohertrages dem Bergherrn und ein zweites Zehntel, — dem Stöllner, dem Unternehmer eines Hauptstollens, (das Stollenneuntel) ausbedungen, die Antheile der Gewerken aber nach Kuxen ($128 = 2^7$) berechnet.

Bei der Beschaffenheit der Erzgänge, welcher diese Grundsätze entsprachen, wurde den aus Franken, Sachsen und Böhmen sich sammelnden Einwanderern die Aufnahme neuer Baue durch die alten Halden und Pingenzüge sehr erleichtert, und die Gewerken konnten auch in den nahe am Tage auftretenden Gängen ihren Betrieb Anfangs mit geringer Anstrengung führen.

In einer Reihe weniger aber thätiger Jahre werden damals die sämmtlichen Hauptgangzüge des nordwestlichen Harzes angegriffen seyn, so weit es ohne gröfsere Stollenanlagen auszuführen war.

Bald führte aber auch die Schwierigkeit eines stärkeren Betriebes besonders in den schon von den Alten gebaueten Gruben fast auf allen Hauptzügen zu dem Angriffe tieferer

Stollen, wie schon um die Mitte des funfzehnten Jahrhunderts am Rammelsberge mit dem Tiefen Meifsner Stollen angefangen war, den Herzog Heinrich der J. 1542 wieder aufnahm.

Bei Andreasberg wurde aufser dem 1529 begonnenen S. Johannisstollen von 600 L. Länge 1534 in etwa 10 L. gröfserer Höhe der Wahre Leichnamsstollen oder Glücksstollen, 1536 aber der Spötterstollen angesetzt, welcher im Catharina Neufanger Schachte 44 L. einbringt, — alle für das inwendige Revier.

Während des kurzen Besitzes der Braunschweigschen Linie wurde um 1600 unter H. Heinrich Julius der Fürstenstollen angefangen oder fortgesetzt, und es wurde dieser und der Spötterstollen 1659 wieder aufgeräumt.

Als auch der 1691 angefangene und allmälig in alle Gruben fortgetriebene Grünhirschler Stollen nicht mehr genügte, wurde 1716 endlich der tiefe Sieberstollen angesetzt und bis 1754 an den Neufanger Schacht 1835 L. fortgetrieben, in dem er 115 L. Tiefe einbringt.

Im Lauterberger Reviere wurde erst 1696 der Stollen der neu aufgenommenen Grube Kupferrose mit 30 L. Tiefe angefangen.

Im Wolfenbüttelschen Gebiete, wo bei Wildemann schon in der Vorzeit bedeutend gebauet war, wurde 1524 ein tiefer Stollen von H. Heinrich d. J. wieder angegriffen.

Bei der Schwierigkeit dieses Betriebes wurde 1551 aber ein höherer Stollen, der Hedwigstollen, angesetzt, jener tiefe Stollen aber erst später wieder aufgenommen.

Für die näher bei Zellerfeld belegenen Gruben wurde 1548 der Frankenscharner Stollen, und bald nachher der Glückswarter Stollen, 16 Lachter höher als der Hedwigstollen, angesetzt.

Allmälig wurden jene Wildemänner-Stollen auch in die Zellerfelder Gruben fortgebracht, wodurch die jetzt noch gebräuchlichen Namen des Sechszehn-, Neunzehn- und Dreizehn-Lachter-Stollen veranlafst wurden.

Für den Grubenhagenschen Bergbau waren auf dem

Rosenhöfer Zuge der Fürstenstollen 1524, der um 10 L. tiefere Rabenstollen 1570 angefangen und bis an die erste Grube etwa 1600 L. fortgetrieben.

Dagegen war die Heranbringung irgend tieferer Stollen für den Burgstädter Zug auf diesem Gebiete kaum ausführbar, eine Hülfe, welche der Zellerfelder Bergbau aber leichter gewähren konnte, schwer zu erlangen. Nachdem die dortigen Stollen bis in die letzte Communion-Grube (Haus Zelle) vorgerückt waren, wurde die Herantreibung des Neunzehn-Lachter-Stollens in die zunächst an der Grenze belegene Grube Johann Friedrich um 1678 ausgeführt und der Dreizehn-Lachter-Stollen seit 1693 allmälig bis in die östlichste Grube Neue Benedicte heraufgebracht, die Benutzung der Stollen aber nebst den Vergütungen durch besondere Stollenrecesse geordnet.

So wichtig diese Hülfe auch für den ganzen Burgstädter Zug war, so würde sie doch nicht auf eine so lange Zeit, als wirklich der Fall war, genügt haben, wenn hier nicht in oberer Höhe schon ganz unerwartet die mächtigsten Erzmittel getroffen und diesen Bauen durch die Herbeiführung genügender Betriebswasser neue Kräfte für die Tiefe verschafft wären.

4. Der Georgstollen.

Jene Gruben, die Dorothee und Caroline, nebst der jetzt verbrochenen Benedicte, — an deren letzterer Beiden Stelle weiter westlich seit Kurzem die Gruben Bergmannstrost und Kranich nicht unwürdig eingetreten sind, — gaben dem Oberharzischen Bergbaue eine nicht geahnte Wichtigkeit, und in die ersten zwanzig Jahre ihres Aufblühens fallen mehrere bedeutende Unternehmungen, unter denen hier hauptsächlich die Anlage des Dammgrabens zu nennen ist.

Ein funfzigjähriger sehr thätiger Bau hatte aber selbst diese neueren Gruben bald zu einer beträchtlichen Tiefe gebracht, und unterdessen waren auch die weiter abwärts belegenen Gruben noch mehr unter die Stollensohle fortgerückt.

Noch gröfser wurde die aus solchem tiefen Betriebe hervorgehende Schwierigkeit für die alten Gruben des Rosenhöfer Zuges, welche bei geringerer Mächtigkeit der Gänge nur ärmere Erze zu gewinnen hatten.

Durch mannichfache Verbesserungen und mehrere neue Anlagen hatte man dem abnehmenden Bergbaue zu helfen gesucht, aber mit unvollständigem Erfolge und es konnte für die steigenden Kosten bei rasch fortgehendem Abbaue für die nähere oder entferntere Zukunft mit den Hülfsmitteln nicht mehr Rath geschafft werden, welche sich im regelmäfsigen Gange eines wohlgeordneten Bergwerkshaushaltes darbieten.

Diese bedenkliche Lage des Clausthalischen Bergbaues mit allen ihren Folgen für die übrigen, zunächst noch nicht in Betracht kommenden, Grubenreviere wurde vor fast achtzig Jahren von dem Berghauptmanne von Reden sehr erschöpfend dargestellt und auch von den übrigen Mitgliedern des Bergamts ernstlich erwogen.

Obgleich man Anfangs über die Art und Weise nicht einig war, in welcher man dem Bergbaue zu Hülfe kommen müsse, so stimmte man zuletzt nach mehrjährigen Untersuchungen und Erörterungen darin überein, dafs der Zweck nur durch die Herantreibung eines tiefen Stollens zu erreichen sei.

Weitere Erwägungen und längere Vorarbeiten führten endlich zu der Wahl eines Punktes für den Anfang des Stollens in der Gegend von Grund, weil der in noch gröfserer Tiefe mögliche Stollen aus der Gegend von Lerbach oder von Lasfelde zwar den Vortheil mehrere unbekannte Erzgänge aufzuschliefsen zu versprechen, aber einen so grofsen Aufwand an Zeit und Kosten zu erfordern schien, dafs die Ausführung vor dem Erliegen der wichtigsten Gruben nicht zu hoffen stand.

In der Zwischenzeit zwischen der eingelegten Muthung und dem Stollenrecesse von 1777 wurde die zweckmäfsigste Linie des Stollens näher festgestellt, die nothwendigen Kosten überschlagen und die Beträge ausgemittelt, um die Anlage in der Zeit von etwa zwanzig Jahren zu vollenden.

Zum Anfangspunkt hatte man zuerst auf den alten Laubhütter Stollen, (dessen grofser, damals verkannter Bedeutung unten näher erwähnt werden soll) dann aber auf einen 430 L. langen Stollen der vormals von einer Gewerkschaft betriebenen Grube Hülfe Gottes und Isaacs Tanne gedacht, doch entschied man sich endlich dafür, diesen alten Stollen nicht zu benutzen, sondern fast genau in derselben Sohle einen neuen Stollen zu treiben, um die Anlage ganz regelmäfsig auszuführen, ohne sich durch den älteren Bau zu einem weniger zutreffenden Anfange verleiten zu lassen.

Der Stollen mufste zunächst nach den Gruben des Rosenhöfer Zuges, von diesem aber nach dem Burgstädter Zuge geführt werden. Von dem am Eichelnberge etwa 880 par. Fufs über der Nordsee belegenen Mundloche bis zu dem Schachte der Grube Thurm Rosenhof auf 3738 L. wurden sechs von Clausthal ab zählende Lichtlöcher abgesenkt.

Die Länge von jenem Punkte im oberen Rosenhöfer Schacht bis zu dem Herzog Georg-Wilhelmer Schachte beträgt 807 L., bei 1018 Fufs Tiefe unter der Clausthaler Kirche.

Bei den Ueberschlägen der Kosten war angenommen, dafs der Stollen in den Feldern der Gruben auf deren Kosten, aufserhalb derselben aber auf seine eigene Rechnung ausgeführt werden solle, und die auf den Stollen selbst fallenden Beträge waren einschliefslich der Verwendungen für jene Lichtschächte zu etwa 300,000 Thlr. angenommen. Bei der Voraussetzung, dafs der Stollen in etwa zwanzig Jahren vollendet werde, waren die jährlichen Ausgaben zu fast 15,000 Thlr. angeschlagen.

Man war nicht von der Ansicht ausgegangen, den Stollen nach den Bergordnungen als ein gewinnbringendes Unternehmen, sondern als eine zum Besten des ganzen Harzbergbaues und seiner gesammten Bewohner gereichende Anlage auszuführen, und aus diesem Grunde wurden auch die Kosten von allen Betheiligten gemeinschaftlich, zum gröfsten Theile aber aus den landesherrlichen Cassen, aufgebracht.

Die für den Betrieb des Stollens ausgemittelten Einnahmen wurden in Cassenmünze angesetzt:

a. in einem jährlichen Zuschusse von 3000 Thlr., welchen der König aus der Hauptcammercasse bewilligt hatte;

b. in einem Beitrage der Gewerken der Gruben von einem halben Centner Blei von jedem durch ein neues, vortheilhafteres, Schmelzverfahren verarbeiteten Rost Schliech, den Centner Blei zu dem Gewerkepreise von 2¾ Thlr. gerechnet, und im Ganzen zu etwa 4200 Thlr. angeschlagen;

c. in einem Beitrage der Berghandlung mit Rücksicht auf dieses mehr empfangene Blei von jährlich 2500 Thlr.;

d. in einem Beitrage der Bergbaucasse von jährlich 600 Thlr.;

e. in einem freiwilligen Beitrage der Bergstadt Clausthal von jährlich 400 Thlr. und

f. einem freiwilligen Beitrage derer, welche aus einer Casse des einseitigen Oberharzes Gehalt und Lohn bezogen, von 1 Pf. vom Fl. zu 20 mgr., deren Belauf jährlich zu 2000 Thlr. angeschlagen war.

Im Ganzen rechnete man also auf eine jährliche, jener Ausgabe entsprechende, Einnahme von 12,700 Thlr. Cass.M., allein es fand auch kein Bedenken, in einzelnen Jahren ungleich höhere Beträge zu verwenden, weil der König sich schon Anfangs geneigt erklärt hatte, gröfsere Zuschüsse oder Vorschüsse nach den Erfordernissen des Baues zu bewilligen.

Dem Stollen wurde das Ansteigen von 15 Zoll auf 100 Lachter, mit einer vom Mundloche ab um ¾ L. höhere Sohle — zum Zwecke der künftigen Ausgleichung — und eine Höhe und Weite von Einem Lachter bestimmt.

Nachdem der Anfang des Stollens am 26. Julius 1777 bei dem Mundloche von dem Berghauptmanne von Reden und dem um den Clausthaler Bergbau ebenfalls hochverdienten Oberbergmeister Stelzner mit grofser Feierlickeit gemacht war, ging der Betrieb mit dreifsig Angriffspunkten im Wesentlichen ohne Unterbrechung und ohne erhebliche Störungen fort. Der funfzehnte, letzte, Durchschlag erfolgte zwischen dem zweiten und dritten Lichtloche bei der Zwischenlänge von 504 L. und in der Tiefe von 82 L. am 5. September 1799.

Von Allen, welche bei dem Anfange des Stollens thätig gewesen waren, konnte nur der Oberbergmeister Stelzner und Ein Bergmann der ersten feierlichen Befahrung beiwohnen; alle Uebrigen waren dem Harze schon entrissen, der Berghauptmann von Reden schon am 8. October 1791, statt dessen damals sein Schwiegersohn von Meding als Viceberghauptmann die Verwaltung leitete.

Durch die Vollendung des Stollens, dessen Durchschläge dem Markscheider Länge zur Ehre gereichten, wurde den Gruben des Rosenhöfer Zuges und den beiden durch eine Gabelung angefahrenen Abschnitten des Burgstädter Zuges bis zum Schachte der Grube Caroline und zum Lorenzschachte eine so grofse Hülfe geschafft, dafs sogleich 15 Kunsträder entbehrt werden konnten, mit einer jährlichen Kostenersparung von etwa 10,000 Thlr.

Zehn Jahre vor diesem letzten Durchschlage war durch die Theilung des Communion-Oberharzes auch der Zellerfelder Bergamtsbezirk dem einseitigen Bergbau hinzugekommen und es hätte nun nach der Vollendung des tiefen Stollens und nach dem am 20. Novb. 1799 erfolgten Durchschlage des Lautenthaler Hoffnungsstollens mit den Gruben zu Bockswiese ein neu geregelter, kräftiger und sparsamer Betrieb bei dem gesammten oberharzischen Haushalte beginnen können.

Die Besetzung des ganzen Landes durch eine französische Armee (1803) mit den sich daran reihenden politischen Veränderungen störte jedoch auch bald den Bergbau des Oberharzes.

In dem ruhigen Jahre 1802 zwischen dem völligen Schlusse der Stollenarbeiten und dem Anfange der Fremdherrschaft wurden in den drei Bergbezirken überhaupt

30,306 Mrk. Silber,
14,500 Ctr. Glötte,
39,150 - Blei und
636 - Kupfer

mit einem Gesammtwerthe von 692,000 Thlr. nach dem oben angenommenen Durchschnittspreise gewonnen, und es würde also eine richtige Haushaltsführung mit dem Metallwerthe von 700,000 Thlr. vermuthlich noch eine lange Reihe von Jahren zu bestreiten gewesen seyn.

Während des Zeitraums von 1802 bis einschliefslich 1818, — wo wieder günstigere Umstände eintraten — wurden im Ganzen

728,000 Mrk. Silber.
962,000 Ctr. Blei,
470,000 - Glötte und
12,270 - Kupfer

mit dem Gesammtwerthe von etwa 17¼ Millionen Thaler geliefert, also durchschnittlich zu Einer Million.

Verderblicher aber noch als diese von 7 auf 10 gesteigerte Metallproduction war, dafs unter dem Drucke der Fremdherrschaft die reichen Erzmittel, welche für eine ferne Zukunft zur Reserve dienen konnten, verhauen werden mufsten und dafs wegen der verkürzten Dauer des Betriebes die Zeit zu den nöthigen Versuchen und Vorarbeiten geschmälert wurde, auch manche höchst rathsame Verwendungen unterblieben.

5. Die tiefen Wasserstrecken.

Diese äufseren Bedrängnisse des Bergwerkshaushaltes gestatteten auch nicht, die schon vor dem Anfange des Georgstollens zur Sprache gekommene Herantreibung eines neuen Stollens in jener tiefsten Sohle sogleich nach dem letzten Durchschlage anzugreifen, welche in den ersten beiden Jahren nach der Vollendung und bei der erlangten grofsen Erleichterung auch nicht eigentlich dringend erscheinen mogte.

Unter den damaligen Umständen, welche selbst von der näheren Erörterung eines so weitaussehenden und mit den beschränkten Geldmitteln nicht zu vereinbarenden Unternehmens abriethen, blieb nichts übrig, als diesen Plan bei den zunächst ausführbaren Arbeiten zum Anhalten zu nehmen.

In diesem Sinne wurde auf die Herstellung einer leichteren Wasserhaltung in jener Sohle, etwa 60 L. unter der des Georgstollens, Bedacht genommen. Diese tiefe Wasserstrecke war anfangs (1803) nur auf den Burgstädter Zug berechnet. Sie wurde in den unteren beiden Grubenrevieren begonnen und der am nordwestlichen Ende des Zuges belegene, mit genügenden Wasserkräften versehene Lorenzschacht zum Hauptkunstschachte gewählt. Vom Jahre 1808 an kam die Fortsetzung von der Grube Anna Eleonore bis zur Grube Caroline zur Ausführung.

Mit Rücksicht auf die drohende Unsicherheit jenes Schachtes wurde der Plan bei seiner Ausdehnung auf den Rosenhöfer Zug, der ohnehin eines neuen Tageschachtes bedurfte, seit 1815 so festgestellt, dafs auf dem westlichsten Punkte dieser Gruben der Silbersegner Schacht seiger abgesenkt, auf dem Burgstädter Zuge aber der S. Elisabether Schacht von dem Georgstollen bis auf die Wasserstreckensohle noch 60 L. tief abgeteuft wurde.

Für die ganze Anlage der Wasserstrecke wurden von 1803 bis 1827, — aber ohne die Kosten der Schächte, — etwa 192,000 Thlr. verwendet, wovon auf die Länge vom Lorenz- bis zum Silbersegner-Schachte etwa 94,000 Thlr. fallen.

Vom Lorenz-Schachte ab wurde die Wasserstrecke von 1828 auch nach dem Hauptzuge zu und durch die Grube Ring und Silberschnur nach 60 L. über den Schreibfederschacht der Grube Regenbogen hinaus getrieben.

Nebst den Querschlägen und Umbrüchen beträgt die Länge der Wasserstrecke

von der Caroline bis zur Zellerfelder Grenze	1585 $^5/_8$ L.
vom Lorenz- bis zum Altensegner Schachte .	709$^5/_8$ -
auf dem Rosenhöfer Zuge selbst	519$^7/_8$ -
auf dem Zellerfelder Hauptzuge	632$^5/_8$ -
zusammen also	3447$^6/_8$ L.

Von dieser Länge sind auf dem Burgstädter Zuge selbst 1182 L., vom Lorenzschachte bis zum Altensegner Schachte 709$^1/_2$ L. und auf dem Rosenhöfer Zuge selbst 348 L., insgesammt also 2239$^1/_2$ L. schiffbar und es werden auf derselben die Erze des Burgstädter Zuges grofsen Theils bis an die in der Nähe der Pochwerke belegenen Altensegner und Silbersegner Schachte in Booten geführt.*)

Schon vor länger als 20 Jahren hatte sich die Nothwendigkeit gezeigt, den Gruben des Burgstädter Zuges, besonders denen des zweiten Reviers, bei stets zunehmender Tiefe noch mehr zu Hülfe zu kommen.

Es wurde deshalb 60 L. unter der Tiefen Wasserstrecke zwischen dem Georg Wilhelmer Schachte und dem Elisabether Schachte (in 242 und 239 L. Tiefe) eine zweite „Tiefste" Wasserstrecke angesetzt.

---

*) Bei einem Wasserstande von 60" verschifft ein Mann etwa 100—120 Ctr. Erz; im Ganzen werden jährlich durch etwa 14 Mann etwa 1800 Treiben verschifft.

Nach dem 1834 erfolgten Durchschlage wurde es möglich, die Wilhelmer Künste zur Hebung der Grundwasser auf diese zweite Strecke zu benutzen, von der sie wieder durch die beiden inwendigen Künste auf der Elisabeth weiter auf die erste Tiefe Wasserstrecke gehoben werden.

Damit diese zweite Wasserstrecke auch für das erste Burgstädter Revier wirken kann, ist sie vom Elisabether Schachte ab noch 650 L. weiter fortgetrieben und mit dem Dorotheer Schachte bei 254 L. Tiefe in Verbindung gesetzt.

Neben den grofsen Anlagen zur Hebung der Grundwasser, welche durch den Einbau der zweiten Wassersäulenmaschine im Silbersegner Richtschachte vollendet waren, wurde aber auch auf die Forttreibung des Georgstollens selbst wieder angegriffen.

Die sogleich nach dem letzten Durchschlage begonnene Fortführung des Stollens vom Lorenzschachte nach dem Hauptzuge wurde bis 1817 beendigt, der beabsichtigte Durchhieb des Stollens vom zweiten Lichtschachte nach dem Samueler Schachte aber wieder eingestellt.

Dagegen wurde der nach Norden zu vom Samueler Schachte ab nach der Bockswiese angesetzte Flügelort 1822 wieder in Betrieb genommen und der in 580 L. Entfernung belegene Spiegelthaler Hoffnungsschacht bis auf 94 L. abgesenkt.

Der erste Durchschlag erfolgte bei 237 L. Länge im J. 1833, der zweite aber bei der Länge von 319 L. von diesem Schachte und 719 L. vom Johann-Friedrich-Schachte im J. 1835, *) und es beträgt die Länge dieses Flügelorts und der beiden Querschläge $1633\frac{1}{2}$ L.

Seitdem beläuft sich die gesammte Länge des Georgstollens nebst Umbrüchen und Querschlägen auf — fast

*) Das Mittel von 1038 L. ist das längste, welches bis jetzt am Harze durchgebracht ist.

$2^3/_8$ Meilen — etwa 10,000 L., nämlich auf dem Hauptzuge 1768 L., auf dem Burgstädter Zuge (von der Zellerfelder Grenze bis einschliefslich der Fortuner Orts) auf 1948 L., nach und auf dem Rosenhöfer Zuge auf 1736 L., auf dem Silbernaaler Zuge $2471^1/_4$ L. und vom fünften Lichtloche bis zum Mundloche $485^5/_8$ L.

6. Der tiefste Stollen.

Je gröfser durch die bedeutende Erstreckung des Stollenfeldes die Wichtigkeit des Stollens war, um desto stärker wurden auch die Zugänge, welche er abführen mufste, zu denen noch die aus einigen hier übergangenen Oertern und besonders aus den alten Bauen hinzukamen.

Die Harzverwaltung durfte daher die wirkliche Durchführung des s. g. Lasfelder tiefsten Stollens niemals aus den Augen verlieren, obgleich der Muth zu dem Angriffe einer so kostbaren Anlage nach den Aussichten des Bergwerkshaushaltes und nach dem wechselnden Gange des Bleihandels sich oft verringern mufste.

Vor fast 30 Jahren waren die Hoffnungen zu einem solchen Erfolge nur schwach, aber es zeigte sich eine Möglichkeit, für die Unternehmung fremde Geldmittel in Wirksamkeit zu setzen.

Eine Englische Bergwerksgesellschaft meldete sich im J. 1825 zur Uebernahme des ganzen Harzbergbaues, und es wurde ihr bei der Unthunlichkeit einer solchen Vereinbarung die Herantreibung des Lasfelder Stollens angeboten, welche sie nicht zurückwies.

Für diese Verhandlungen wurde damals ein Kostenanschlag aufgestellt, der auf ungefähr $1^1/_2$ Millionen Thlr. abschlofs, allein die ganze Angelegenheit wurde seit 1827 von der Gesellschaft nicht weiter verfolgt, welche vermuthlich gar nicht ins Leben getreten ist. *)

*) Bei der angenommenen Länge des Stollens von 5315 L. waren auf den Ortsbetrieb selbst etwa 460,000 Thlr., für 7 Lichtlöcher

Seitdem beschränkte man sich, wie aus den Werken von Hausmann und Zimmermann und aus den Aufsätzen von 1837 (im Archiv) bekannt ist, auf die Arbeiten für die beiden Wasserstrecken und andere gröfsere Ausführungen für einzelne Grubenreviere.

Allmälig hatten sich aber die Betriebsverhältnisse in beiden Bezirken aufserordentlich verändert. Die eigentliche Stollenanlage, deren Nothwendigkeit früher sich gar nicht so nahe gezeigt hatte, stellte sich als durchaus unabweisbar dar und die neu aufgenommenen Gruben ermunterten zu neuen grofsen Unternehmungen, während der Zustand der älteren Gruben eine baldige Ausführung anempfahl.

Die unbedingte Nothwendigkeit war eigentlich darin begründet, dafs der Georgstollen bereits an die Grenze seiner Tragfähigkeit gelangt war und die zu erwartenden noch gröfseren Zugänge nicht mehr abzuführen vermögen würde!

In Fluthzeiten können die Wassersäulenmaschinen selbst bei möglichst raschem Umgange allein die Grundwasser nicht auf den Stollen heben, und es müssen ihnen dann die Zellerfelder, Elisabether und Altensegner Künste zu Hülfe kommen, so dafs die übrigen Künste nicht genügen, um die Gesenke und Tiefbaue zu Sumpfe zu halten. In dieser Beziehung sind zwar viele Arbeiten zur Abschneidung beträchtlicher Wasserzugänge mit gutem Erfolge ausgeführt, aber es sind besonders noch zwei auf dem Burgstädter und Rosenhöfer Zuge entspringende Hauptquellen sehr belästigend, deren Auffangung auf dem Stollen noch nicht gelungen ist.

150,000 Thlr., für Gebäude, die Maschinen und deren Betrieb ungefähr 880,000 Thlr., für Aufsichtskosten, Generalkosten und sonstige Ausgaben aller Art fast 57,000 Thlr. gerechnet, allein für den vorletzten Posten unstreitig viel zu hoch.

Aufser diesen starken Grundwassern und durch die Hereinziehung gröfserer Mengen von Aufschlagewassern ist aber hauptsächlich der eigene Zugang des Stollens aus den wasserreichen Bauen der Bockswieser Gänge und des Silbernaaler Zuges höchst bedeutend.

Bei diesen vermehrten Zugängen strömt dem Stollen in Fluthzeiten eine so grofse Wassermenge zu, dafs sie von der Wassersaige nicht getragen werden und selbst an manchen Stellen sich kaum durch das Stollenort hindurch drängen kann.

Es kann also nicht blofs für die Tiefbaue durch einen an den Wassersäulenmaschinen eintretenden Unfall eine sehr nachtheilige Störung des Grubenbetriebes entstehen, sondern auch die Ueberladung des Stollens selbst die äufserste Gefahr für die Baue herbeiführen.

Eine Forttreibung des Stollens auf den Pisthaler Gängen und nach den Wildemänner Bauen, welche ein richtiger Betrieb erfordert, wird aber diese Wassermengen noch sehr vermehren, welches auch bei der übrigen Ausdehnung der Baue und bei dem Wiederangriffe der Hütschenthaler und Spiegelthaler Gänge allmälig statt finden wird.

Zu diesen Gründen einer unbedingten Nothwendigkeit kommt noch hinzu, dafs es höchst wichtig ist, auch die Bergwerkswohlfahrter und Isaaks-Tanner Gänge bei Grund bald in einer gröfseren Tiefe zu untersuchen, als hier mit dem Georgstollen in der Nähe seines Mundloches geschehen kann.

Aus diesen Rücksichten mufste daher die Anlage des tiefsten Stollens nicht blofs an sich selbst als unumgänglich, sondern auch der Anfang der Arbeiten schon in der gegenwärtigen Zeit als sehr zweckmäfsig anerkannt werden.

II. Die Verhältnisse des Haushaltes am Schlusse des J. 1849.

In wie fern dieses weitaussehende Unternehmen noch bei den jetzigen Zuständen des Bergbaues gerechtfertigt ist und wie es, wenn es wirklich rathsam ist, auszuführen seyn wird, läfst sich nur nach einer Vergleichung des gegenwärtigen Betriebes mit dem der früheren Zeit und mit Hinblick auf die Erfolge entscheiden, welche die Zukunft von den schon im Bau stehenden Gruben und den noch vorliegenden Erzmitteln und Gängen erwarten läfst.

Für eine solche Vergleichung werden nicht mehrjährige Durchschnitte gewählt werden dürfen, (s. Anhang, Tabelle 1.) — welche immer die Uebergänge mit umfassen würden, — sondern einfache Jahre in Abschnitten von je zehn Jahren.

Als solche Jahre bieten sich aus verschiedenen Rücksichten 1816, 1826, 1835 und 1847, statt des J. 1846, welches durch den Wassermangel etwas gestört wurde, dar, allein die Zusammenstellung läfst sich nur für die einzelnen Grubenreviere versuchen, nicht für den ganzen Haushalt abschliefsen, ohne bei den früheren Verwickelungen und mehrfachen Abänderungen des Rechnungswesens auf unverhältnifsmäfsige Schwierigkeiten und Unsicherheiten zu stofsen.

Dieser Zusammenstellung (Anhang Tabelle 2.) der Betriebserfolge der Grubenreviere im Ganzen schliefst sich zur leichteren Vergleichung im Einzelnen eine zweite (Anhang Tabelle 3.) an, in welcher diese Verhältnisse (mit Ausschlufs des Jahres 1826) auf ein Treiben Erz zurückgeführt sind.

Die folgende Specialtabelle (Anhang Tabelle 4.) zeigt, — ähnlich wie die Tabelle 2. — aber mit Angabe der einzelnen Gruben der Reviere — die Erfolge des J. 1849, des letzten Jahres vor der Veränderung der gesammten

Verwaltungs- und Casseneinrichtungen des Silberbergwerkshaushaltes.

Für die Geldwerthe sind die schon früher erwähnten Preise nach einem Hauptdurchschnittssatze angenommen.

Die folgenden Anlagen (Anhang Tabellen 5., 6., 7. u. 8.) geben eine Uebersicht des Betriebes der Versuchsbaue, Stollen u. s. w. vom Jahre 1849 (Tabelle 5.), der Aufbereitungsanstalten im Jahre 1849 (Tabelle 6.), der Erfolge der Aufbereitung des Clausthaler Bezirkes in den Jahren 1825, 35, 45 (Tabelle 7) und des Betriebes der Silberhütten im Jahre 1849 (Tabelle 8.).

Die Zusammenstellung (Anhang Tabelle 9.) der Angaben über die Tiefe der wichtigsten Schächte giebt ein ungefähres Bild des Fortschreitens der Baue in die Tiefe.

Jene einfachen Zahlen werden eine Vergleichung des bisherigen Betriebes an sich ergeben und auch Ueberschläge für die nächsten Jahre begründen können. Für eine etwas entferntere Zukunft genügen sie aber nicht, besonders weil die Stetigkeit in dem Verhältnisse der verschiedenen Grubenreviere selbst nicht vorausgesetzt werden darf.

In dieser Rücksicht soll hier nun der Zustand der einzelnen Gruben kurz angegeben und aufserdem der jetzt nicht bebaueten Gangzüge erwähnt werden, auf welche für die Zukunft zu rechnen seyn wird.

1. Der Betrieb der Gruben und Versuche.

Bei den Angaben über die Gruben wird das gewerkschaftliche Verhältnifs nur für wenige in Betracht kommen, im Zellerfelder Bezirke bei der Grube Bergwerkswohlfahrt, im Andreasberger Bezirke bei den Gruben Samson und Catharina Neufang, im Clausthaler Bezirke aber bei fünf Gruben des Burgstädter Zuges.

Von diesen bilden die drei Gruben Caroline, Dorothee und Bergmannstrost ein zusammenhängendes Ganze, an welches sich die Grube Neue S. Margarethe anschliefst, deren wenige Privatgewerken bald aufhören werden, die Zubufse zu zahlen.

Weiter getrennt von diesen Gruben liegt die Grube Kranich, umgeben von drei Königlichen Gruben König Wilhelm, Anne Eleonore und Herzog Georg Wilhelm.

Zunächst bei Zellerfeld bauete auf dem Burgstädter Zuge endlich die Königliche Grube Königin Charlotte.

Mit Ausnahme jener acht Gruben werden alle Gruben der übrigen Reviere, namentlich die drei Gruben des Rosenhöfer Zuges, der beiden Gruben des Zellerfelder Hauptzuges, die Gruben zu Bockswiese, Lautenthal, Grund und Schulenberg, so wie zu Andreasberg die Grube Andreaskreuz und die drei vereinigten Gruben auf Rechnung der Königl. Zehntcasse betrieben.

a. Burgstädter Zug.

Die Grube Caroline ist seit der 1835 erfolgten Einstellung der Grube Neue Benedicte die östlichste Grube des Burgstädter Zuges und markscheidet mit der Grube Dorothee.

Sie wurde 1711 gemuthet und hat ein Feld von drei Mafsen auf dem Hauptgange, eine Fundgrube und zwei Mafsen im Liegenden und eine Fundgrube und drei Mafsen im Hangenden.

Nach dreivierteljähriger Zubufse und fünfvierteljährigem Freibaue kam sie in Ausbeute, welche schon in den nächsten 3 Jahren auf 116 Speciesthaler für den Kux stieg und $17\frac{80}{88}$ den höchsten Satz von 216 Speciesthalern für das Jahr erreichte.

Seit 1814 hat ihr Ertrag sehr abgenommen und sie hat nach dem Freibaue von $18\frac{29}{34}$ noch von $18\frac{35}{49}$ wieder jährlich 8 Thlr. Ausbeute für den Kux gegeben.

Im Ganzen hat sie etwa 3 Millionen Thaler an Ausbeute gezahlt, und der Preis ihrer Kuxe stand 1761 bei der Ausbeute von 184 Speciesthalern mit 10,500 Thlr. am höchsten.

Sie ist seit Mitte 1850 mit 2 Thlr., seit 1852 aber mit 3 Thlr. vierteljährlich in Zubufse gesetzt.

Ihr Schacht von $253^5/_8$ L. Tiefe ist nur noch bis auf 236 L. fahrbar, ihr Feld aber bis auf dasjenige Erz, welches bei dem früheren Bau noch stehen geblieben, als erschöpft anzusehen.

Für die Zukunft ist daher auf diese berühmte Grube gar nicht mehr zu rechnen, obgleich sie noch eine Zeitlang im Betriebe bleiben wird.

Nach Westen markscheidet die Grube Dorothee mit der Grube Bergmannstrost und neben ihr bauet auf einem Gange im Hangenden die jetzt nur auf Versuch betriebene Grube Gabe Gottes und Rosenbusch.

Die Länge des ihr verliehenen Feldes, welches auf dem Hauptgange und einem Nebengange liegt, beträgt am Tage 136 L., in der Tiefe aber wegen des Bogens des Hauptganges 146 L., etwa 60 Ruthen, und es sind derselben 1848 noch auf einem neuerlich aufgefundenen hangenden Trumm 4 Mafsen verliehen.

Nachdem sie das ganze sechszehnte Jahrhundert hindurch sehr schwach betrieben oder verlassen gewesen war, wurde sie von $17\frac{07}{08}$ mit Zubufse und ein Jahr lang frei gebauet.

Sie kam 1709 zuerst mit 4 Speciesthalern in Ausbeute, welche in dreizehn Jahren bis auf 110 Speciesthalern für das Quartal stieg, den höchsten Satz, den sie bis 1736 behauptete, mit jährlich 440 Sp. Thlr. Mit einigem Steigen und Sinken ist die Ausbeute seit 1740 von 360 Sp. Thlr., seit 1763 bis 1796 von 200 auf 184 Speciesthaler, seit 1831 aber bis 1852 von 272 Thlr. auf 136 Thlr. Cour. für das Jahr herabgegangen.

Die gesammte Ausbeute hat sich von 1709 bis Ende 1849 auf mehr als sechs Millionen belaufen.

Der Preis der Kuxe stand um 1760 mit 9700 Thlr. Cass. M. am höchsten und kommt jetzt wohl auf 2000 Thlr. für den Kux, doch meistens nur in geringen Theilen.

Der Schacht wurde von 1709 bis 1741 bis auf 132 L. abgesenkt und stand am Schlusse 1849 in 291 L. Tiefe, bis auf die Tiefe Wasserstrecke auf dem Hauptgange, unterhalb derselben aber im Nebengesteine.

Obgleich bei der Erschöpfung der reichen Erzmittel der Betrag der Ausbeute vielleicht bald weiter herabgesetzt werden mufs, wird die Grube doch aus den wenigstens zur Hälfte unter der Tiefen Wasserstrecke stehenden Baue und mit Hülfe des Hangenden Trumms noch lange eine beträchtliche Erzmenge liefern können.

Sie hat durch die neu vorgerichtete Wasserkunst (statt der alten Tagekunst mit langem Gestänge) sehr gewonnen und besitzt aufser dem mit der Grube Caroline gemeinschaftlichen Zechenhause und Bergschmiede u. a. ein eigenes Pochwerk, die Dorotheer „Erzwäsche".

Die Grube Bergmannstrost, welcher 1649 ein Feld und 1695 ein zweites verliehen, markscheidet nordwestlich mit der Grube Neue S. Margarethe.

Länger als ein Jahrhundert stand sie in Zubufse bis sie bei dem Fortrücken der Dorotheer Baue nach dem Erzfalle in den Stand gesetzt wurde, ihren Betrieb in gröfserer Tiefe zu führen, besonders nachdem ihr ein Theil des ins Freie gefallenen Feldes der Grube Grüner Hirsch zugetheilt war.

Sie kam zuerst 1825 mit 4 Thlr. jährlich in Ausbeute, welche allmälig und seit 1848 bis auf 100 Thlr. jährlich erhöhet ist.

Nachdem ihr Schacht wegen einer früher eingetretenen Verminderung der Erze am Tage verstürzt ist, fördert sie ihre Erze bis an den Dorotheer Schacht, von dem sie auf der T. Wasserstrecke nach dem Rosenhöfer Zuge verschifft werden.

Ihre Aussichten sind fortwährend günstig und durch neue Aufschlüsse ist ihr Betrieb gesichert, so dafs sie für den neuen Stollen noch wesentlich in Betracht kommen wird.

Ihre Baue stehen mit sehr geringen Mitteln in oberer Höhe meistens unterhalb der zweiten Wasserstrecke.

Die Grube Neue S. Margarethe besteht jetzt mit nordwestlicher Markscheide gegen die Grube Anna Eleonore aus den beiden vereinigten Gruben S. Elisabeth und S. Margarethe und bauet auf dem Hauptgange und mehreren Nebengängen.

Die eigentliche Grube S. Margarethe, welche schon seit 300 Jahren im Betriebe ist, gab von 1675 bis 1791 fortwährend Ausbeute mit dem höchsten Satze von 60 Sp.Thlr. im Jahre 1692, seit 1730 aber nur von 8 Sp. Thlr. und von 1772 von 4 Sp. Thlr. für das Jahr, die Grube S. Elisabeth aber fast nur von 1703 bis 1707 höchstens von 40 Sp.Thlr., von 1735 bis 1736 nur 8 Sp. Thlr. und dann ein Jahr lang noch 4 Sp. Thlr.

Von 1837 bis 1849 zahlte sie wieder 8 Thlr. an jährlicher Ausbeute, aber jetzt steht sie mit 8 Thlr. in Zubufse.

Auf der Grube S. Margarethe ist der Hauptgang in oberer Höhe abgebauet, der Schacht aber vom Georgstollen ab verstürzt und von Tage nur noch 132 L. tief fahrbar.

In dem neuen Felde, wo der Elisabether Schacht auf dem Gange und in mehrerer Tiefe im Nebengesteine bis auf 286½ L. abgesenkt ist, liegen die Baue zwischen dem Georgstollen und der zweiten Wasserstrecke und zwar fast zur Hälfte nahe über und unter derselben.

Die Grube hat mehrere Tagegebäude, unter denen eines zur Anfertigung der Drahtseile benutzt wird, auch ein vor einigen Jahren erbauetes geräumiges Scheidhaus sich befindet.

Die Grube Kranich markscheidet nordwestlich mit der Grube König Wilhelm, südöstlich aber mit der Grube Anna Eleonore, und ihr Feld stöfst an das der Grube Herzog Georg Wilhelm.

Im Jahre 1684 wurden ihr auf dem Hangenden oder

Kranicher Gange und dem Liegenden Gange je eine Fundgrube und 2 Mafsen verliehen.

Sie kam schon 1685 in Ausbeute, welche 1695 den höchsten Satz mit 24 Sp. Thlr. erreichte, von 1697 bis 1736 zwischen 10 und 8 Sp. Thlr. stehen blieb und 1782 auf 2 Sp. Thlr. für das Vierteljahr herabging.

Nach langer Zubufse kam sie 1809 mit 1 Thlr. in Ausbeute, die schon 1810 auf 2 Thlr. erhöhet wurde und seit 1820 von 3 Thlr. Conv. M. auf 15 Thlr. Cour. stieg, welche sie noch jetzt vierteljährlich giebt.

In Ermangelung eines Tageschachtes benutzt sie den Anne Eleonorer Schacht.

Ihre Hauptbaue stehen mit einer geringen Ausnahme sämmtlich unterhalb der zweiten Wasserstrecke.

Die nächsten Mafsen vom Kranich ab sind seit 1668 der Grube König Wilhelm verliehen, in deren Felde der Kranicher Gang sogleich an Mächtigkeit und an Dauer der Erzführung sehr verliert.

Die Grube ist bis auf einen Freibau von $17\frac{1}{2}\frac{5}{9}$ stets in Zubufse gewesen und mag die jetzige geringe Förderung immer nur wenig überschritten haben.

Sie benutzt den Georg Wilhelmer Schacht und wird nur noch wenige Jahre ihren Bau — zum gröfsten Theil unterhalb der zweiten Wasserstrecke — fortsetzen können.

Die jetzt Königliche Grube Anne Eleonore markscheidet auf dem Hauptgange mit der Grube Neue Margarethe, nordwestlich auf dem Anne Eleonorer Trumm mit der Grube Herzog Georg Wilhelm, auf dem Kranicher Gange aber mit der Grube Kranich.

Sie bauet seit 220 Jahren, neuerlich auf mehreren Feldern und drei Gängen in 2 Fundgruben und 13 Mafsen.

Der Schacht, welcher auf dem Gange und zwar auf dem Puncte abgesenkt ist, wo der Hauptgang sich von dem Anne Eleonorer Trumm und in der Tiefe von dem Kranicher Gange zu trennen anfängt, ist seit 1775 etwa um 55 L. auf die Tiefe von 275$^7/_8$ L. niedergebracht.

Die Hauptbaue der Gruben werden, nachdem die oberen Höhen längst erschöpft sind, in der Tiefe von mehr als 250 L. unterhalb der zweiten Wasserstrecke geführt werden müssen, aber sie sichern den Betrieb in dem bisherigen Umfange noch auf eine lange Reihe von Jahren.

Die Erze dieser und der beiden anderen Königlichen Gruben werden nach dem Silbersegner Schachte verschifft.

Südöstlich mit dieser Grube markscheidet die Grube Herzog Georg Wilhelm, welche nordwestlich auch in dem Felde der ins Freie gefallenen Grube „Englische" (Grufs und) — „Treue" bauet, mit der ersten Verleihung von 1665.

Sie hat zuletzt 1713 Ausbeute gegeben, deren höchster Betrag vor ungefähr 175 Jahren zu 6 Sp. Thlr. für das Quartal stand.

Der Schacht ist zuerst auf dem Hauptgange, tiefer hingegen mit bestimmtem Fallen im Nebengesteine bis auf 313 L. abgesenkt und der tiefste Schacht der diesseits des Bruchberges belegenen beiden Bezirke.

Die Grube, welche einige Tagegebäude und drei Radkünste besitzt, wird ihren Bau, der bis auf einen sehr geringen Theil gänzlich unter der zweiten Wasserstrecke in etwa 300 L. Tiefe liegt, noch einen langen Zeitraum hindurch fortsetzen können.

Die Grube Königin Charlotte hatte das ihr zunächst an der Communiongrenze auf dem Hauptgange verliehene Feld oberhalb des Georgstollens längst abgebauet, und es waren in dieser Gegend die Nebengänge der Kron-Calenberger und Josuaer Gang früher von besonderen Gewerkschaften verfolgt.

Nachdem sie lange Zeit hindurch als ein wenig bedeutender Reservebau geruhet hatte, kam sie neuerlich sehr in Aufnahme, als sich bei der Durchtreibung der T. Wasserstrecke nach dem Hauptzuge jene Gänge bauwürdig gezeigt hatten.

Da ihr ein Tageschacht fehlt, der inwendige Schacht vom Georgstollen ab (124 L. unter Tage,) seit 1835 auf $72^1/_2$ L. niedergebracht ist, so benutzt sie zur Förderung der Erze die Wasserstrecke und den Georg-Wilhelmer Schacht, der Berge aber eine Hundsförderung und den Rheinische Weiner Schacht.

Ihre Erze bestehen wesentlich aus Kupferkies, und der Betrieb gewährt für die Zukunft höchst befriedigende Aussichten.

b. Rosenhöfer Zug.

Der Rosenhöfer Zug, auf dem jetzt nur noch die drei Königlichen Gruben Neuer Thurmrosenhof, Alter Segen und Silbersegen bauen, liegt am westlichen Ende der Stadt Clausthal.

Die Gänge erstrecken sich hier an den Gehängen des Pochthals in einer Länge von 600 L.

Zwischen den beiden äufsersten Gängen, welche das Erzfeld nach Süden und Südwest und nach Norden bis zu 140 L. Breite begrenzen, dem Thurmhöfer Gange und dem Liegenden oder Hinteren Alten Segener Gange, und nach dem Burgstädter Zuge zu östlich auseinanderstreichend, nach dem Einersberge und durch das Zellerfelder Thal westlich zusammenlaufend fortsetzen, befindet sich ein Netz von zehn bis zwölf einander zusetzenden, durchschneidenden und verwerfenden Gängen von sehr verschiedenem Streichen und Einfallen.

Die Mächtigkeit beträgt meistens nur 2 L. und steigt nur an den Schaarungspuncten auf 4 bis 6 L.

Die Erzmittel sind weniger zusammenhängend und der Gehalt der Bleierze bei 70 bis 75 Pfd. im Centner reinen Schliechs nur von $2^1/_2$ bis $2^3/_4$ Loth Silber im Centner Blei. Aufser dem Bleiglanz findet sich auch Bournonit und der in Menge vorkommende Spatheisenstein ist für die Verschmelzung der Burgstädter Erze von besonderem Werthe.

Einige jener Gänge, welche noch nach den hier ehemals bauenden Gruben die Namen Ziller und Braune Lilier Gang führen, scheinen das Feld nach Morgen zu gewisser Maſsen zu begrenzen.

Die Grube Thurm Rosenhof, die nächste bei der Stadt, ist seit 1600 aus den beiden vereinigten Gruben „Thurmhof" und „Rosenhof" entstanden und umfaſst auch die Felder der alten eingestellten Gruben. Die Baue der Grube Braune Lilie sind mittelst der Bohrmaschine vom Georgstollen her abgezapft.

Der („untere", im Gegensatze eines alten oberen) Schacht ist gröſsten Theils auf dem Rosenhöfer Gange, tiefer hinab aber nach einem bestimmten Winkel abgeteuft und das Gesenk steht in 281 L. Tiefe.

Das Feld ist im Wesentlichen ausgebauet und die Erze werden nur noch von tieferen Sohlen und von vereinzelten Puncten in oberer Höhe gewonnen, auf welchen letzteren auch eine Anzahl schwächerer Arbeiter beschäftigt wird.

Neuerlich sind in der Tiefe einige Erztrümmer erreicht, welche wieder für die Zukunft etwas Hoffnung gewähren.

Die hier seit 1841 vorgerichtete Fahrkunst wird auch von der Mannschaft der anderen beiden Gruben zum Ausfahren benutzt.

Abendwärts von dieser Grube bauet die Grube Alter Segen auf dem anfangs saigeren Altensegener oder Silbersegener Hauptgange von $^1/_8$ bis 1 L. Mächtigkeit und mehreren anderen Gängen und Trümmern.

Der Schacht ist auf jenem Gange bis auf 219$^4/_8$ L. Tiefe abgesenkt und nur theilweise verzimmert.

Die Erzbaue der Grube beschränken sich, nachdem das Feld in oberer Höhe beinahe ausgebauet ist, auf einzelne wenig erhebliche Betriebspuncte, welche indeſs nur zum geringen Theil in die Tiefe der Wasserstrecke fallen.

Ein in der Sohle der Tiefen Wasserstrecke lange fortgesetzter Versuch, das s. g. Lasfelder Ort, hat bei etwa 400 L. Länge keine Hoffnung mehr gelassen, aber es ist noch Aussicht vorhanden, einen in oberer Höhe bebaueten Nebengang in der Tiefe edel auszurichten.

Noch mehr westlich liegt die Grube Silbersegen, welche niemals Ausbeute gegeben und ebenfalls auf den Alten Segener oder Silbersegener Hauptgang und die Silbersegener Nebengänge oder Trümmer hingewiesen ist.

Früher benutzte sie den Altensegener Schacht, bis der Silbersegener Richtschacht abgesenkt war, dessen bei der T. Wasserstrecke schon erwähnt ist.

Im J. 1848 ist seine weitere Absenkung beschlossen; das Gesenk stand Ende 1849 in 201 L. Tiefe.

Der Schacht dient auch zum Heraustreiben der Erze der Königlichen Gruben des Burgstädter Zuges.

Die Erzbaue, welche nur geringe Aussicht gewähren, stehen in verschiedenen Tiefen, aber fast sämmtlich noch oberhalb der Wasserstrecke.

Die in diesem Reviere früher ausgeführte Lösung der alten Königer Baue, welche ehemals sich in bedeutende Tiefe erstreckt haben, ist ohne wesentlichen Erfolg gewesen.

Später wird vielleicht abendwärts vom Silbersegener Schachte ab die Untersuchung des Thurmhöfer Ganges bis an den Schaarungspunct mit dem Liegenden Alten Segener und dem Silbernaaler Hauptgange wieder aufgenommen werden, wenn nach der Vollendung des Ernst August Stollens hier noch neue Versuche rathsam erscheinen.

c. Silbernaaler Zug.

Westlich vom Rosenhöfer Zuge war auf dem Silbernaaler Zuge schon im Anfange des sechszehnten Jahrhunderts ein bedeutender Bau geführt und es hatte namentlich die Grube Haus Braunschweig vor etwa 200 Jahren beträchtliche Ausbeute gegeben.

Zur Wiedergewältigung der früher verlassenen Tiefbaue wurde 1689 der Laubhütter Stollen auf die Länge von 106 L. wieder aufgemacht und mit dem Anschlage auf 1800 L. Länge, 100,000 Thlr. Kosten und 50 Jahre bis 1719 zum Theil mit Hülfe eines oberen Stollens, auf 900 L. Länge fortgetrieben, bis der Wettermangel die Einstellung bewirkte.

Endlich wurde wegen des Zudranges der Wasser 1733 der Zug ganz eingestellt, dessen ausgedehnte Baue aus Villefosse (pl. 5.) bekannt sind.

Die Lösung dieser wichtigen Gruben durch den Georgstollen wurde von der Communion schon in den Verhandlungen über dessen Zulassung ins Auge gefafst und darüber in dem Stollenrecesse das Nähere bestimmt.

Als endlich der Stollen mit den Gruben der beiden Clausthaler Züge und des Hauptzuges durchschlägig geworden war, wurde zur Abkürzung der Wasserabführung ein Querschlag durch den Einersberg beschlossen, welcher zugleich die Silbernaaler Gänge durchfahren mufste.

Zu diesem Zwecke wurde 1810 sowohl ein Querschlag von dem Samueler Schachte angefangen, als auch ein Flügelort von II. Georgstollen Lichtloch auf 124 L. Länge getrieben, bis dieser Betrieb in Folge der Beschränkungen im J. 1817 eingestellt wurde.

Mit diesem Flügelorte war jedoch in 102 L. Entfernung vom Schachte der Silbernaaler Gang 15 L. mächtig angefahren, und es wurde nach der Verumbruchung dieses Schachtes 1821 ein Feldort zur Untersuchung des Ganges angesetzt und mit diesem schon in 73 L. Länge Erz getroffen.

Bei dem reichen Gehalte der Erze und dem grofsen, unverritzt vorliegenden Felde wurde der Betrieb sehr kräftig angegriffen. Die Lösung der alten Baue durch ein ohne Grundrisse angesetztes Bohrloch erfolgte zwar bei dem unerwarteten Durchbruche der durch das Eingehen eines alten Schachtes im Innerstebette verstärkten Wasser, und dem Hervorbrechen schlagender Wetter, mit grofser Gefahr, aber glücklicher Weise ohne erhebliche Beschädigung der Arbeiter.

Für den rasch sich ausdehnenden Bau wurde 1829 ein neuer Richtschacht, der Medingschacht, 15 L. im Hangenden und im festen Nebengestein von 5 Puncten gleichzeitig in Betrieb genommen und binnen zwei Jahren bis auf 63 L. Tiefe niedergebracht und mit Treib- und Kunstwerk versehen.

Später wurde der auf dem Gange liegende alte Haus Braunschweiger Schacht vom Tage nieder bis auf die Tagesrösche aufgemacht, um aus der Innerste die Betriebswasser für ein oberhalb des Georgstollens hängendes Kunstrad durch die alten Baue hineinschlagen zu können, nachher aber, als hier der Durchfluss stockte, ein Richtschacht von der Tagesrösche bis auf den Georgstollen von 1834 bis 1849 im Hangenden 214 L. tief abgesenkt.

In dieser Grube werden, so wie vom IV. Lichtloche des Georgstollens, von der Stollensohle und von der Tiefen Wasserstrecke aus mehrere Arbeiten zur Untersuchung des Silbernaaler und des Bergsterner Ganges u. a., nebst einer Strecke zur Untersuchung des Rosenhöfer Ganges betrieben.

Zu ähnlichem Zwecke ist vom V. Lichtloche in der Sohle des Stollens ein Querschlag 262 L. ins Liegende getrieben, aus welchem mit einem Feldorte aufgefahren wird.

Der Silbernaaler Gang, welcher mit dem Hauptquerschlage — wie früher mehrere nicht zu beachtende Gänge — in 100 L. Länge getroffen wurde und sich abendwärts taub zeigte, wurde nach Morgen zu in 180 L. Entfernung in grofser Mächtigkeit von Schwerspath und mit Erztrümmern getroffen.

Um diese Versuche, welche unter dem Namen „Neuer Bergstern" betrieben werden, nach einem gröfseren Plane ausführen zu können, ist seit 1846 jener Lichtschacht 50 L. tiefer bis auf die Sohle der T. Wasserstrecke abgesenkt.

d. Gegend von Grund.

Noch weiter nach Abend zu und getrennt von den übrigen oberharzischen Gruben liegt nahe an der Braunschweigschen Grenze am Todtemannsberge bei Grund die Grube Hülfe Gottes.

Sie bauet auf einem St. 8 streichenden, 80 bis 85° südlich fallenden Gange von 4—12 L. Mächtigkeit, der im kalkigen und gewöhnlichen Gangthonschiefer, Schwerspath etc. Bleiglanz und Kupferkies führt und in diesem Vorkommen dem Silbernaaler Gange ähnlich ist.

Ueber den ältesten Betrieb fehlen die Nachrichten, welche erst 1682 mit der Wiederaufnahme der Gewerkschaft Isaaks Tanne beginnen, die aber schon 1697 wieder eingestellt wurde. Sie wurde 1740 abermals wieder aufgenommen, mit der benachbarten Grube Hülfe Gottes vereinigt und der ganze Bau bei $29\frac{2}{8}$ L. Tiefe des letzteren Schachtes 1751 gänzlich eingestellt, weil es an Aufschlagewassern fehlte.

Der gute Erfolg der Grube Bergwerkswohlfahrt und der reiche Gehalt der hier gefundenen Erze veranlasste im J. 1831 einen neuen Versuch, der auf das günstigste ausfiel.

Auf der Stelle des alten, bis auf den Tagestollen auf dem Gange, 15 L., tiefer aber auf einem verkehrt fallenden Trumme geführten, Schachtes ist der neue Schacht seiger abgesenkt, und der Tagestollen von 260 L. Länge wiederaufgemacht, welcher im Schachte $14\frac{2}{8}$ L. einbringt.

Die weitere Absenkung des Schachtes und die rasche Ausdehnung des Baues, zu welcher die zum Theil in eines halben Lachters Mächtigkeit vorkommenden Erze von 8 bis 15 Loth Silber und 70 bis 76 Pfd. Blei aufforderten, wurde durch die Herbeiführung der Betriebswasser aus der Innerste möglich gemacht.

Diese werden an der Innerste gefasst, durch den Pelicaner oder den Schultestollen geführt und mittelst fallender und steigender Röhren durch das Gründnersche Thal bis auf die Grube geleitet *) und fliefsen zuletzt nach Windhausen ab.

Durch Schürfarbeiten, welche auch auf verschiedenen anderen Orten sehr günstigen Erfolg gehabt haben, sind hier mehrere Gänge bekannt geworden, welche in der Tiefe untersucht werden müssen.

Mit den in den ersten beiden Jahren verarbeiteten Erzen wurden auch etwa 200 Treiben Erz vom Prinz Regenten verpocht, und aus 64 und 62 Rösten, zusammen 426 Mrk. Silber und etwa 1060 Ctr. Blei geliefert.

Seitdem hat sich der Betrieb rasch so gehoben, wie es bei wenigen anderen Gruben des Harzes der Fall gewesen ist.

Die eben erwähnte Grube Prinz Regent war 1814 am Iberge durch den in einer Eisensteinsgrube getroffenen Anbruch von Bleiglanz veranlasst und hatte grössere Hoffnung erregt, als der Erfolg irgend rechtfertigte.

Der Schacht wurde bis auf die Sohle des alten Magdeburger Stollens, der herangetrieben und späterhin für den Eisensteinsbergbau der Gitteldeschen Eisenhütten verlängert wurde, 45 L. tief abgesenkt.

Damals glaubte man hier eine Fortsetzung des Rosenhöfer Gangzuges zu finden, besonders weil das Vorkommen von Erzen auch morgen- und abendwärts bekannt war, aber die Erze hielten nicht an, und die Förderung hörte schon 1817 wieder auf, welche überhaupt im Ganzen nur etwa 450 Treiben Erz von schwachem Silbergehalte betrug.

Von einem Versuchstollen, der morgenwärts in den gegenüberliegenden Berg, den Vofshai, getrieben und da-

---

*) Die Wasser werden durch eine 5404 L. lange Wasserleitung und 1453 Fufs lange, 1 Fufs weite Röhren mit 243 Fufs senkrechtem Fallen und 177 Fufs hohem Steigen herbeigeführt.

mals wieder aufgemacht wurde, scheint auch Nichts zu erwarten zu seyn.

e. Gegend von Zellerfeld und Wildemann.

Die westlich nahe bei Zellerfeld belegenen beiden Gruben „Ring und Silberschnur" und „Regenbogen" sind von dem ehemals sehr ausgedehnten Betriebe des Zellerfelder Hauptzuges noch übrig geblieben, an welche sich auf dem entgegengesenkten Puncte des Gangstriches nahe bei Wildemann der neue Hoffnungsbau der Grube Ernst August anschliesst.

Während vor etwa 60 Jahren auf diesem, damals schon sehr nachlassenden, Zuge noch fünf Gruben ungefähr 1500 Treiben Erz förderten, gewinnen jene beiden Gruben jetzt nur wenig mehr als die Hälfte.

Auf der Grube Ring und Silberschnur, wo der Rheinsche Weiner Schacht 244 L. tief ist, stehen die Hauptbaue in 175 bis 200 L. Tiefe, sind aber von geringerer Dauer, als die der Grube Regenbogen, deren Betrieb sich gröfsten Theils in noch mehrerer Tiefe befindet.

Der letzteren Grube gehören die durch den traurigen Grubenbrand von 1848 bekannt gewordenen beiden Schächte, der Schreibfeder Schacht von 205 L. und der Jungfrauer Schacht von 255 L. Tiefe.

Von dem Samueler Schacht der ehemaligen Grube Bleifeld wurden die Oerter des Georgstollens nach dem zweiten Lichtloche und nach den Gruben zur Bockswiese angesetzt, deren schon oben erwähnt ist.

Weiter westlich liegt der Haus Sachsener Schacht der bei der Betriebsbeschränkung von 1817 eingestellten Grube Neuer S. Joachim, der bis auf die neueste Zeit nur bis auf die Georgstollensohle offen war, bis in sein Gesenk (143 L.) aufgemacht und in Stand gesetzt, sodann aber für den Betrieb des Ernst August Stollens noch 23 L. bis auf dessen Sohle niedergebracht werden mufs.

Unmittelbar bei Wildemann ist 1844 der grofse Versuchbau der Grube Ernst August begonnen, welcher zunächst auf die Lösung der alten Grube „Deutscher Wildemann" berechnet ist, aufserdem aber zu umfassenden Gangunteruchungen dienen soll, zu denen der gute Silbergehalt der früher auf dem Dreizehn-Lachter-Stollen-Gange gewonnenen Erze und einige im Liegenden des Hauptganges getroffene Erztrümmer auffordern.

Gegenwärtig hat aber dieser vom Neunzehn-Lachter-Stollen ab angesetzte, bis auf 116 L. Tiefe abzusenkende, Schacht durch den veränderten Plan zur Durchtreibung des Ernst-August-Stollens vom Silbernaaler Zuge her eine grofse Wichtigkeit erlangt.

Beide Zwecke werden jetzt durch einen Querschlag nach jenen alten Bauen und durch weitere Absenkung des neuen Schachtes verfolgt, die Arbeiten aber durch starke Wasserzugänge im Gesenke sehr erschwert.

Noch mehr westlich, am andern Ufer der Innerste, wird am Spitzigen Berge zur Untersuchung des nach dem Iberge hin fortsetzenden, durch Erschürfung ausgemittelten, Hauptzuger Gangstriches ein Suchort getrieben, welches bei etwas mehr als 300 L. Länge noch fortgehen muss.

Ein anderes, mehr nördlich, im Hütschenthale angesetztes Suchort soll einen Theil des Hütschenthaler Gangzuges in seiner abendlichen Erstreckung untersuchen, hat aber bis jetzt zu Erzanbrüchen noch nicht geführt.

Für den Hütschenthaler Zug war schon 1552 ein 240 L. langer Stollen getrieben, der 50 L. Tiefe einbrachte.

Der Bau auf diesen Gängen, denen sich östlich die Spiegelthaler Gänge anschliefsen, hat zwar in dem Zeitraume von $17\frac{4}{8}\frac{7}{3}$, wo hier zuletzt wieder 8 verschiedene Gruben baueten, nur einen sehr geringen Ertrag geliefert, allein die Gruben scheinen nur wegen Betriebsschwierigkeiten eingestellt zu seyn und die Lage ist für gröſsere Hoffnungsbaue sehr günstig, sobald der Ernst August Stollen einen neuen Angriff erleichtern wird.

Auch auf den Spiegelthaler Gängen, für welche schon 1560 der Himmlische Heerzugsstollen angesetzt wurde, der bei 1200 L. Länge etwa 25 L. Tiefe einbrachte, hat von 18$\frac{17}{34}$ der Versuchbau der Grube Spiegelthals Hoffnung zu einer Aufschlieſsung bauwürdiger Gänge in der Sohle des Georg-Stollens nicht geführt, aber es wird hier bei der Durchtreibung des Ernst August Stollens nach dem Johann Friedrich Schachte eine neue Arbeit in gröſster Tiefe ohne Schwierigkeit auszuführen seyn.

f. Bockswieser Gänge.

Die Grube Herzog August und Johann Friedrich, welche, wie schon erwähnt, die Bockswieser Gänge bebauet, gehört jetzt zu den wichtigsten Betriebspuncten des Harzes und verdient deshalb, so wie wegen des Verhaltens ihrer Gänge, einer nähern Erwähnung.

Unter den Gängen, welche Kalkspath, Quarz, Bleiglanz, Blende und Kupferkies führen, sind der Auguster und der Pisthaler Gang die bedeutendsten, und es ist diesem Gangzuge das Auftreten von Kalkmassen (mit Calomopora gotlandica etc.) eigenthümlich, mit welchem die ausserordentlich starken Wassergänge in Beziehung stehen.

Der älteste Bau scheint hier vor etwa 200 Jahren mit der Grube Herzog August begonnen zu haben, welche eine Zeit lang Ausbeute zahlte, während die Grube Herzog Johann Friedrich wegen guter Aussichten 20 Jahre hindurch eine sehr beträchtliche Zubuſse bezog.

Die Lage und die starken Wasser veranlaſsten auſser mehreren Stollenanlagen auch die erste Anwendung der Wassersäulenmaschine.

Statt des 950 L. langen Grumbacher Stollens wurde etwa 60 L. tiefer der Lautenthaler Hoffnungsstollen 1747 angesetzt und nach manchen Unterbrechungen bis 1799 an den Herzog August und Johann Friedricher neuen Triebschacht 1469¼ L. lang fortgetrieben. *)

Neben dem Hauptschachte der Grube, dem Johann Friedricher Schacht von 217 L. Tiefe, dient der Herzog Auguster Schacht von 154 L. Tiefe wesentlich nur als Kunstschacht, und es bringt hier der Lautenthaler Hoffnungsstollen etwa 72 L. ein.

Bei wenigen Gruben des Oberharzes ist der Wechsel der Verhältnisse so mannichfach gewesen, als bei denen zur Bockswiese.

Noch während des Betriebes des Lautenthaler Hoffnungsstollens, dessen Ort von 1779 bis 1791 geruhet hatte, war die Heranbringung des T. Sachsenstollens, — welcher etwa 35 L. eingebracht haben würde — in Frage gekommen, nach dem Durchschlage jenes Stollens aber die Forttreibung des Georgstollens nach diesem Zuge begonnen.

Die Grube hatte, nach fast 50 Jahren des gänzlichen Erliegens, ungeachtet jener Hülfe, selbst noch in den letzten Jahren beträchtlichen Schaden gebauet, bis der Bau 1816 auf ein ergiebiges Erzmittel im Hangenden des Johann Friedricher Schachtes verlegt wurde.

Bald nachher, 2. Febr. 1817, wurde der Betrieb durch den etwa 60 L. unter Tage erfolgten Bruch des Johann Friedricher Schachtes gänzlich unterbrochen, wodurch ein Untersteiger und 10 Arbeiter das Leben verloren. **)

Schon im J. 1818 konnte der regelmäfsige Betrieb wieder angefangen werden und die Grube kam bald in einen so günstigen Zustand, dafs die Herantreibung des Georgstollens vom Samueler Schachte ab 1822 wieder aufgenommen werden durfte.

---

*) Gotthard, Beschreibung des Georg Stollens, Wernigerode, 1801, 8, S. 193.

**) Für die 9 Wittwen und 18 Waisen der Umgekommenen wurden von milden Beiträgen etwa 1800 Thlr. gesammelt.

Nach dem 1835 in 127½ L. Tiefe des Johann Friedricher Schachtes und 1618 L. Länge erfolgten zweiten Durchschlage des Stollens hat sich der Bau fortwährend ausgedehnt und in der lohnendsten Weise bewährt.

Für die ferneren Arbeiten nach Morgen zu ist der neue Richtschacht der Zellerfelder Hoffnung 640 L. östlich vom August Schachtseiger zwischen beiden Gängen bis auf den Lautenthaler Hoffnungstollen 81 L. tief abgesenkt und wird jetzt bis auf die Sohle des Georgstollens 38 L. weiter niedergebracht, so dafs demnächst in beiden Sohlen die im Liegenden und im Hangenden vorliegenden Gänge durch Querschläge untersucht werden können.

Der Ernst Auguststollen wird endlich den Zug in gröfster Tiefe lösen, indem er im Johann Friedrich Schachte 183 L. einbringen wird.

Dieses Grubenrevier ist jetzt mit allen Erfordernissen eines regelmäfsigen Betriebes, namentlich auch für die verbesserte Aufbereitung, versehen und beschäftigt hauptsächlich die Zellerfelder Arbeiter.

g. Lautenthaler Gänge.

Auch der Lautenthaler Bergbau ist sowohl wegen der Erzgänge und des Betriebes selbst, als wegen der durch die einbrechende Zinkblende erschwerten Aufbereitung und der Hütte von besonderem Interesse, welches noch durch die schon erwähnte Wassersäulenmaschine erhöhet wird.

Unter den Gängen dieses Hauptgangstriches, welche jetzt von der einen Grube Lautenthals Glück bebauet werden, sind der Leopolder Gang, der von ihm durch ein 60 L. mächtiges Bergmittel getrennte Lautenthals Glücker Gang und der mit dem letzteren ziemlich parallel streichende, im Morgenfelde sich vereinigende, Abendsterner Gang — welche dann den Leopolder Gang durchsetzen, — die wichtigsten.

Die Mächtigkeit der Gänge ist sehr ungleich, durchschnittlich von 1½ bis 1¼ L.

Sie führen Kalkspath, Blende, armen Bleiglanz, zum Theil auch etwas Kupferkies, der Lautenthals Glücker Gang besonders auch Quarz mit einem wohl ¼ L. mächtigen Bleiglanzvorkommen.

Der Bau scheint hier um 1580 begonnen zu haben und konnte sich bei der Oertlichkeit rasch ausdehnen; unter den Gruben hob sich die Grube Lautenthals Glück bald zur Ausbeute, welche bei guten Privilegien 1730 noch 50 Spthlr. in einem Quartal betrug.

Mit dem Jahre 1790 hörte diese Ausbeutezahlung, — die letzte in der Zeit der alten Communion — auf, und die Betriebserfolge blieben seitdem immer ungünstig.

Bei dem geringen Silbergehalte genügte schon 1814/16 eine Förderung von etwa 1200 Treiben für die Kosten nicht. Im Jahre 1816 war der Werth der Metalllieferung von 1450 Mk. Silber, 5160 Ctr. Blei, 1684 Ctr. Glötte und 288 Ctr. Kupfer bei den damaligen geringen Bleipreisen nur zu etwa 58,250 Thlr. anzunehmen, während die Betriebskosten einschliefslich der Hüttenkosten zu 24,000 Thlr. und des Magazinschadens zu 4000 Thlr. sich auf etwa 80,000 Thlr. beliefen.

Es wurde daher im Jahre 1817 mit Rücksicht auf die Schwierigkeiten des Baues und die vereinzelte Lage des Reviers die völlige Einstellung als unvermeidlich anerkannt. Um jedoch der Bevölkerung der Stadt den Erwerb noch etwas länger zu erhalten, wurde diese Mafsregel für die nächste Zeit auf die Tiefbaue beschränkt und für den Bau oberhalb der Saalzer Strecke, 66 L. unter dem Stollen, auf Ein Jahr der nöthige Zuschufs aus der Königl. Generalkasse selbst bewilligt.

Während die Wasser schon bis an jene Strecke stiegen, traten günstigere Preise des Bleies und des Getreides ein und ein wohlfeilerer Betrieb bei der Anwendung jeder

Ersparung gestattete eine Fortsetzung des Baues bis nach wenigen Jahren beträchtliche Erzmittel zum Theil in sehr geringer Höhe angehauen wurden.

Unter diesen Umständen durfte der schon aufgegebene Grubenbau im Betriebe bleiben, so lange es ohne erheblichen Schaden geschehen konnte.

Im Laufe von fast zwanzig Jahren hatte aber der Bau sich bis 1839 so sehr ausgedehnt, dafs bei bedeutendem Zuflusse und sehr schwieriger Gewältigung der Wasser die Arbeiten in der Tiefe nicht fortgesetzt werden konnten, ohne neue Kräfte für die Wasserhaltung herbeizuschaffen.

Damals, wie jetzt, bestand die Grube aus drei Revieren:

dem Schwarzen Grubener mit dem St. Jacober und dem Schwarzen Grubener Schachte von 150 und $157\frac{3}{8}$ L. Tiefe,

dem Mafsener Revier mit dem erst 1841 zu Tage ausgeführten, jetzt 205 L. tiefen, Schachte und dem 56 L. tiefen Kunstschachte, und

dem Güte des Herrner Reviere mit dem Güte des Herrner Schachte von jetzt 202 L. Tiefe und dem westlich von der Innerste belegenen Prinzessin Caroliner Schachte von 70 L. Tiefe.

Die Stollen bringen nur geringe Tiefe ein, und der nahe an der Innerste angesetzte tiefe Sachsenstollen bringt im Güte des Herrner Schachte nur $12\frac{1}{2}$, im Mafsner Hauptschachte 55, im Schwarzen Grubener Schachte 44 und im St. Jacober Schachte 35 L. ein, bei der Länge von 612 L., zu der früher eine jetzt zum Theil verbrochene Strecke von 97 L. nach den östlicheren Bauen hinzukam.

Bei diesen Verhältnissen des Baues und den vorhandenen Wassern empfahl sich zur Wahl der neuen Betriebskraft vorzugsweise eine Wassersäulenmaschine, deren Herstellung nebst der Niederbringung des nothwendigen neuen Schachtes zu 70,000 Thlr. veranschlagt wurde*).

---

*) Vergl. Notizbl. d. Archit. u. Ingen. Vereins f. d. K. Hannover III, 1.

Dieser 93½ L. tiefe „Güte des Herrner Richtschacht" wurde mit dem wegen der Unhaltbarkeit des Gebirges nöthigen Nebenschachte zur Aufstellung der Röhren neben der Maschine und den Strecken zur Herbeiführung der Grundwasser, zur Ableitung derselben und der Betriebswasser von etwa 300 L. Länge überhaupt in 7¼ Jahren vollendet, die Maschine selbst aber so ausgeführt, dafs sie im September 1849 in Gang gesetzt werden konnte.

Die Betriebswasser werden aus der Laute nebst den Zuflüssen des Lautenthaler Hoffnungsstollens durch einen 332 Ruthen langen Graben herbeigeführt und mittelst der am Bergabhange 340 Fufs, im Schachte und Nebenschachte aber 250 Fufs langen Röhren hinabgeleitet, um durch die untere Verbindungsstrecke unter den Treibkolben zu treten.

Die Einrichtungen der Maschine selbst stimmen mit denen der beiden Maschinen im Silbersegener Schacht überein, wie diese aus der Beschreibung des Erbauers der drei Maschinen, des jetzigen Herrn Bergraths Jordan zu Klausthal, (Archiv, Bd. X.) bekannt ist.

Der Treibcylinder steht nebst seinem Kolben, der Steuerungsvorrichtung und dem hier statt des Steuerhahns angewandten Regulator mit drei Kolben, um für das 378 Fufs lange Gestänge den Wasserbalancier zu bilden, 73⅓ Fufs unter der Stollensohle, bis auf welche das Gefälle vom Einschlagspunkte 331⅜ Fufs beträgt.

Die Grundwasser werden aus dem 40 Zoll unter der Streckensohle stehenden Reservoir 16 Fufs in der Saugröhre und dann in der Steigröhre 451 Fufs hoch bis auf den Stollen gefördert, wo sie abwechselnd mit den Betriebswassern der Hinterröhre abfliefsen.

Bei der freien Druckfläche des Treibcylinders von 3,1923 QF. und der Hublänge von 7⅓ Fufs werden an Aufschlagewassern einschliefslich derjenigen für die Steuerung 24,19 Cbf. für ein Spiel und für die beabsichtigte gröfste

Leistung von 4 Spielen in der Minute überhaupt 96,76 Cbf. erfordert.

Die ganze hydrostatische Lasthöhe beträgt 467 Fuſs, und es berechnet sich demnach der mechanische Nutzeffect bei der freien Fläche des Pumpkolbens von 1,5265 QF. mit einem Kolbenspiel zu 11,194 Cbf. (= 1,5265 × 7,3333) auf 65 Procent $\left(= \frac{467 \times 11}{331{,}666 \times 24{,}19}\right)$.

Es ist sehr zu wünschen, daſs man mit Hülfe dieser Maschine, welche sich vom Anfange an vollständig bewährt hat, den Lautenthaler Grubenbetrieb noch lange aufrecht erhalte, von dessen Hauptbauen der tiefste von 140 bis 165 L. unter der Hängebank des Güte des Herrner Schachtes, der höchste aber im Maſsener Reviere oberhalb der neuen Wasserstrecke stehen.

Im Allgemeinen sind aber die Aussichten nicht günstig, wenn nicht bald ein erfreulicher Erfolg die noch umgehenden Versucharbeiten belohnt und der begonnene Absatz der Zinkblende eine neue dauernde Einnahme gewährt. Ein baldiges Erliegen des Bergbaues mit seinem Pochwerks- und Silberhüttenbetriebe würde um so mehr zu beklagen seyn, als es in der Bergstadt mit etwa 230 Häusern und 2300 Einwohnern an einem anderen Erwerbe fast gänzlich fehlt.

h. Hahnenkleer Gänge.

Unter den **Hahnenkleer Gängen** schlieſst sich der Lautenthaler Hoffnungsgang oder das Liegende Trumm an den Lautenthaler Gangstrich an, und es wird dasselbe durch das mittlere Trumm mit dem hangenden Trumme verbunden. Auſser diesen Gängen setzen morgenwärts einige andere auf, deren Fortstreichen sich über die Goslar'sche Chaussee hinausstreckt.

Diese scheinen geringe Bauwürdigkeit gezeigt zu haben, aber auf den ersteren ist der Betrieb früh angefangen und oft unterbrochen, in dem letzten Viertel des siebenzehnten Jahrhunderts aber wohl mit dem günstigsten Erfolge begleitet gewesen.

Zuletzt wurde der Bau 1741 durch die beiden Gruben Theodore und Beständigkeit wieder aufgenommen, welche seit 1750 ziemlich günstig arbeiteten und noch 1779 veranlafsten, dafs statt des Hoffnungstollenortes nach der Bockswiese das Flügelort nach diesen Gruben bis 1791 betrieben wurde. Die aufserdem noch angefangenen drei Gruben gingen bald wieder ein, aber jene beiden bestanden bis zu der Einschränkung von 1817.

Ihre Förderung wird 130 bis 140 Treiben wenig überschritten haben, mit kaum einem halben Roste Schliech vom Treiben.

Im Jahre 1816 wurden bei einer Förderung von 104 Treiben und Schliechlieferung von 39 Rösten nur 130 Mk. Silber, 488 Ctr. Blei, 144 Ctr. Glötte und 3½ Ctr. Kupfer producirt, deren Werth damals zu etwa 4750 Thlr. ausgemittelt wurde, während die Betriebskosten und sonstigen Ausgaben sich auf mehr als 11,000 Thlr. beliefen.

Bei diesem grofsen Mifsverhältnisse und dem Mangel günstiger Aussichten wurde der Betrieb 1817 bei einer Beschäftigung von 42 Arbeitern eingestellt, obwohl die geringe Tiefe des Hauptschachtes von 113 L., in welchem der Lautenthaler Hoffnungstollen mit 1363 L. Länge schon 82 L. einbrachte, und die wenig bedeutenden Unterhaltungskosten zu einer Fortsetzung des Betriebes aufgefordert haben würden.

Da die Gruben nur wegen der ungenügenden Erzanbrüche verlassen wurden, der frühere Bau auch hinlänglichen Aufschlufs gegeben hat, so wird, wenn nicht ganz neue Umstände eintreten, auf diesen Gangstrich für die Zukunft nicht gerechnet werden dürfen.

i. Festenburg-Schulenberger Zug.

Der in der Richtung der Bockswieser Gänge östlich von der Goslar'schen Chaussee auf 1500 L. Länge in ähnlichem Verhalten streichende und fallende Festenburg-Schulenberger Gangstrich besteht ebenfalls aus mehreren Gängen, welche vorwaltend festen Quarz mit Bleiglanz und Kupferkies führen und zum Theil zu Tage aussetzen.

Auf dem abendwärts aufsetzenden Festenburger Gange baueten u. a. die Gruben Weifser Schwan und Kronenburgs Glück, welche vor etwa 120 Jahren Ausbeute gaben, auf dem Glücksräder Gange aber die durch ihre Bleispäthe bekannte Grube Glücksrad, deren Schacht nebst dem der Grube Gelbe Lilie auf dem Schulenberger Gange lag.

Für die Festenburger Gruben war der 1721 eingestellte Stollen unterhalb des Schalker Teiches, für den ganzen Zug aber der Schulenberger Stollen am Weifsen-Wasser angesetzt, welcher mehr als 1200 L. Länge erreichte.

Diese jetzt längst eingestellten Gruben förderten nebst dem St. Urban und der Juliane Sophie im Jahre 1789 noch 390 L. Treiben Erz, aber seit 1812, wo durch den Bruch des Stollens zwei Arbeiter lebendig begraben wurden, hat sich der ganze Betrieb auf die Grube Juliane Sophie mit einem eigenen Pochwerke beschränkt.

Diese Grube hatte schon lange beträchtlichen Schaden gebauet und man beschränkte daher 1816 den Betrieb auf einen Punkt zur Vorrichtung und zu einem Versuche, welcher aber so günstig ausfiel, dafs die Erzförderung schon 1818 wieder begonnen werden konnte. Sie bauet auf zwei, in ihrer Vereinigung abendwärts den Schulenberger Hauptgang bildenden Trümmern, dem liegenden, wo lange ein bedeutender Abbau geführt war, und dem hangenden, welches früher in oberer Höhe und noch neuerlich in der Tiefe die Erze geliefert hat.

Ganz vor Kurzem ist der Bau auch auf den Herzog August Wilhelmer Gang vorgerückt, auf welchem der Stollen getrieben, der zur Untersuchung des Feldes abendwärts noch fortgeführt wird.

In Folge dieser anscheinend sehr günstigen Veränderung rechtfertigt sich die fernere Absenkung des 134 L. tiefen Schachtes um noch 20 L., damit bei der Hülfe zweier Wasserkünste und jenes aufgemachten und in 14 L. Tiefe herangetriebenen Stollens die Untersuchung dieses Ganges zweckmäfsig vorgenommen werden kann.

Sollte dieser neue Betrieb günstig ausfallen, so würde die Grube noch fortbestehen können, welche im entgegengesetzten Falle bei dem lange dauernden Schadenbau eingestellt werden mufs, so wichtig sie auch für die kleinen Bergorte Ober- und Unter-Schulenberg — letzteres ehemals die Hütte — noch ist.

Es ist aber zu hoffen, dafs die von der Bockswiese her fortzusetzenden Versuche auf dem abendlichen Felde der Gänge wieder einen Bergbau hervorrufen.

Aufser den bisher genannten Grubenrevieren und den darin umgehenden oder in ihrer Nähe betriebenen Versuchbauen mufs auch, abgesehen von geringeren Versuchen an anderen während der Communion zum Theil streitigen Punkten, noch einiger Gänge erwähnt werden, auf welchen früher wirklich Baue oder bedeutende Versuche statt gefunden haben.

k. Gemkenthal und Umgegend.

Zunächst bei der Grube Juliane Sophie setzen etwa 700 L. im Liegenden des Schulenberger Gangzuges östlich von der Oker die Gemkenthaler Gänge auf.

Auf diesen sind 1721, 1737 und 1739 die Gruben Neuer St. Johannes, Herzog Karl und Gottes Glück aufgenommen, statt der letzteren aber nach etwa 50jährigem Stillstande neue Baue unter den Namen „Medings Glück" und „König Hieronymus" wieder angefangen, zuletzt aber die Grube „König Georg" von 1814 bis 1817 und zwar mit 121$\frac{17}{24}$ herrschaftlichen und $\frac{7}{8}$ anderen Kuxen mit 1$\frac{1}{2}$ Thlr. quartaliger Zubufse betrieben.

Auch aus der Zeit dieses letzten Betriebes sind die Gänge nur ungenügend bekannt.

Mit dem Baue wurde damals die Benutzung des auf dem Gottes Glücker Gange 210 L. fortgetriebenen Stollens und die Niederbringung des auf dem Schaarungspunkte (?) zwei edler Trümmer liegenden 32 L. tiefen Schachtes beabsichtigt, welcher von dem Tagestollen ab 12$\frac{7}{8}$ L. zu Tage ausgeführt werden sollte, um ein Treibwerk anlegen zu können.

Wegen unverhältnifsmäfsiger Kosten und nicht hinlänglich begründeter Hoffnung eines günstigen Erfolges wurde der Betrieb 1817 eingestellt, nachdem der Schacht etwa 6 L. vom Tage ab niedergebracht war.

Im Ganzen wurden etwa 166 Treiben Erz, — Kupferkies — gefördert und 50 Röste Schliech geliefert, aus denen 1 Mk. Silber, 280 Ctr. Kupfer und 5$\frac{1}{4}$ Ctr. Glötte erfolgten.

Die Bergkosten beliefen sich in 6 Jahren auf ungefähr 21,000 Thlr., zu denen an Pochkosten und Hüttenkosten noch 1160 Thlr. und fast 1700 Thlr. hinzu kamen, so dafs überhaupt etwa 24,000 Thlr. verwendet wurden.

Bei diesen Umständen werden für etwaige fernere Versuche auf diesem entlegenen Punkte allgemeine Gründe besonders in Betracht gezogen werden müssen, namentlich wenn nach der Vollendung des Ernst August Stollens gröfsere Arbeitskräfte zur Verfügung stehen werden.

Ueberhaupt wird für die mehr nördlich von Zellerfeld belegene Gegend der Erfolg der in östlicher Richtung von der Zellerfelder Hoffnung ab betriebenen Arbeiten, besonders auch wegen der über den Festenburg-Schulenberger Zug zu erwartenden Aufschlüsse, von entscheidender Wichtigkeit sein.

Von Zellerfeld und Clausthal bis an den Bruchberg kommen die Haus Herzberger Gänge, die Gänge im Mönchsthale, am Dietrichsberge und bei Altenau in Betracht.

l. Haus Herzberger Zug.

Von den Haus Herzberger Gängen nahe östlich von Zellerfeld ist schon vor 250 Jahren, zuletzt aber vor etwa 180 Jahren, noch Ausbeute erfolgt.

Aufser dem von Morgen her in kurzer Länge herangetriebenen Stollen „aus der Lange", der in den Schächten der sechs alten Gruben 20 bis 22 L. einbrachte, sind auch der Frankenscharner Stollen bis auf etwas mehr als die doppelte Tiefe und ein Ort aus dem Neunzehn Lachter zur Hülfe genommen, für einen tieferen Bau aber doch nicht genügend gewesen.

Da ein eigentlicher Tiefbau nicht statt gefunden hat, die Gruben aber, als sie 1726 der Grundwasser wegen eingestellt worden, mit „schönen Erzanbrüchen" verlassen seyn sollen, so scheinen diese Gänge auch für den neuen Stollen mit in Rechnung gezogen und wieder angegriffen werden zu müssen, so bald nach seiner Vollendung die Wassergefälle für die Gegend des oberen Burgstädter Zuges zu entbehren seyn werden.

Auf einen Bau auf den Gängen im Mönchsthal wird dagegen keine Hoffnung gesetzt werden dürfen, nachdem hier die Grube Franz August mit einem 132 L. langen Stollen und einem 70 L. tiefen Schachte mit Beharrlichkeit von 1813 bis 1844 ohne allen Erfolg betrieben ist.

Oestlich vom Franz August sind am Dietrichsberge etc. verschiedene Versuche vor etwa 100 Jahren angefangen, unter denen die Schächte der Grube „Prinzessin Marie" und „Neuer St. Andreas und König Balthasar" etwa 50 und 40 L. Tiefe erreicht haben und in etwa 40 L. Tiefe von dem Segen Gottes Tiefen Stollen gelöset werden konnten, welcher zwischen Altenau und der Silberhütte an der Oker für eine beträchtliche Länge angesetzt war. Inwiefern diese Versuche wieder aufgenommen zu werden verdienen, wird noch näher ausgemittelt werden müssen, ehe in dieser Gegend irgend Etwas geschieht.

m. Bergbau bei Altenau und östlich von Clausthal.

Unmittelbar oberhalb der Bergstadt Altenau ist zu verschiedenen Zeiten, zuerst wohl von 1606 bis 1615, zuletzt aber von 1668 bis 1768, ein ziemlich ausgedehnter Bergbau in zwei Revieren betrieben, welche jedes einen tiefen Stollen hatten.

Im Schulthaler Reviere wurden mit Hülfe des Schulthaler Stollens von überhaupt 1060 L. Länge die Gruben Kaiserkrone, Silberlilie und Altenauer Glück auf zwei Gängen bis auf 30 und 61 L. Tiefe gebauet, ohne ihre Kosten irgend zu decken, und der Betrieb soll eingestellt seyn, weil der Stollen nahe an der Communion Grenze in quarziges Gestein gekommen. Vor etwa 33 Jahren wurde die Wiederaufnahme, welche von den Bergleuten etc. zu Altenau gewünscht wurde, für unrathsam gehalten.

Noch bedeutender war der Bau der Gruben Schatzkammer etc. an der Oker, bis zu 125 L. Tiefe, für welche der tiefe Stollen am Zusammenflusse des Rothenbaches angesetzt war und die Länge von 740 L. erreichte. Die stärkste Förderung von 1¼ Treiben wöchentlich, welche je einen Rost Schliech schütteten, vermochte ebenfalls nicht, den Bau aufrecht zu erhalten.

Da diese ausgedehnten Versuchbaue sehr regelmäfsig geführt zu seyn scheinen, so werden bei dem geringen Silbergehalte der Erze, welche in kurzen Mitteln in Thonschiefer mit vielem Quarz und wenigem Kalkspath einbrachen, für die Zukunft auch diese Gänge keine Hoffnung erregen dürfen.

Sowohl in der Streichungslinie des Burgstädter

Hauptganges, als zur Untersuchung des Rosenbüscher Ganges etc. selbstständig und von den Burgstädter Bauen ab sind verschiedene Versuche unternommen und zum Theil auf bedeutende Längen fortgesetzt. Diese Oerter und Querschläge, unter andern neuerlich die der Grube Gabe Gottes und Rosenbusch, das Kranicher Ort, die Fortuner Oerter und die Neue Fortune, mit welcher das Cron Calenberger Suchort in Verbindung steht, von mehr als 2000 L. Länge, sind zwar bis jetzt ohne Erfolg geblieben, aber es wird dennoch wohl die Hoffnung noch nicht ganz aufzugeben seyn, auch aufserhalb der bisher bebaueten Gangstriche noch lohnende Gänge oder Trümmer anzufahren.

n. Gegend von Andreasberg.

Mit dem tiefsten Stollen für den Bergbau diesseits des Bruchberges steht zwar der Betrieb des Andreasberger Bezirkes nicht in unmittelbarer Beziehung, aber da alle Theile des Oberharzischen Silberbergwerkshaushaltes ein ungetrenntes Ganze bilden, so mufs hier auch der Gruben und Versuche dieses abgesonderten Bezirkes kurz erwähnt werden.

Hier sind die beiden gewerkschaftlichen Gruben Samson nebst Felicitas und Katharina Neufang bei Weitem die wichtigsten und es lehnen sich an sie gewisser Mafsen die Königlichen Gruben Gnade Gottes, Abendröthe und Bergmannstrost nur an, indem sie auf demselben Gange bauen, aber zusammen kaum die Hälfte des bisherigen Betriebes der Grube Samson erreichen.

Unter den fünf Schächten dieser Gruben ist der der Grube Samson mit 412 L. der tiefste am Harze, in welchem der Sieberstollen 104 L. einbringt.

Eine Bleigewinnung findet eigentlich nur auf der Grube Abendröthe statt, während die übrigen Gruben im Wesentlichen nur silberhaltige Erze gewinnen.

Oestlich von der Stadt steht, wie oben schon erwähnt, nur die Grube Andreas Kreuz im Betriebe, mit einem 254 L. tiefen Schachte, in dem der Sieberstollen 76 Lachter einbringt.

Die Grube liegt getrennt von den übrigen Gruben und bauet zum Theil auf anderen Gängen. Ihre Erze sind im Ganzen weit weniger silberreich, doch wurden vor etwas länger als zwanzig Jahren auch ungewöhnlich reiche Erze getroffen.

Die Gesammtproduktion des Andreasberger Bergbaues hat während der letzten 30 Jahre sehr abgenommen.

Unter den Ausrichtungsarbeiten sind im Andreasberger Bezirke mehrere auf das Ueberbrechen der „Ruscheln" oder tauben Gänge gerichtet gewesen, welche die Erzgänge selbst oder wenigstens ihre Edelkeit ganz oder zum Theil abschneiden.

Ein selbstständiger Versuch wurde seit 1841 zur Untersuchung des Wennsglückter und anderer vorliegenden Gänge in 89 L. Tiefe vom Samsoner Schacht nach der Dorothee zu morgenwärts betrieben, ist aber 1850 wieder eingestellt.

Westlich von der Bergstadt Andreasberg ist am östlichen Ufer der Oder nach früheren Versuchen seit 1756 mittelst des tiefen Oderstollens ein ziemlich bedeutender Bau geführt, der bis 1783 fortgesetzt, 1786 aber ganz aufgegeben wurde.

Der Stollen, „das Redensglücker Ort im Oderthale" wurde 1813 bei 187 L. Länge wieder aufgenommen und bis 1826 auf 455 L. fortgebracht. In dieser Zeit wurden im Ganzen 142 L. auf verschiedenen Gängen ausgelängt, welche sich unbauwürdig zeigten, aber unter andern Gelbe Blende und schöne Kalkspäthe lieferten.

o. Gegend von Lauterberg.

Da die Lauterberger Gruben, wie schon angegeben, gänzlich ausgebauet sind, so findet in dieser Gegend seit 1826 nur noch ein Versuchbau statt.

Einer der seitdem angefangenen Versuche wurde im Louise Christiane Richtschachte in der Sohle des Stollens, 32 L. tief, angesetzt, um den etwa 1200 L. entfernt liegenden mächtigen Wolkenhügler Gang zu untersuchen.

Späterhin wurden diese Arbeiten mit einem Gegenorte aus einem neuen 49 L. tief abgesenkten Richtschachte am Klingenthalskopfe zur Untersuchung eines dort entdeckten, gute Kupfererze führenden, Ganges kräftiger betrieben, aber sie sind bis jetzt noch nicht weit genug vorgerückt.

Noch etwa 100 L. vor dem Wolkenhügler Gange wird der Schadenbecker Gang angefahren werden, auf dem früher am Schadenbeckskopfe Bergbau auf Blei und Silber betrieben ist.

So wenig erfreulich auch bisher diese — wie andre bei Lauterberg betriebene — Versuche ausgefallen sind, so werden sie doch bei der Wichtigkeit, welche ein günstiger Erfolg für die Gegend haben würde, bis dahin fortgesetzt werden müssen, daſs das Verhalten der vorliegenden Gänge näher aufgeklärt ist.

p. Die Versuche überhaupt.

Eine nähere Aufzählung der in der Zeit seit 1813 ausgeführten Versuche würde diese Uebersicht des Grubenhaushaltes allerdings vervollständigen, aber den Raum dieser Blätter überschreiten. Es sollen jedoch wenigstens die Gesammtbeträge angegeben werden, welche für diesen wichtigen Zweig eines so ausgedehnten Gangbergbaues seit der Wiederherstellung der rechtmäſsigen Regierung verwendet sind.

In den östlichen Clausthaler Revieren sind

a) von der Grube Gabe Gottes und Rosenbusch von 18$\frac{14}{48}$	36,617 Thlr.
b) von den übrigen gewerkschaftl. Gruben des Burgstädter Zuges	600 -

c) von den dasigen Königlichen Gruben . 6,600 Thlr.
d) für das Kranicher Ort 18$\frac{33}{48}$ . . . . 10,486 -
e) für die Fortuner Oerter 18$\frac{36}{47}$ . . . 29,922 -
f) bei der Grube Franz August 18$\frac{13}{44}$ . . 46,186 -
verwendet.

In den westlich von Clausthal selbst belegenen Gangstrichen etc. bis an die Braunschweigsche Grenze sind
a) im Rosenhöfer Reviere von 18$\frac{30}{49}$ . . 100,717 Thlr.
b) für den Silbernaaler Gang . . . . 92,358 -
c) für die Versuche vom Georgstollen aus 63,403 -
d) für den Pelicaner (Schulte) Stollen 18$\frac{34}{38}$ 22,022 -
e) für die Grube Prinz Regent 18$\frac{15}{39}$ . . 21,046 -
f) für die Grube Hülfe Gottes 18$\frac{35}{49}$ . . 48,200 -
in dem übrigen Zellerfelder Bezirke aber
a) für den Zellerfelder Hauptzug und seine Umgegend 18$\frac{35}{49}$ . . . . 59,820 -
b) für die Grube Ernst August 18$\frac{44}{49}$ . . 21,317 -
c) für die Grube Spiegelthals Hoffnung 18$\frac{17}{34}$ 91,910 -
d) bei den Bockswieser Bauen 18$\frac{35}{49}$ . . 82,412 -
e) in Lautenthal von 18$\frac{29}{49}$ . . . . . . 23,183 -
f) bei der Grube Juliane Sophie 18$\frac{35}{49}$. 25,700 -
g) für die Grube König Georg im Gemkenthale 18$\frac{14}{17}$ . . . . 12,000 -
zur Ausgabe gekommen.

Endlich sind im Andreasberger Bezirke von 18$\frac{35}{49}$
a) von den gewerkschaftlichen Gruben . 33,850 Thlr.
b) von den Königl. Gruben des inwendigen Zuges . . . . 5,256 -
c) bei dem Dorotheer Versuchbaue . . . 9,452 -
d) von der Grube Andreas-Kreuz . . . 11,058 -
f) für das Redensglücker Ort oder den Oderstollen aber von 18$\frac{14}{26}$ . . . . 11,500 -
g) in der Gegend von Lauterberg 18$\frac{35}{49}$. 51,743 -
verwendet.

Aufser diesen Summen sind für Versuche in dem Zeitraume von $18\frac{14}{34}$ noch andere hier nicht näher anzugebende Beträge verausgabt, so dafs die Annahme einer Million für die Zeit von $18\frac{14}{49}$ überhaupt nicht zu hoch seyn wird.

Von jenen Ausgaben fallen im Ganzen auf die vollendeten oder aufgegebenen Baue etc. etwa 250,000 Thlr. auf die Versuche bei den Gruben etwa 220,000 Thlr., auf die noch fortgehenden Arbeiten aber ungefähr 450,000 Thlr. In den letzten 15 Jahren $18\frac{35}{49}$ sind durchschnittlich etwa 40,000 Thlr. verwendet.

Diese Verwendungen sind mit etwa einem Zehntel von noch wirklich gewerkschaftlichen Gruben, mit etwa 3 Zehnteln von der Bergbaucasse, aufserdem aber auf Rechnung der Königlichen Gruben und Stollen als solcher und für selbstständige Baue und Versuche von der Zehntcasse unmittelbar bestritten.

Abgesehen von der Nothwendigkeit solcher Versuche und von den für die gewerkschaftlichen und einzelne Königlichen Gruben erlangten Vortheilen verdient es hervorgehoben zu werden, dafs die gelungenen Baue der Gruben Bergwerkswohlfahrt, Hülfe Gottes und zu Bockswiese allein schon jene Kosten längst wieder der Zehntcasse ersetzt haben und dafs einzelne jener grofsen Ausführungen als Hülfsanlagen oder Vorarbeiten für die Zukunft von bleibendem Werthe sind.

2. Der Metallerfolg.

Nach allen Umständen ist mit grofser Wahrscheinlichkeit zu hoffen, dafs mehrere der wichtigeren Versuche noch von einem günstigen Erfolge begleitet sein werden. Auf den jetzt im Bau stehenden Gruben dürfen aber sowohl die für den Abbau noch nicht vorgerichteten Erzmittel, als die noch in gröfster Tiefe zu gewinnenden Erze mit Zuversicht als schon bereit liegende Mittel zur

Verlängerung des jetzt betriebenen Bergbaues in Betracht gezogen werden, obgleich es freilich an jedem Anhalten zu einer — auch nur überschläglichen — Annahme fehlt.

Es wird dagegen genügen, dafs nach einer auf Messungen und Ueberschlägen gegründeten Ausmittelung in den beiden Bergbezirken von Clausthal und Zellerfeld die bereits ausgerichteten Erzmittel eine Förderung von zusammen mehr als 200,000 Treiben Erz zulassen.

Nach den Berechnungen für die einzelnen Reviere und Gruben würde von dieser Erzmenge eine Schliechlieferung von fast 150,000 Rösten erfolgen, welche eine Metallproduktion von sehr nahe

1,200,000 Mrk. Silber,
3,000,000 Ctr. Blei und
55,000 - Kupfer

mit einem durchschnittlichen Gesammtwerthe von etwa fünf und zwanzig Millionen Thaler ergeben würde.

Von dieser Metallproduktion fallen auf den Clausthaler Bezirk von dem Silber etwa drei Viertel, von dem Blei und Kupfer aber fast neun Zehntel. Im Ganzen genommen werden von der Erzmenge etwa drei Fünftel während des Stollenbetriebes zum Abbaue gelangen, und also nach seiner Vollendung von den jetzt schon ausgerichteten Mitteln noch die Gewinnung eines Metallwerthes von etwa acht Millionen übrig bleiben.

3. Die Aufbereitung.

Auf das wirkliche Ausbringen der Metalle aus jenen schon zum Abbaue vorliegenden und den noch auszurichtenden Erzmitteln ist aber die ausgeführte Verbesserung der Aufbereitung in mehrfacher Hinsicht von dem entscheidendsten Einflusse, indem sich gegen die Zeit im Anfange des Jahrhunderts gerade in dieser Beziehung die Verhältnisse aufserordentlich verändert haben.

Damals erfolgten die Erze hauptsächlich von der grofsen Lagerstätte auf dem oberen Burgstädter Zuge in verhältnifsmäfsig sehr reinen Massen, deren Aufbereitung ohne Schwierigkeit geschehen konnte.

Gegenwärtig aber ist auf einen solchen Betrieb jener Gruben, wie sie ihn im Verhältnisse zu der Gesammtproduction vor etwa funfzig Jahren führen konnten und später unter dem Drucke der Fremdherrschaft führen mufsten, nicht zu rechnen, weil das Bestreben der Verwaltung vielmehr dahin gerichtet sein mufs, diese Gruben noch möglichst lange im geordneten Betriebe zu erhalten und dagegen eine entsprechende Erzförderung auch von den übrigen Revieren zu beschaffen.

Bei diesem Betriebe kommt es jetzt wesentlich darauf an, ein grofses Haufwerk mit mäfsigen Kosten zu verarbeiten, auf der anderen Seite aber bei dem höheren Silbergehalte der Erze der neueren Gruben Bergwerkswohlfahrt und Hülfe Gottes den Metallverlust möglichst zu verringern.

In dieser Beziehung war, wie namentlich aus den Aufsätzen von 1837 bekannt ist, durch eine verbesserte Aufbereitung sehr Vieles gewonnen, allein diese Vortheile wurden in der neueren Zeit sehr dadurch vermindert, dafs in den tieferen Bauen die gröfseren Erzmittel nachliefsen und der Schliechgehalt der Erzmassen selbst abnahm, deshalb aber bei gleicher Röstelieferung eine bedeutende Vermehrung der Aufbereitungsarbeiten unvermeidlich wurde.

Es müssen aus diesem Grunde der Zeitraum vor der durchgreifenden Verbesserung des Betriebes der Aufbereitung, die ersten 10 Jahre der vervollkommneten Arbeit während des günstigen Erfolges der Erzgewinnung und der neueste Zustand, in welchem jene Abnahme der Erze in den Gruben überwiegend einwirkt, für die Haushaltsführung des Ganzen unterschieden werden.

Für den ersten Zeitraum kann nach den von Villefosse,

(II, 148ff.) mitgetheilten Angaben die Zeit um das Jahr 1805 für den Clausthaler Bergbezirk zum Anhalten genommen werden.

Aus 4381 Treiben und 3712 Rösten erfolgten auf der Clausthaler und Altenauer Hütte

20,860 Mrk. Silber,
43,767 Ctr. Blei und
60 - Kupfer

mit dem Durchschnittswerthe von ungefähr 512,000 Thlr.

Ein Treiben Erz hat also etwa 0,85 Röste Schliech und einen Geldwerth von sehr nahe 117 Thlr. geliefert, ein Rost Schliech 47 Tonnen Erz erfordert; von der Förderung erfolgten 12,7 Proc. an Schliech und zwar 5 Proc. an Stuffschliech.

Um jene Zeit wurden zwei Stuffpochwerke, zwei Erzwäschen, 25 Pochwerke mit 159 Stempeln und 4 Schlammwäschen mit 633 Arbeitern betrieben.

Etwa zehn Jahre später war der Erzverbrauch auf einen Rost Schliech unbeträchtlich höher, indem er sich $18\frac{1}{1}\frac{4}{7}$ auf $48\frac{1}{3}$ Tonnen belief, allein es konnten wegen der Förderung besserer Erze und der Aushaltung von Berg auf den Halden 1818 zwei Pochwerke an der Innerste eingestellt werden. Das Verhältnifs wurde allmälig günstiger, so dafs 1824 auf einen Rost nur 38,6 Tonnen, 1825 aber nur 37,8 Tonnen fielen.

In Folge der hierauf ausgeführten Verbesserung des Aufbereitungsbetriebes durch die sorgfältigere Scheidearbeit, das Röschpochen, die Walzwerke und die Setzarbeit u. s. w. stieg das Ausbringen in solcher Weise, dafs auf einen Rost Schliech im Jahre 1834 nicht völlig 31,7 Tonnen, im Jahre 1835 aber nur 30,5 Tonnen verbraucht wurden.

Von $18\frac{3}{3}\frac{6}{8}$ war das Verhältnifs schon etwas weniger günstig, 34 Tonnen, aber von $18\frac{3}{4}\frac{9}{2}$ stieg es schon wieder auf 38,6 und von $18\frac{4}{4}\frac{3}{5}$ sogar auf etwa 52 Tonnen für den Rost, welches im Wesentlichen darin seinen Grund

10 *

hat, dafs die früheren reichen Erzbaue nachliefsen und der Ausfall von den Königl. Gruben nicht gedeckt werden konnte.

Im Zellerfelder Bezirke sind solche allgemeine Vergleichungen wegen der Verschiedenheit der Grubenreviere zwar weniger zutreffend, aber es stellt sich ebenfalls heraus, dafs der Schliechfall gegen die Zeit von 1842 in den neueren Jahren um etwa ein Viertel — von 52 Tonnen auf fast 65 Tonnen — sich verringert hat.

Bei diesem Verhalten der Erzbaue ist es sehr wichtig, dafs Alles ferner aufgeboten werde, um die Aufbereitung noch weiter zu vervollkommnen, sei es durch Anwendung der Rittinger'schen Spitzkasten oder auf andere Weise.

Für diesen Zweck wird aber ganz besonders die Art der Arbeit ins Auge gefafst werden müssen, indem die verstärkte Anzahl der Pochknaben, welche 1837 als ein grofser Gewinn betrachtet werden mogte, allmälig so angewachsen ist, dafs die Folgen des veränderten Betriebes jetzt den Haushalt im Grofsen mittelbar sehr gefährden.

In beiden Bezirken waren in den verschiedenen Revieren und den Stuffpochwerken auf den drei Hütten

1805 in 41 Pochwerken und Erzwäschen und 6 Schlammwäschen mit 270 Stempeln etwa 1000 Arbeiter

1830 in 33 Pochwerken, 6 Erzwäschen und Schlammwäschen mit etwa 230 Stempeln mit fast genau 900 Arbeitern

beschäftigt, und dieses Personal belief sich 1834 auf etwa 70 Aufseher und 1200 Arbeiter.

Diese Zahl stieg schon 1840 auf mehr als 1400 und ist in einzelnen Jahren wohl wieder etwas verringert, meistens aber in diesem Stande geblieben.

Unter diesen Umständen wird gerade eine Verringerung des Personals, — wie schon oben angedeutet ist, — sowohl zum Besten der Knappschaft als zur Erleichterung des Haushalts selbst sehr wünschenswerth sein, aber es läfst sich gegenwärtig, wo wesentliche Verbesserungen beginnen, darüber noch Nichts mittheilen.

4. Hüttenbetrieb.

Nach den genauen Angaben, welche vor Kurzem von Hrn. Kerl über den Oberharzischen Hüttenprocefs mitgetheilt sind, werden hier einige Bemerkungen über die Betriebsverhältnisse der vier Silberhütten und ihre Production während der letzten Jahre genügen.

Auf der Andreasberger Hütte, welche nur die Erze der dortigen Gruben verarbeitet, befinden sich aufser dem mit dem Thonschieferpochwerke verbundenen Stuffpochwerke und einem Krätzpochwerke zwei Schmelzhütten, eine Treibhütte und eine Arsenikhütte nebst einem Arsenikraffinirhause, ein Schliechmagazin und einige Schoppen und zwei Dienstwohnungen.

Die Zahl der Arbeiter beläuft sich einschliefslich von 13 Pocharbeitern etwa auf 50 unter 3 Aufsehern.

Nach der Beschaffenheit der Erze ist die Production an andern Metallen aufser dem Silber von geringer Erheblichkeit, und es werden durchschnittlich 300 Röste verschmolzen.

Es erfolgten

$18\frac{42}{43}$	7155 Mrk. Silber,	935 Ctr. Blei,	55 Ctr. Kupfer
$18\frac{45}{46}$	6260 - -	900 - -	130 - -

Eine Verwendung an Cokes findet auf dieser Hütte nicht statt, und es werden durchschnittlich etwa 25,000 Mafs Kohlen, 500 Malter Rösteholz, 1100 Schock Waasen und 1200 Ctr. Eisengranalien verbraucht.

Bei diesem schwachen Betriebe ist es nicht unwahrscheinlich, dafs die Erze des Andreasberger Bezirkes wohlfeiler als auf dieser Hütte, deren Ausgaben sich durchschnittlich auf 25,000 Thlr. belaufen, auf der Altenauer Hütte verschmolzen werden können.

Aus gleichem Grunde kann sich später eine Einstellung der Lautenthaler Hütte empfehlen, wenn die dasigen Gruben früher als gehofft wird, in ihren Anbrüchen nachlassen sollten.

Diese Hütte besteht aufser einem Pochwerke für die verschiedenen Zwecke aus einer Schmelzhütte, drei Rösthäusern, einer Treibhütte und einer Kupferhütte nebst einem Schliechmagazine, den Schoppen und Dienstwohnungen und beschäftigt unter 5 Aufsehern etwa 120 Arbeiter, unter denen 32 Pocharbeiter begriffen sind.

Aufser den Lautenthaler Erzen werden hier auch die Erze der Gruben zur Bockswiese, der Grube Regenbogen auf dem Zellerfelder Hauptzuge und der Grube Hülfe Gottes — jährlich etwa 1150 Röste — zu gute gemacht.

Durchschnittlich erfolgten

$18\frac{40}{44}$ 7,200 Mrk. Silber, 15,116 Ctr. Blei,
3,660 Ct. Glötte, 268 Ctr. Kupfer,

$18\frac{45}{49}$ 8,500 Mrk. Silber, 17,900 Ctr. Blei,
2,990 Ctr. Glötte, 285 Ctr. Kupfer,

und der Verbrauch hat in den letzten Jahren etwa

26,000 Maafs Kohlen,
15,000 Balgen Cokes,
500 Malter Rösteholz,
1,600 Schock Waasen und
5,800 Ctr. Eisengranalien

betragen.

Für diese Hütte kann nach Ablauf des jetzt bestehenden Verkaufscontractes die eigene Verarbeitung der hier in Menge einbrechenden Zinkblende noch in Frage kommen.

Von den beiden Hütten des Clausthaler Bergbezirkes, deren Gebäude und Betriebsvorrichtungen in neuerer Zeit nicht erheblich verändert sind, empfängt die Altenauer Hütte einen Theil der Erze der Clausthaler Gruben nebst den Kupferkiesen, und aufserdem die Erze der Grube Juliane Sophie, die Frankenscharner Hütte aber die übrigen Erze des Clausthaler Bezirkes, so wie die der Grube Bergwerkswohlfahrt und der Grube Ring und Silberschnur des Zellerfelder Hauptzuges.

Die Verarbeitung ist auf der Clausthaler Hütte fast doppelt so stark, als auf der Altenauer Hütte, mit 2400 und 1400 Rösten. Die Anzahl der Aufseher beläuft sich auf 9 und 8, der Arbeiter aber einschliefslich 24 und 22 Pocharbeiter bei jener auf etwa 200, bei dieser aber auf 130. Es werden also bei den vier Hütten unter 25 Aufsehern etwa 490 Arbeiter (einschliefslich 90 Pocharbeiter) beschäftigt.

Die Production betrug nach abgerundetem Durchschnitte

auf der Clausthaler Hütte

18$\frac{40}{42}$ 19,450 Mrk. Silber, 31,600 Ctr. Blei, 7,480 Ctr. Glötte,
18$\frac{45}{50}$ 16,000 - - 33,000 - - 8,000 - -

auf der Altenauer Hütte

18$\frac{40}{42}$ 11,200 Mk. S., 28,240 Ctr. Bl., 920 Ctr. Gl., 600 Ctr. Kpf.,
18$\frac{45}{50}$ 11,200 - 23,600 - 1,540 - 750 -

Der Materialaufwand hat sich 18$\frac{45}{50}$ jährlich belaufen

auf der Clausthaler Hütte,		Altenauer Hütte,	
an Kohlen auf	93,000	55,000	Maafs
an Cokes auf	26,000	16,300	Balgen
an Waasen auf	4,300	2,500	Schock
an Rösteholz auf	950	630	Malter
an Granalien auf	12,700	5,350	Centner,

die gesammten Ausgaben
aber etwa auf 96,000 Thlr., 60,000 Thlr.

Bei den sämmtlichen vier Hütten vertheilen sich die überhaupt etwa 220,000 Thlr. betragenden Ausgaben so, dafs ungefähr auf

Arbeitslöhne	48,000	Thlr.
Brennmaterialien	80,000	-
Granalien	45,000	-
Mergel etc.	4,000	-

andere Materialien	10,000	Thlr.
Baue und Reparaturen	8,000	-
Generalkosten	15,000	-
und sonstige Gegenstände	10,000	-

fallen.

Inwiefern aufser den Verbesserungen, welche im Laufe der Zeit die Fortschritte der Wissenschaft mit sich bringen werden, auch von äufsern Umständen für den Hüttenbetrieb erhebliche Veränderungen zu erwarten sind, läfst sich gerade jetzt am wenigsten übersehen, weil die bevorstehende Vollendung der Eisenbahnen, verbunden mit dem ganz nahen Anschlusse des Landes an den Zollverein, besonders auf den Verbrauch des Brennmaterials sehr einwirken kann.

Jeden Falles wird nicht zu bezweifeln sein, dafs wenn demnächst sich eine vortheilhaftere Benutzung eines Theils des bisher zu Kohlen verbrauchten Holzes empfehlen sollte, die erleichterte Herbeischaffung eines anderen Brennmaterials wesentlich dazu beitragen kann, ohne Vermehrung der Hüttenkosten dem Oberharzischen Silberbergbaue eine längere Dauer zu sichern.

Diese Hoffnung scheint nicht unbegründet zu sein, wenn in Betracht gezogen wird, dafs die Kosten des Betriebes der drei Silberhütten zu Clausthal, Altenau und Lautenthal sich vor etwa 45 Jahren bei einer Production von 26,480 Mrk. Silber, 55,000 Ctr. Blei und 220 Ctr. Kupfer von dem früher angenommenen Durchschnittswerthe zu fast 650,000 Thlr., auf etwa 183,000 Thlr. (Villef. I, p. 102. Tab.), im Jahre 1816 bei der Production von 34,340 Mrk. Silber, 86,550 Ctr. Blei und 715 Ctr. Kupfer zu gleichen Durchschnittspreisen mit dem Werthe von beinahe 932,000 auf fast 213,000 Thlr. beliefen, gegenwärtig aber mit Hülfe der Verwendung der Cokes und der übrigen Betriebsverbesserungen, bei einem Metallerfolge von etwa ähnlichem Belaufe sich noch nicht so hoch stellen, als damals, wo die Preise für die Kohlen, für die Granalien und manche andere Gegenstände sich noch geringer berechneten, als jetzt bei gleichen Umständen der Fall sein würde.

5. Die Wasserwirthschaft.

Endlich darf auch für die Zukunft des Clausthaler und Zellerfelder Grubenbaues die sehr ausgedehnte Wasserwirthschaft dieser beiden Bezirke als höchst wichtig mit in Anrechnung gebracht werden, da sie nach der Vollendung des tiefsten Stollens sowohl für die Tiefbaue als für einzelne Betriebspunkte eine neue Zutheilung grofser Wasserkräfte gestatten wird.

Vollständige Angaben über diesen Zweig des oberharzischen Silberbergwerkshaushaltes, — etwa in solcher Weise, wie sie von Villefosse über den Clausthaler Bergbezirk mitgetheilt sind, — würden dem Zwecke dieser Bemerkungen nicht entsprechen.

Es kann hier daher nur im Allgemeinen angegeben werden, wie diese Betriebswasser, welche durch den Dammgraben, seine Zugänge und den Morgenbrotsthaler Graben von der Höhe des Gebirges hergeleitet und dann vereinigt über den Sperberhaier Damm geführt werden, aufserdem aber auch an allen Abhängen gefangen und nach dem Gebiete der beiden Flüsse der Oker und besonders der Innerste in Teichen gesammelt und durch Gräben, Röschen und Wasserläufe den Betriebspunkten nach deren Lage und Gefälle zugetheilt werden.

Sie zerfallen, abgesehen von den Eisenhütten und Forsten, in zehn Reviere oder Abschnitte des ganzen Systems.

In der Gegend von Altenau befinden sich 4 Teiche von etwa 38 Morgen Fläche, welche bei einem Inhalt von ungefähr 15 Millionen CF., mittelst der überhaupt 3750 L.

langen Gräben etc. einschliefslich der Grube Juliane Sophie, 19 Räder betreiben.

Die für das Burgstädter Revier bestimmten 12 Teiche von etwa 280 Morgen Fläche und 111 Millionen Cubikfufs Inhalt versorgen durch die 37,500 L. langen Gräben, die 855 L. langen Röschen und zwölf Wasserläufe von 2830 L. Länge, überhaupt 23 Räder über Tage und 4 Räder unter Tage nebst einigen anderen Maschinen.

Die Rosenhöfer Gruben benutzen 12 Teiche von nahe 200 Morgen Fläche und einem Inhalte von fast 75 Millionen Cubikfufs für 9 Räder und die beiden Wassersäulenmaschinen mit Hülfe der 8785 L. langen Gräben, 520 L. langen Röschen und elf Wasserläufe von 3865 L. Länge.

Bei der Aufbereitung werden im Pochthale 13 Räder und 2 Schlammwäschen, im Innerstethale aber durch die Wasser drei eigner Teiche 4 Räder, und endlich auf der Frankenscharner Hütte, für die ebenfalls ein besonderer Teich hinzukommt, 17 Räder in Betrieb gesetzt.

Im ganzen Bezirke sind — aufser einigen Privatwerken, aber einschliefslich der Anlagen des Eisenhütten- und Forsthaushaltes — 32 Teiche, 96 Räder und 63,380 L. Gräben, Röschen und Wasserläufe vorhanden, deren Länge etwa 16⅞ Meilen ausmacht.

Die Reviere der Zellerfelder Wasserwirthschaft sind mehr getrennt, und es schliefst sich unter denselben zunächst an den Clausthaler Bezirk,

das des Silbernaaler Zuges an, welches auch die Grube Hülfe Gottes umfafst und nur einen besonderen Teich von etwa 1¼ Morgen und etwas mehr als ¼ Million CF. Inhalt benutzt. Aufser dem Pelicaner Wasserlaufe, Schulte St., von 644 L. Länge sind die Gräben etc. 3000 L. lang, und die Wasser betreiben neben 6 auswendigen und 4 inwendigen Rädern des Bergbaues 6 Räder für die Aufbereitung der beiden Gruben, auch drei Räder und das Kettengebläse der Hammerhütte.

Von den 17 Teichen des eigentlichen Zellerfelder Reviers werden 4 für 8 Räder der Aufbereitung insbesondere benutzt, bei den Gruben aber 10 Räder am Tage und 7 inwendige Räder betrieben. Die Gröfse der Teiche beträgt nur 144 Morgen mit einem Inhalte von 57 Millionen Cubikfufs, die Länge der Gräben etc. fast 20,000 L. und die der eigentlichen Wasserläufe 315 L.

Die 11 Teiche des Bockswieser Reviers von 148 Morgen Fläche und dem Inhalte von etwa 71 Millionen Cubikfufs bewegen mit Hülfe von zwei 724 L. langen Wasserläufen und etwa 12,240 L. langen Gräben für den Bergbau 3 auswendige und 3 inwendige Räder, für die Aufbereitung aber ebenfalls 3 Räder.

Endlich sind bei Lautenthal zwei Teiche von 11½ Morgen Fläche und fast 4 Millionen Cubikfufs Inhalt nebst drei Wasserläufen von 129 L. Länge und den Gräben von etwa 8,000 L. Länge vorhanden, doch sind hier zum Betriebe von 8 Rädern am Tage, 3 inwendigen Rädern der Gruben, 4 Rädern der Aufbereitung und 10 Rädern der Silberhütte wesentlich die Wasser der Innerste und ihrer Zuflüsse benutzt.

In beiden Bergwerksbezirken stehen 63 Teiche mit mehr als 900 Morgen Fläche und von etwa 370 Millionen Cubikfufs Inhalt dem Betriebe zu Gebote. Durch die über 96,000 L. langen Gräben, deren Zuflüsse und Benutzung in neuerer Zeit sehr vervollständigt sind, durch die seit 40 Jahren etwa bis auf die Zahl von 35 und etwa auf die doppelte Länge zu 8,560 L. vermehrten Wasserläufe und die einschliefslich 2,700 L. Stollenlänge etwa 7,400 L. langen Röschen mit einer Gesammtlänge von fast 30 Meilen, ist eine so nachhaltige und jeder Vertheilung fähige Betriebskraft geschaffen, wie sie nur in wenigen Ländern zu finden sein mag.

Der Andreasberger Bezirk wird hauptsächlich durch die Zuflüsse der Oder mit Hülfe des 84½ Morgen Fläche enthaltenden Oderteiches und des 3767 L. langen Rehberger Grabens und eines 400 L. langen Wasserlaufs versorgt.

In der Umgegend sind für den Bergbau 14, für die Pochwerke 11, auf der Silberhütte 8, auf der Sägemühle 2 und zu sonstigen Zwecken 5, insgesammt etwa 40 Räder im Umgange.

III. Der Ernst August Stollen.

1. Der neue Plan.

Bei jenen Betriebsverhältnissen der Gruben und der Hoffnungsbaue und diesen Wasserkräften scheint, auch ganz abgesehen von der unabweisbaren Nothwendigkeit, die Anlage des tiefsten Stollens auch jetzt noch äufserst rathsam und völlig gerechtfertigt zu sein.

So wichtig es auch gewesen sein würde, wenn dieses grofse Werk schon früher wirklich in Angriff genommen wäre, so wird doch der Zeitverlust dadurch ausgeglichen, dafs gegenwärtig mit Rücksicht auf die beiden neueren Gruben Bergwerks Wohlfahrt und Hülfe Gottes eine viel zweckmäfsigere Linie gewählt wird, als früher irgend auszumitteln war.

Die zuerst und bis vor 25 Jahren allein in Vorschlag gekommene Linie des tiefsten Stollens wurde durch die Lage der Rosenhöfer Gruben und den ihnen entsprechenden Punkt an der Söse bei Lasfelde bedingt, 53⅝ L. unter dem Georgstollen im Altensegner Schachte.

Später als der Silbernaaler Zug nach fast hundert Jahren eines gänzlichen Stillstandes mit einem höchst günstigen Erfolge wieder in Betrieb genommen war, mufste die Wahl schon auf eine mehr westliche Linie fallen, für welche sich der Punkt des Ansatzes bei dem Braunschweigischen Dorfe Badenhausen ergab.

Endlich rieth aber die bedeutende Erzlieferung der neuesten Grube Hülfe Gottes, verbunden mit den auf dem

IV. Lichtschachte des Georgstollens getroffnen Erzen, zu einem noch mehr nördlichen Punkte bei dem Dorfe Windhausen, und es wurde zuletzt durch die Messungen des Herrn Markscheiders Borchers für das Mundloch der noch vortheilhaftere Punkt bei dem Schützenhause von Gittelde ermittelt, 644,8 Hann. Fufs, fast genau 580 Par. Fufs, über der Nordsee.

Dieser Punkt, 3 L. unter der Silbersegener Wasserstreckensohle, giebt bis zum Hülfe Gotteser Schachte bei 1346 L. Länge eine gegen die Punkte bei Badenhausen und Windhausen noch etwas kürzere Linie und wird in diesem Schachte bei 5 Zoll Fall auf 100 L. die Tiefe von 62 L. einbringen.

Von dem Hülfe Gotteser Schachte ab mufs der Stollen nach dem Vierten Georgstollen Lichtschachte, welcher bis auf die neue Sohle 121½ L., im Ganzen aber 124½ L. tief ist, mit einer Länge von 1290 L. geführt werden.

Mit einer Abweichung von einem früheren Plane wird der Stollen nach dem von dem Haus Braunschweiger Schachte der Grube Bergwerks Wohlfahrt angesetzten Orte von 389 L. Länge zu 540 L. lang fortgetrieben werden, von diesem Bergwerks Wohlfahrter Orte aus aber mit 1000 L. den Ernst Auguster Schacht erreichen.

Dieser Schacht, welcher wie oben erwähnt, vom Neunzehn Lachter Stollen ab abgesenkt wird und etwa 5 L. unter die Georgstollen Sohle niedergebracht ist, mufs bis auf die Sohle des neuen Tiefsten Stollens noch 55 L., überhaupt 60 L., abgeteuft werden.

Das Mittel vom Ernst Auguster Schachte bis zu dem Haus Sachsener Schachte, der ehemals schon 34½ L. unter den Georgstollen niedergebracht war und von seinem jetzigen Stande noch etwa 18 L. bis auf die Sohle des neuen Stollens, im Ganzen 59 L., abzuteufen ist, beträgt 445 L.

Von diesem Schachte ab wird der neue Stollen in 859 L. Entfernung den Schreibfeder Schacht der Grube

Regenbogen und schon etwas früher die dort vorhandene tiefe Wasserstrecke erreichen.

Auf dem Hauptzuge mufs diese Strecke, um die Wasser des Burgstädter Zuges aufnehmen zu können, in ungefähr 800 L. Länge um etwa $\frac{3}{8}$ L. nachgehauen werden.

Endlich wird das Flügelort von dem Schreibfeder Schachte nach dem Johann Friedricher Schachte auf den Bockswieser Gruben 1653 L. lang werden.

Die gesammte Länge des Stollens wird also — für dessen eigenen Betrieb — 7522 L. betragen und mit Hinzurechnung der mit dem Bergwerks Wohlfahrter Orte noch aufzufahrenden Länge von $67\frac{1}{2}$ L. fast 7600 L. ausmachen.

Es sind von diesen Stollenstrecken bis zum Frühjahr 1853 etwa 570 L. aufgefahren, so dafs jetzt noch für den Betrieb der Strecken etwas mehr als 7000 L., für das Absenken der beiden Schächte aber 74 L. übrig bleiben.

Bei der früher beabsichtigten und der jetzt gewählten Linie, — welche letztere den Vortheil der Aufschliefsung des Feldes zwischen dem Silbernaaler Zuge und dem Hauptzuge gewährt, — wird der Einflufs der Wasserhaltung ziemlich gleich seyn, indem bei jener Richtung die Wasser vom Hauptzuge nebst denen des Burgstädter Zuges nach dem Rosenhöfer Zuge und sodann weiter fort nach dem Silbernaaler Zuge fliefsen sollten, bei der letzteren Richtung hingegen die Wasser des Rosenhöfer Zuges mit denen des Burgstädter Zuges nach dem Hauptzuge nebst denen dieser und der Bockswieser Gruben aber vom Ernst August Schachte, gleich wie die später hinzukommenden Wasser des Silbernaaler Zuges, nach dem Vierten Georgstollen Lichtschachte abgeführt werden.

2. Die Ausführung des Stollens.

Ueber die Frage ob für den Stollen ein Ansteigen nöthig sei, waren die Ansichten verschieden gewesen.

Dem Georgstollen war auf 100 L. ein Fall von 15 Zoll gegeben und dadurch bei 4000 L. Länge ein Verlust an der Sohle von $7\frac{1}{2}$ L. veranlafst. Später glaubte man einen söhligen Betrieb vorziehen zu müssen, allein mit Rücksicht auf die Verschiedenheit zwischen den Gesetzen reiner fliefsenden Wasser und der vielen Schlamm mit fortbewegenden Grubenwasser ist man zu der älteren Meinung über die Nothwendigkeit eines gewissen Falles zurückgekehrt.

Jetzt kommt zu diesem allgemeinen Grunde noch hinzu, dafs für die Wassermenge, welche der Stollen abführen mufs, ein rascher Abflufs durchaus erforderlich ist.

Deshalb ist für den neuen Stollen ein Ansteigen von 5 Zoll auf 100 L. festgesetzt, welches auf die ganze Länge etwa $3\frac{1}{2}$ L. betragen wird.

Statt der für den Georgstollen gewählten Dimensionen von je 1 L. wird der Ernst August Stollen wegen der zu erwartenden grofsen Wassermenge und mit Rücksicht auf ein einzulegendes Tretwerk $1\frac{5}{16}$ L. hoch allein, wegen des gewählten Gefälles nur $\frac{7}{8}$ L. weit getrieben werden.

Sobald die Ernst August und Haus Sachsener Schächte die Sohle des Stollens erreicht haben, wird auch von diesen Punkten aus, so wie früher schon von den übrigen, der Betrieb mit Ort und Gegenort geführt werden.

Das längste Mittel, das zwischen dem Bergwerks Wohlfahrter Orte und dem Ernst August Schachte, wird aufserdem wegen der Schwierigkeiten, welche die Wasser der alten Wildenmänner Baue dem Angriffe des Betriebes von dem Schachte aus noch entgegensetzen, von diesem ab erst später wirklich begonnen werden können, als die übrigen Arbeitspunkte.

Wenn nicht etwa, namentlich wegen dieser noch zu lösenden alten Baue, besondere Verzögerungen eintreten, wird der Stollen nebst seinem Flügelorte nach der Bockswiese mittelst der Belegung eines jeden Ortes und Gegenortes mit 9 Mann in ungefähr 20 bis 22 Jahren vollendet werden.

Es ist zwar angenommen, dafs der Stollen in dieser Zeit zu vollenden sein werde, aber die Ausführung wird länger dauern, wenn grofse nicht vorauszusehende Störungen eintreten. In dieser Beziehung kann das Niederbringen des Ernst August Schachtes sowohl wegen seiner Lage als wegen der nothwendigen Lösung der alten Wildemänner Baue von entscheidendem Einflusse sein.

Geringere Abweichungen werden sich dagegen — wie bei ausgedehnten Arbeiten ähnlicher Art oft der Fall ist — im Erfolge für die ganze Anlage ausgleichen.

Bei einem Betriebe von mindestens zwanzig Jahren werden für die ersten fünf Jahre, wo noch nicht alle Betriebspunkte angegriffen werden können, und für die letzten fünf Jahre, wo schon mehrere Durchschläge erfolgt sein werden, die Verwendungen ungleich geringer ausfallen, als für die dazwischen liegenden zehn Jahre des vollen Betriebes.

Für die Aufbringung der Kosten wird jene Vertheilung, welche für den Georgstollen gewählt wurde, nicht angewandt werden, weil die Umstände, welche sie rechtfertigten, durch die Besteuerung des Harzes sowohl für die Bewohner als für die Bergbaucasse verändert sind, die Berghandlung aber jetzt für den Silberbergwerkshaushalt nur eine Untercasse der Zehntcasse bildet.

Diese Kosten werden daher einfach aus der Zehntcasse, wie für eine andere Königliche Anlage, bestritten und in ihrem Betrage selbst für jedes Jahr durch das Budget festgestellt werden.

Die Bewilligung wird ungeachtet des hohen Belaufes, welcher auf eine Reihe von Jahren fallen wird, um so weniger ein Bedenken finden, als die Ausführung dieser unumgänglichen Hauptanlage zugleich einen grofsartigen Versuch zur Aufschliefsung eines ganz neuen Feldes und zur Wiederaufnahme der alten Wildemänner Baue mit sich führen wird, so dafs dagegen einige andere Versuche sehr wohl für eine etwas spätere Zeit verschoben werden können.

Diese Eintheilung der Arbeiten ist aufserdem auch nothwendig, damit sie ohne eine Vermehrung der Grubenarbeiter ausgeführt werden kann, welche wegen der bis zum Ablaufe der nächsten fünf und zwanzig Jahre unfehlbar eintretenden Erschöpfung mehrerer Gruben durchaus vermieden werden mufs.

Selbst die beschlossene allmälige Zurückzahlung der grofsen Summen, welche den gewerkschaftlichen Gruben und einigen andern Cassen noch aus der Zehntcasse zu erstatten sind, wird durch diese aufserordentliche Ausgabe nicht verhindert werden, indem sie nöthigen Falles aus dem Tilgungsfonds bestritten werden soll, wie in dem Anhange näher angegeben.

3. Die Kosten des Stollens.

Es bleibt nun noch übrig, die Kosten selbst anzugeben, welche die Ausführung dieser Anlage erfordern wird.

Ein allgemeines Anhalten könnten für einen ungefähren Ueberschlag die neuerlich betriebnen Arbeiten ähnlicher Art geben.

Als solche würden jedoch nur die Ausführungen im Clausthaler und Zellerfelder Bezirke anzusehen seyn, weil diejenigen im St. Andreasberger Bezirke eben so wenig als die in fremden Bergwerksgegenden wegen abweichender Verhältnisse sich zu einer Vergleichung benutzen lassen würden.

Aus diesen beiden Bezirken bieten sich aber einige sehr ähnliche Anlagen dar, unter denen der Georgstollen selbst, das Flügelort nach der Bockswiese, hauptsächlich aber die Tiefe Wasserstrecke im Ganzen und in ihren einzelnen Mitteln in Betracht gezogen werden müssen.

Der Georgstollen selbst, dessen Kosten sich bei einer Länge von 5481 L. auf etwa 480,000 Thlr. beliefen, kann zwar wegen der sechs Lichtlöcher, deren er bedurfte, nicht zum Vergleiche dienen, aber es ist hier zu erwähnen, dafs der höchste Satz der Hauerarbeit allein sich etwa zu 40 Thlr. für das Lachter gestellt hat.

Die Ausgaben für das 1618 L. lange Flügelort nach der Bockswiese aber haben etwa 120,000 Thlr. betragen, welches für das Lachter etwa 74 Thlr. ergeben würde.

Der Anschlag für den Lasfelder Stollenbau durch die erwähnte Englische Gesellschaft nahm für das Lachter Ortsbetrieb ohne alle sonstige Kosten den Satz von ungefähr 84 Thlr. an, bei dem an und für sich damals wohl wenig zu erinnern gewesen sein mögte.

Was dagegen die Tiefe Wasserstrecke selbst betrifft, so stellen für diese sich sehr verschiedene Zahlen heraus, jenachdem der grofse Durchschnitt oder einzelne Mittel ins Auge gefafst werden. Bei dem Betriebe im Clausthaler Bezirke überhaupt sind von 1803 bis 1827 für 2277 L. ungefähr 197,200 Thlr. verwendet, welches für das Lachter fast 85 Thlr. austragen würde.

In beiden Bezirken sind von 1803 bis 1847 aber für die gesammte Länge von 3380 L., jedoch einschliefslich 162 L. Querschläge, 15 L. Rollschächte und der Ausmauerung einiger kurzen Strecken, überhaupt 290,103 Thlr., verausgabt, welches mit jenem Durchschnitte sehr nahe zusammenfällt.

Ganz anders stellt sich aber das Verhältnifs dar, wenn dieser ganze Betrieb der Wasserstrecke in seine einzelnen Abschnitte zerlegt wird.

Dann zeigt sich dafs im Clausthaler Bezirke für die Strecken von

133 L. zwischen der Caroline und Dorothee	24,4 Thlr.
303 L. zwischen der Dorothee und Elisabeth	53,5 -

780 L.	zwischen der Elisabeth und dem Lorenz aber	118,4 Thlr.
1091 L.	vom Lorenzschachte nach dem Rosenhöfer Zuge und auf den dortigen Gruben	109,5 -

durchschnittlich verwendet sind, mithin für jene beiden ersteren Längen . . . . 44 -
für die letzteren beiden hingegen . . . . 113 -
für das Lachter sich berechnen.

Im Zellerfelder Bezirke sind für die Strecken von

640 L.	vom Lorenz bis auf den Hauptzug . .	60 Thlr.
309 L.	abendwärts vom Medingschachte . . .	50 -
124 L.	morgenwärts vom Hülfe Gotteser Schachte	40 -
	also im Ganzen etwa	54,8 -

oder fast 55 Thlr. für das Lachter verausgabt.

Da jene hohen Beträge der Clausthaler Strecken schon einer entfernten Zeit angehören und durch die damaligen Betriebsverhältnisse und die Oertlichkeit bedingt wurden, so wird man annehmen dürfen, dafs die neueren Arbeiten der Zellerfelder Strecken mit ihren günstigeren Umständen auch für die Kosten der künftig noch durchzutreibenden Längen einen Mafsstab abgeben werden.

Es würde sich daher die Vermuthung begründen, dafs nach einem ungefähren Ueberschlage die Kosten für ein Lachter mit 55 Thlr. zu bestreiten seyn werden, welches für 7522 L. ungefähr 414,000 Thlr., mit den allgemeinen Ausgaben von etwa 36,000 Thlr. also 450,000 Thlr. betragen würde.

Aber auch nach den von den Vorstehern der beiden Grubenbezirke, den Herren Bergmeistern Töpfer zu Clausthal und Pape zu Zellerfeld, möglichst genau aufgestellten Anschlägen werden die Gesammtkosten die Summe von 450,000 Thlr. nicht überschreiten. Es würden daher, wenn der Geldbedarf der Sicherheit wegen zu etwa 500,000 Thlr. angenommen wird, immer noch etwa zehn

Procent für aufserordentliche, im Voraus gar nicht zu überschlagende, Ausgaben übrig sein.

Diese für Ort und Gegenort aufgestellten Anschläge schliefsen für die einzelnen Abtheilungen der Arbeit (siehe Anlage Tabelle 10) so ab, dafs für die Mittel

a) vom Mundloche bis zum Hülfe Gotteser Schachte von der Länge von	1,346 L.	61,306 Thlr.
b) von diesem Schachte bis zum vierten Georgstollen Lichtloche von der Länge von	1,290 -	62,949 -
c) von diesem Lichtschachte bis zum Bergwerkswohlfahrter Wasserstreckenorte von	540 -	27,589 -
c) für dieses Ort selbst von . .	389 -	7,748 -
für die Mittel		
d) von diesem Orte bis zum Ernst August Schachte von . . .	1,000 -	49,878 -
e) von diesem Schachte bis zum Haus Sachsener Schachte von	445 -	26,113 -
f) von diesem Schachte bis zum Orte vor dem Schreibfeder-Schachte	859 -	57,651 -
und endlich:		
g) für das Flügelort von diesem Schachte bis zum Joh. Friedricher Schacht von	1,653 -	102,400 -
also für den Streckenbetrieb von (einschliefslich der bereits aufgefahrenen Längen, jedoch ausschliefslich der Querschläge von etwa 140 L.)	7,522 L.	
zusammen		395,634 Thlr.

zu verwenden seyn würden.

Dieses beträgt etwa 52,7 Thlr. für das Lachter des Streckenbetriebes.

Aufser diesen Kosten des Ortsbetriebes sind

h)	für die Instandsetzung und Absenkung des Haus Sachsener Schachtes . . .	11,474 Tblr.
i)	für das Nachreifsen der Sohle der Wasserstrecke vom Schreibfeder Schachte bis zum Lorenzschachte	12,866 -
k)	und für verschiedene und allgemeine Ausgaben	29,505 -

in Anschlag gebracht, so dafs überhaupt sich die Summe von . . . . 449,479 Tblr. ergiebt.

Zu diesen Kosten des Stollenbetriebes selbst würden für die Absenkung des Ernst August Schachtes noch etwa 20,000 Tblr. hinzuzurechnen seyn, wenn diese Ausgaben nicht doch schon für die Wiederaufnahme des Wildemänner Bergbaues verwendet werden müfsten.

Jene Summen würden abgesehen von den zuletzt aufgeführten Gesammtkosten zu 29,505 Tblr. sich nach den Hauptgegenständen des Betriebes so vertheilen, dafs

a) auf die Löhne	232,343 Thlr.
b) auf die Materialien	58,601 -
c) auf andere Ausgaben im Einzelnen .	8,371 -
also überhaupt auf die Gesteinsarbeiten .	299,315 -
auf die Förderung	47,249 -
auf die Zimmerung und Mauerung . . .	10,757 -
auf Baue, Anlagen und Reparaturen . . .	30,194 -
endlich auf verschiedene und allgemeine Ausgaben der einzelnen Abtheilungen . .	32,399 -

fallen.

Vermuthlich wird zu besserer Wetterlosung die Anwendung einiger Bohrlöcher sich empfehlen, welche indefs nach den Umständen noch nicht zur Aufnahme in den Anschlag geeignet war.

Für den verhältnifsmäfsig geringen Belauf dieser Kosten wird aufser der neuerlich angewandten kräftigeren

Orts- und Schachtarbeit, der durch die Schienenbahnen sehr erleichterten Förderung und den sonst eingeführten Betriebsverbesserungen von grofsem Einflusse seyn, dafs gegen die frühere Zeit der Verbrauch der Hauptmaterialien an Seilen und dem jetzt weit besseren Pulver u. a. viel weniger hoch zu stehen kommt und dafs durch die Fahrkünste an den eigentlichen Arbeitskräften der Mannschaft sehr gespart wird.

Die Hoffnung ist daher wohl begründet, dafs der Anschlag innegehalten und bis zum Jahre 1875 diese Anlage beendet werden kann, welche gestatten wird, den Grubenbetrieb in weitester Ausdehnung und gröfster Tiefe so lange fortzusetzen, als sich noch bauwürdige Erzmittel auffinden lassen.

4. Schlufs.

Nach dem Ablaufe eines halben Jahrhunderts, welches zwischen der Vollendung des Georgstollens und dem wirklichen Angriffe des Ernst August Stollens liegt, und bei dem Uebergange von dem alten Zustande einer völligen Abgeschlossenheit des Harzes zu seiner Einordnung in alle Verhältnisse des übrigen Landes, wird noch auf die verflossene Zeit ein Rückblick zu werfen seyn.

Die Bevölkerung ist um mehr als ein Drittel gewachsen, die auf die uralten Bergfreiheiten sich gründende Verfassung des Harzes ist bei der neuesten Umgestaltung der gesammten Landesverwaltung selbst bis auf die Form verschwunden und der Harz vermag nicht mehr dem Andrange der neuen Zeit und dem Einzuge fremder Landeseinwohner sich zu entziehen.

Die Metalllieferung des Silberbergbaues ist um etwa ein Drittel gestiegen und bei der Gesammtproduktion mit einem Werthe von ungefähr einer Million sind die Schächte durchschnittlich auf die doppelte Tiefe niedergebracht, die

Länge der Stollen und der den Hauptstollen angehörenden Strecken aber mindestens verdreifacht, die Maschinenkräfte der Gruben bedeutend verstärkt (s. Tabelle S. 283).

Bei den Eisenhütten sind einige Werke, welche der Ueberflufs des durch die Stürme und die Wurmtrocknifs zur vorzeitigen Benutzung gebrachten Holzes veranlafste, wieder eingestellt, andere hingegen neu angelegt.

Die damals verwüsteten Wälder versprechen nach rascher Bepflanzung der Blöfsen bei kräftigen Beständen schon für eine nicht entfernte Zukunft neue Hülfsmittel.

Dem ausgedehnten Betriebe der Hütten wird durch die Cokes von Obernkirchen und von dem Gaswerke zu Hannover das in genügender Menge nicht vorhandene Schmelzmaterial geliefert und es werden vielleicht bald die Kohlen aus noch entfernteren Gruben nach den Umgegenden des Harzes einen lebhaften Absatz finden.

Statt des ersten Schienenweges, „des Englischen Hundslaufes", welcher für den Transport der Dorotheer Erze nach ihrem neuen Pochwerke, — „der Erzwäsche" gelegt wurde, werden jetzt bei dem Silberbergwerkshaushalte Eisenbahnen von fast 4 Meilen Länge zum gröfsten Theil unter Tage benutzt, und statt der Hohlwege, welche ein Befahren mit Landwagen kaum zuliefsen, wird der Harz jetzt von einem Netze vortrefflicher Strafsen und Betriebswege durchschnitten (s. Uebersicht S. 285).

Sobald aber die Verbindung mit der Südbahn, sei es in welcher Richtung es wolle, vollendet seyn wird, wird auch die inselartige Abgeschlossenheit des Harzes durch die regsame Thätigkeit des Eisenbahnverkehrs binnen kurzer Frist immer mehr aufgehoben werden.

Wenn nach dem Ablaufe von funfzig Jahren von den bei der Einweihung des Georgstollens anwesenden Beamten nur noch Einer, — der am 2. Julius 1851 verstorbene Bergrath Seidensticker — den Anfang der Verhandlungen über den Ernst August Stollen erlebte und wenn sich seitdem die ganze Reihe der Beamten fast zweimal erneuerte, so beruhet dieses in der Länge des Zeitraumes.

Allein dieser Wechsel ist nachher so ungewöhnlich rasch eingetreten, dafs am Harze nur sehr wenige Beamte noch übrig sind, welche die Fremdherrschaft mit ihren vereitelten Bestrebungen und ihren verderblichen Folgen schon selbst in Betriebs- und Verwaltungsgeschäften gekannt haben.

Das Andenken der Minister von Meding und von Schulte († 27. December 1846), welche lange dem Harzbergbaue ihre eifrige Fürsorge widmeten, knüpft sich an die wichtigen Anlagen der neuesten Gruben auch für die entfernte Zukunft. Es wird indessen auch allen Beamten, welche am Harze unter schwierigen und sorgenvollen Umständen sich mit aufopfernder Thätigkeit bemüheten, den Betrieb aufrecht zu erhalten und zu verbessern, zuletzt aber noch die endliche Ausführung des tiefsten Stollens vorzubereiten, auch ohne äufsere Erinnerung eine dankbare Anerkennung bei den Harzbewohnern gesichert seyn, wenn mit dem letzten Durchschlage des Ernst August Stollens wieder eine neue Zeitrechnung für ihren Bergbau beginnen wird.

Bemerkungen

zu den Profilen der Oberharzischen Gruben.

Die Profile sollen in ihrer Gesammtheit ein übersichtliches Bild des Oberharzischen Silberbergbaues geben, so weit es ohne scharfe Trennung nach der Lage und nach den verschiedenen Zeiträumen möglich war.

Sie sind nach der Vollendung des Aufsatzes über den Ernst Auguststollen, so weit sie nicht schon vorhanden waren, im Nachsommer 1853 nach meinen durch den Herrn Staatsminister Bacmeister persönlich empfohlenen Wünschen und nach der Anordnung des K. Berg- und Forstamtes entworfen und zeigen den damaligen Zustand, welcher von dem am Schlusse des Jahrs 1849 nur wenig abweicht.

Im Wesentlichen umfassen sie alle Perioden der Baue auf den verschiedenen Zügen von den noch bekannten ältesten Schächten und Stollen bis jetzt.

Bei den in dem Aufsatze und in den Tabellen enthaltenen Angaben werden sie neben den Charten nur weniger Erläuterungen bedürfen,

1) besonders das Blatt über den Ernst August- und den Georg-Stollen.

2) Der Silbernaaler Zug begreift den alten Bau um den Anfang des achtzehnten Jahrhunderts bis zur Einstellung 1733 nebst den neuen Anlagen seit der Wiederaufnahme nach dem J. 1821.

3) Der Rosenhöfer- und Burgstädter Zug und der Zellerfelder Hauptzug enthalten die uralten und die neuesten Baue bei Clausthal und in der vormaligen Communion bei Zellerfeld und Wildemann,

4) der Hütschenthaler und Spiegelthaler Zug aber die kurz nach der Mitte des achtzehnten Jahrhunderts zuletzt und gänzlich verlassenen Baue nebst einzelnen später betriebenen Puncten und dem Versuche der Spiegelthals Hoffnung.

5) Auf dem Bockswieser-Festenburg-Schulenberger Gangzuge sind ausser den neuen Bauen und Versuchen der Gruben Herzog August und Johann Friedrich und der Grube Juliane Sophie auch die älteren, namentlich die zu-

letzt bald nach dem Anfange dieses Jahrhunderts, eingestellten, Baue angedeutet.

6) Die Hahnenkleer Gänge sind kurz vor der Mitte des achtzehnten Jahrhunderts wieder aufgenommen, seit dem J. 1817 aber ausser Betriebe.

7) Der Bau der Haus Herzberger Gruben fällt in die Zeit von 1680 bis 1726,

8) der letzte der Altenauer Gruben in die hundert Jahre von 1668 bis 1768,

9) der Grube Franz August in die J. von 1813 bis 1844,

10) der kleineren Versuche östlich vom Burgstädter aber in sehr verschiedene Zeiten.

11) Die S. Andreasberger Gruben sind ebenfalls nach dem ältesten und nach dem neuesten Betriebe, die Lauterberger Baue aber in dem Zustande vor der Fluth von 1808 und vor der gänzlichen Einstellung im J. 1825 angedeutet.

Vereinzelte Punkte, wie die Grube Prinz Regent, König Georg im Gemkenthal, der Oderstollen und die neuen Lauterberger Versuche konnten bei ihren ganz einfachen Verhältnissen übergangen werden.

Obgleich hier eben so wenig, als in den Aufsätzen selbst, der Raum eine Nachweisung gedruckter Hülfsmittel gestattet, soll zur nähern Vergleichung des früheren und jetzigen Zustandes der Gruben noch einiger Werke etc. erwähnt werden, welche leicht zu benutzen sind.

Ausser den ausführlichen Mittheilungen von Hausmann und Zimmermann verdienen

v. Trebra, Erfahrungen v. Innern der Gebirge, 1785, Fol., S. 232, Tab. V.

Gatterer, Anleitung den Harz zu bereisen. Bd. 4, 5, (oder Beschreibung des Harzes. Bd. 1, 2) 1792, 8.

Gilbert, Handb. f. Reisende d. Deutschland. 1795. 8.

Holzmann, Hercynisches Archiv. 1805. 8. (Hausmann). 669 ff.

Hausmann, Norddeutsche Beyträge f. Berg- u. Hüttenk. H. 1. 3. (Ostmann).

Archiv für Bergbau u. Hüttenwes. Bd. IV., V. (Schulz).

besonders aber die Risse und Profile bei Villefosse, Pl. IV.—VIII., beachtet zu werden. Einzelne interessantere Profile finden sich auch auf der seltenen Ripking-schen Harzkarte, in Calvör Maschinenwesen des Oberharzes (Tab. IV.), Walchner's Geognosie (Tab. VII.) und v. Leonhard's Vorlesungen über Geologie (Tab. I.).

Uebersicht der Räder und anderen Maschinen der Gruben des Oberharzischen Silberbergwerkshaushaltes.

No	Berzirke, Gruben und Schächte	Kehrr. über Tage	Kehrr. unter Tage	Kunstr. über Tage	Kunstr. unter Tage	Comb. Kehr- u. Kunstr. über Tage	Comb. Kehr- u. Kunstr. unter Tage	Fahrk. über Tage	Fahrk. unter Tage	Wetterblasräder	Wassersäulen-Maschinen	Bemerkungen
	I. Clausthaler Bezirk.											* Seit etwa
1.	Caroline	1	—	—	—	—	—	—	—	—	—	1805 neu ein-
2.	Dorothee	1	—	—	*1	—	—	—	F	—	—	gebaut.
	Grube N. S. Margarethe											F zugleich
3	a. S. Margarethe . .	1	—	—	—	—	—	—	—	—	—	Fahrkünste.
4	b. S. Elisabeth . .	1	—	—	*2	—	—	—	—	—	—	4. Unt. d. 100
5.	Anne Eleonore . . .	1	—	-	—	—	—	-	—	—	—	Ltr. Strecke.
6	Herz. Georg Wilhelm	1	—	1	—	—	—	1	—	—	—	
7.	Königin Charlotte . .	—	—	—	—	—	*1	—	F	—	—	7. Nahe üb. d.
8.	N. Thurm Rosenhof .	1	—	1	—	—	—	1	—	—	—	Georgstollen.
9.	Alter Segen.	1	—	2	—	—	—	—	—	—	—	9. Eine Kunst
10.	Silber Segen	1	—	—	—	—	—	—	—	—	*2	nur Hub- und
	II. Zellerfelder Bezirk.											Druckmasch.
11	Georgstollen II. Lichtschacht	—	—	—	*1	—	—	—	—	—	—	12. Die Fahr-
	Grube Bergwerkswohlf.											kunst, s. 1849
12.	a. Medingsschacht .	*1	—	—	*1	—	—	—	1	—	—	eingeb. u. auch
13.	b. Haus Braunschw. Schacht.	*1	—	—	*1	—	—	—	—	—	—	z. Wasserheb. zu benutzen.
14.	Georgstoll. IV. Lichtschacht	*1	—	*1	—	—	—	F	—	—	—	14. Seit 1849 auch Fahrknst.
15.	Georgstollen V. Lichtschacht	—	—	—	—	—	—	—	—	2	—	
16.	Hülfe Gottes Schacht	*1	—	*1	—	—	—	—	—	—	—	
17.	Wildemänner Suchort	—	—	—	—	—	—	—	—	*1	—	
18.	Ernst August Schacht	—	—	—	*1	—	*1	—	—	—	—	18-20. Zw. d.
19	Haus Sachsener „	1	—	—	*1	—	—	—	—	—	—	19 und 13 Ltr.
	Grube Regenbogen.											Stollen.
20.	a. Jungfrauer Sch. .	1	—	—	1	—	—	—	—	—	—	
21.	b. Schreibfeder „ .	1	—	—	*1	—	—	—	F	—	—	21. Zw. d. 16
22.	Gr. Ring u. Silberschn.											u. 19 L. Stoll.
	Rheinisch W. Schacht	1	—	—	2	—	·	—	F	—	—	22. Zwischen
23.	Spiegelthals Hoffnung	*1	—	—	*1	—	—	—	F	—	—	d. Frankensch.
	Gr. H. Aug. u. Joh. Fr.											u. 16 L. Stoll.
24.	a. Herzog Aug. Sch.	—	—	—	*2	—	—	-	—	—	—	24. Die zweite
25.	b. Joh. Friedrich. „	1	—	—	*2	—	—	-	—	-	—	seit 1849.
26.	c. Zellerf. Hoffn. „	*1	—	—	—	*1	—	—	—	—	—	
	Gr. Lautenthals Glück											
27.	a. Güte des Herrn Richtschacht . .	—	—	—	—	*1	—	—	—	—	*1	
28	b. Güte d. Herrn Sch.	1	—	2	—	—	—	—	—	—	—	

No	Bezirke, Gruben und Schächte	Kehrr. über Tage	Kehrr. unter Tage	Kunstr. über Tage	Kunstr. unter Tage	Comb. Kehr- u. Kunstr. über Tage	Comb. Kehr- u. Kunstr. unter Tage	Fahrk. über Tage	Fahrk. unter Tage	Wetterblasräder	Wassersäulen-Maschine	Bemerkungen.
29.	c. Schw. Grubenersch.	1	—	1	—	—	—	—	—	—	—	30. 31. D. Rad
30.	d. Maassen. Hauptsch.	1	—	—	*2	—	—	—	—	—	—	im Kunstsch.
31.	e. „ Kunst „	—	—	—	*1	—	—	—	—	—	—	liegt auf dem
32.	f. Prinz. Carol. „	—	—	1	—	—	—	—	—	—	—	höchst. Gefäll.
33.	Juliane Sophie „	—	—	1 *1	—	—	—	F	—	—	—	32. Nur für Fluthzeiten.
	III. Andreasberg. Bez.											35. Die Künste
	Catharine Neufang .	1	—	—	—	—	—	—	—	—	—	untereinander,
	Grube Samson.											nahe über dem
34.	a. Samsoner Sch. . .	1	—	—	*2	—	—	—	*1	—	—	Sieberstollen.
35.	b. Felicitasser „ . .	*1	—	—	*2	—	—	—	—	—	—	36. Die Künste
36.	Gnade Gottes	1	—	—	1	—	—	—	—	—	—	nah. unt. Tage.
37.	Bergmannstrost . . .	1	—	—	—	—	—	—	—	—	—	37. Die Kunst
38.	Andreaskreuz	1	—	—	1	—	—	—	—	—	—	über d. Grün-
	Lauterberg. Versuche.											hirschler Stoll.
39.	Klingenthaler Schacht	—	—	*1	—	—	—	—	—	—	—	Letzt. 3 Künst.
	zusammen	30	—	14	25	2	2	2	2	3	3	dienen z. Hülfe
												f. d. Samsonk. 38. Die Was- serk. jetzt sehr
	I. im Clausthaler Bez.	9	—	4	4	—	1	2	—	—	2	wenig benutzt.
	II. im Zellerfelder „	15	—	8	16	2	1		1	3	1	V. d. Kunsträd. werden 2 aus-
	III. i. S. Andreasb. „	6	—	2	5	—	—	—	1	—	—	wend. u. 5 in- wend. auch für d. Fahrmasch.
		30		39		4		4		3	3	benutzt.

Anm. 1) Der Wasserverbrauch wird bei der Abschätzung der Teiche etc. nach Rädern Wasser zu 160 CF. für die Minute berechnet.

2) Für ein Kunstrad werden gewöhnlich 260 CF., für ein Kehrrad aber nur 200 CF. für die Minute angenommen.

3) Ausser den aufgeführten Rädern der Gruben ist auch noch der beiden Räder der Polsterberger Hubkünste zu erwähnen, durch welche aus dem Dammgraben Aufschlagewasser gehoben werden, um dem Hirschler Teiche zugeführt zu werden.

Uebersicht der Strassenzüge und Hauptwege des Hannoverschen Oberharzes.

No.	Hauptabtheilungen, Strassen und Strecken	Länge Ruthen		Länge Meilen	Bemerkungen
	I. Strassen des nordwestlichen Harzes. (Amt Zellerfeld.)				1 M. = 1587¼ R. Hann. zu 16 Fuss
1.	Poststrasse von Goslar n. Osterode.				= 1969,3 Rhl. R.
	a. von Goslar nach Auerhahn .	2295			* Unvoll. Strecken.
	b. von da bis vor Zellerfeld . .	1312			
	c. in Zellerf., in u. um Clausthal .	826			1. P. von Goslar n.
	d. von Clausthal nach Lerbach .	1668			Harzburg 1½ M.
	e. von Lerbach nach Osterode .	1074			Abbenrode 2 „
2.	s. g. Innerstestrasse. Poststrasse.		7175	4,5	Othfresen 1⅞ „
	a. von Clausthal bis auf die Silberhütte	560			Lutter . . 2¼ „ Seesen . . 3¼ „
	b. von da nach Wildemann . .	1122			Clausthal 2⅜ „
	c. von da nach Lautenthal . .	1610			2. P. v. Clausthal n.
	d. von da bis zur Landesgrenze, am Lindthale	1194			Lautenthal 2 M. Harzburg 3½ „
	e. im Braunschweigschen Gebiete bei Langelsheim.	1429			Braunlage 3 „ Osterode 2 „
	f. im Hannoverschen Amte Liebenburg bis an die Goslar-Hildesheimer Chaussee bei der s. g. Eisenhütte Kunigunde . . .	1074			Lauterberg 4¼ „
3	Strasse von Clausthal nach Grund.		6989	4,4	
	a. auf der Innerstestrasse. . .	1077			
	b. von da bis Grund	1065			
4	Strasse von Lautenthal n. Seesen.		2142	1,3	4. P. v. Lautenthal
	a. auf der Innerstestrasse . .	230			nach Seesen 1¼ M.
	b. von da bis zur Braunschw. Grenze	1236			Othfresen 2¼ „
5	Strasse von Zellerfeld n. Lautenthal.		1466	0,9	
	a. auf der Goslarschen Hauptstr.	992			
	b. von da nach Bockswiese . .	305			
	c. von da nach Lautenthal . .	1025			
6.	Strasse v. Zellerfeld in das Okerthal.		2322	1,46	
	a. bis Ober-Schulenberg . . .	895			
	b. v. da bis Unter-Schulenberg .	985			
	c. von da bis an die Strasse von Altenau	210			
			2090	1,3	

No.	Hauptabtheilungen, Strassen und Strecken	Länge Ruthen		Meilen	Bemerkungen.
7	Strassen von Clausthal nach Altenau und in der Umgegend v. Altenau.				Von Clausthal n. Harzburg 3½ M.
	a. von Clausthal nach d. Altenauer Silberhütte	1954			
	b. von da nach Altenau . . .	566			
	c. von der Silberhütte über die Eisenhütte und Gemkenthal bis an die Schulenberger Strasse .	930			
	d. von da bis an die Braunschw. Grenze	*420			7. d. Dieser Weg nebst der Fortsetzung bis Oker ist von dem Communion-Unterharze in den Stand gesetzt, der auch die Unterhaltung trägt.
	e. von Altenau bis an die Bruchbergstrasse bei d. Dammhause	*835			
			4685	3,0	
8.	Poststrasse über den Bruchberg nach S. Andreasberg u. Elbingerode, bis an die Braunschw. Hauptstrasse.				
	a. von Clausthal nach dem Sperberheier Dammhause . . . b. von da nach dem Sonnenberger Weghause	3236			8. a. u. b. je 1 M.
	c. von da bis auf die Braunschw. Poststrasse von Harzburg nach Braunlage	620			
			3856	2,4	
9.	Strasse im Sösethale, von der Poststrasse bei dem Dammhause von Osterode.				
	a. v. Dammhause n. Camschlacken	690			
	b. von da nach Riefensbeek . .	414			
	c. von da nach der Scheerenberger Fabrik	1455	*		
	d. von da nach Osterode . . .	520			
			3079	2,0	
	II. Strassen des südöstlichen Oberharzes (Amt S. Andreasberg).				
10.	Strasse vom Sonnenberge n. S. Andreasberg und in der Bergstadt .	—	1431	0,9	
11.	Strasse v. Sonnenberge n. Herzberg.				Von S. Andreasb. nach der Steinren. Hütte 1071 R.
	a. über die Steinrenner Eisenhütte nach Königshof	2143			
	b. von da nach Sieber . . .	1072			
	c. von da nach der Herzberger Sägemühle	1245			
	d. von da bis auf die Chaussee von Osterode nach Nordhausen .	455			
			4915	3,1	

No.	Hauptabtheilungen, Strassen und Strecken	Länge Ruthen		Meilen	Bemerkungen
12.	Strasse von S. Andreasberg bis an die Herzberger Strasse	—	635	0,4	Von S. Andreasberg n. Herzberg 2 Meilen.
13	Strassen bei Herzberg und bis an die Chaussee von Osterode nach Nordhausen	—	1618	1,0	
14	Strasse von dieser Chaussee über Lauterberg nach S. Andreasberg.				Von S. Andreasberg nach Lauterberg 1¾ Meilen.
	a. vom Zolle bei Scharzfels über die Königshütte nach Lauterberg	—	346	0,2	
	b. an d. Königshütte vorüber eben dahin	825			
	c. von Lauterberg bis auf die S. Andreasberger Silberhütte .				
	d. von der Silberhütte nach S. Andreasberg	2961			
15.	Strasse v. Lauterberg nach Braunlage.		3786	2,4	P. von Lauterberg n. Braunlage 2¼ M., Nordhausen 4 M., Osterode 3 M.
	a. auf der S. Andreasberger Str	790			
	b. von da nach Oderhaus . .	2058			
	c. von da im Trutenbeek an die Grenze	433			
			3281	2,0	
16	Strasse v. S. Andreasberg n. Oderhaus	—	1428	0,9	
	III. Herzoglich Braunschweigsche Strassen.				
17	Poststrasse von Harzburg nach Nordhausen auf Hannoverschem Gebiete bei Torfhaus nach Braunlage zu .	—	2302	1,5	
18.	Strasse über Braunlage nach Blankenburg bis an die Bremker Grenzbrücke gegen Elbingerode . . .	—	1265	0,8	
	IV. Elbingeroder Strassen.				
19	Neue Strasse von der Braunschweiger Poststrasse bei Oderbrück an Schierke vorüber nach Elend . .	—	2770	1,7	
20	Poststrasse von Clausthal nach Elbingerode u. w.				20. Von Clausthal nach Elbingerode 5,3 Meilen.
	a. über den Sonnenberg bis an die Braunschw. Poststrasse . . . . 3856 R.				s. No. 8.
	b. auf dieser im Hannoverschen Gebiete . . 587 -				s. No. 17. u. 18.
	c. auf dieser im Braunschweigsch. Gebiete . 1265 -				

No.	Hauptabtheilungen, Strassen und Strecken	Länge Ruthen		Meilen	Bemerkungen
	d. von der Grenze bis Elend. .	860			
	e. von da über Mandelholz nach Rothehütte	1275			
	f. von Rothehütte n. Elbingerode	1015			
	g. von da bis vor Rübeland . .	725			
21.	Strasse von Rothehütte nach Tanne (Grenze)	1208			P. v. Elbingerode n. Blankenburg 2 M.
22.	Strasse von Elbingerode nach Wernigerode (Grenze)	665			Halberstadt $3\frac{1}{2}$ „ Wernigerode $1\frac{1}{4}$ „
23.	Weg von der Rothehütte-Elbingeroder Strasse nach den Eisensteinsgruben am Gräfenhagensberge . .	465			Braunlage . . $2\frac{1}{4}$ „ Hasselfelde . $1\frac{3}{4}$ „ Bennecken-
24.	Alter Weg von Elend nach Elbingerode	1918	6213 *	3,9	stein . . . . 2 „
	Sämmtliche dem Oberharze angehörende oder in den Bezirk fallende Strassen und chaussirte Wege erreichen eine Länge von fast 63000 R. oder 39 Meilen, von denen noch ungefähr $2\frac{1}{5}$ Meilen unvollendet.				

Erklärung der Ziffern und Buchstaben auf der Stollenkarte des Clausthaler und Zellerfelder Grubenbezirks (Tafel IV.).

o inwendige Schächte, * eingestellte Schächte und Stollen.

I. Die Hauptstollen.

A. Georg-Stollen.
Mundloch *A*
Lichtlöcher VI — I.

B. Der Tiefste Stollen nach den Planen:

1. Lasfelder Stollen.
Mundloch *B*
Hülfsstollen Mundloch *m*
Lichtlöcher *a* — *g*

2. Ansetzungspunkt bei Badenhausen *n*
Windhausen *o*

3. Ernst August-Stollen.
Ansetzungspunkt bei Gittelde *C*
Verbindungspunkt mit dem Orte vom Silbernaaler Zuge *v*
Durchschlagspunkte *x*

II. Grubenzüge, Gruben und Versuche.

A. Gegend von Lautenthal. S. die Karte 1 — 5.

B. Gegend von Hahnenklee und Bockswiese.

Lautenthaler Hoffnungsstollen Mundloch	6
Theodore- und Beständigkeiter-Schacht	7 *
Hahnenkleer Stollen Mundloch	8 *
Grumbacher Stollen Mundloch	9
Johann Friedricher-Schacht	10
Zellerfelder Hoffnung Richtschacht	11

C. Hütschenthal-Spiegelthaler Zug.

Baumgarten-Schacht	12 *
Hütschenthals Glücks-Schacht	13 *
Himmlische Heerzugs-Stollen Mundloch	14 *
Siebengestirn-Schacht	15 *
Kleeblatt-Schacht	16 *
Spiegelthals Hoffnung-Schacht	
Bussches Segen-Schacht	17 *

D. **Festenburg Schulenberger Zug.**

Weisse Schwaner-Schacht	18*
Festenburger Stollen Mundloch	19*
Glücksrader Schacht	20*
Juliane-Sophier-Schacht	21
Schulenberger Stollen Mundloch	22

E. **Gemkenthal.**

König Georg-Schacht und Königsglücker Stollen	23* o

F. **Gegend von Grund und Silbernaaler Zug.**

Prinz Regent Schacht	24*
Magdeburger Stollen Mundloch	25
Hülfe Gottes Schacht und Stollen	26
Laubhütter Stollen Mundloch	27*
Georg-Stollen Lichtloch	IV
Schulte Stollen (Pelicaner oder Bauersberger Stollen)	29, 30
Haus Braunschweiger Schacht	31
Medings Schacht	32
Georg-Stollen Lichtloch	II.

G. **Rosenhöfer Zug.**

Rabenstollen Mundloch	34
Silbersegener Schacht	35
Alte Segener Schacht	36
Braune Lilier Schacht	37*
Rosenhöfer Schächte: untere	38
obere	39*

H. **Zellerfelder Hauptzug.**

Frankenscharner Stollen Mundloch	40
Dreizehn Lachter-Stollen Mundloch	41
Neunzehn - -	42
Ernst August-Schacht	43 o
Haus Sachsener -	44
Johanneser -	45
Samueler -	46*
Jungfrauer -	47
Schreibfeder -	48
Rheinische Weiner -	49
Haus Zeller -	50*

I. **Haus Herzberger Zug und Umgegend.**

Langer Stollen, Mundloch	52*
Kron Calenberger Schacht	53*
Franz August Schacht u. Stollen im Mönchsthal	54*

K. **Burgstädter Zug.**

Johann Friedricher Schacht	55 *
Königin Charlotter -	56 o
Lorenz -	57 *
Herzog Georg Wilhelmer-	58
König Wilhelmer -	59 *
Kranicher -	60 *
Anne Eleonorer -	61
S. Margarether Schacht	62
Herzog Christian Ludwiger Schacht	63 *
S. Elisabether -	64
Bergmannstroster -	65 *
Dorotheer -	66
Caroliner -	67
Neue Benedicter -	68 *
Versuche in östlicher Richtung bis zum Okerflusse	69 *

L. **Altenauer Bergbau.**

Schatzkammer-Stollen, Mundloch	70 *
- Schacht	71 *
Roser -	72 *
Schulthaler Stollen, Mundloch	73 *
Silber Lilie Schacht	74 *
Altenauer Glück Schacht	75 *

Zu dem vorstehenden Aufsatze gehören ferner

Tafel V. Lautenthaler Bergwerksrevier.

Tafel VI. u. VII. Wassersäulenmaschine im Grubenrevier zu Lutenthal

Profile:

Tafel VIII. 1. Ernst August-Stollen Mundloch und Hülfe Gotes.
2. Silbernaaler Zug und Rosenhöfer Zug.

Tafel IX. 1. Zellerfelder Hauptzug.
2. Burgstädter Zug (bis zum Okerflusse).

Tafel X. 1. Lautenthaler Zug und Hahnenkleer Zug.
2. Bockswieser Zug.

Tafel XI. 1. Hütschenthal-Spiegelthaler Zug.
2. Festenburg-Schulenberger Zug.

Tafel XII. Eingestellte Züge und Versuchsbaue:
1. Haus Herzberger Zug. Franz August.
2. Kleinere Versuche östlich von Clausthal
3. Altenauer Bergbau.

Tafel XIII. 1. Andreasberger Bergbau.
2. Lauterberger Bergbau.

und

Tafel XIV. Wegekarte des Oberharzes.

Berichtigungen und Zusätze.

Seite 20 Z. 15, S. 85 Z. 7 und S. 115 Z. 17, die beabsichtigte Anlegung der Zubufse bei der Grube St. Margarethe ist bisher noch nicht ausgeführt.

- 32 - 6 statt Münzofen l. Münzwesen

- 44 - 1 statt Okerflusse l. Oder

- 64 Ueber den Wegbau zu vergl. die Zusammenstellung S. 173 ff.

- 90 - 10 statt Sensen l. Seesen

- 96 - 16 l. ursprünglich von 7 L. aber wohl noch ohne die spätere Vierung von 3½ L. im Hangenden und Liegenden.

- 126 - 14, das Ort im Spitzigen Berge hatte am Schlusse des J. 1849 eine Länge von 295 L., des J. 1853 aber von 458 L. erreicht.

- 128 - 13, das Mundloch des T. Sachsenstollens liegt 45 L. unter dem Lautenthaler Hoffnungsstollen.

- 129 - 7 statt Schachtseiger l. Schacht seiger

- 131 - 13 v. u. die ganze flache Teufe des Prinzessin Auguste Caroliner Schachtes betrug 103½ L.

- 142 - 10. Von den Lauterberger Versuchen ist der Auestollen 1827 bei 105 L. Länge eingestellt und es stand am Schlusse der Jahre

	1849	1853
der Louise Christianer t. Stollen Querschlag bei	599	686 L.
das Gegenort vom Klingenthaler Schachte „	42	121 „
das obere Ort „ „ „ „	30	75 „

Seit 1848 wird von der Gemeinde Lauterberg auf dem Streichen des Kupferroser Ganges ein Versuchort getrieben, welches am Schl. 1853 etwa 170 L. lang war.

- 157 - 9 v. u. statt unter die l. oberhalb der

164 - 15 statt 389 l. 147

- 8 v. u. statt 7522 l. 7280

- 2 v. u. statt 52,7 l. 54,3

165 - 6 statt 12866 l. 12806

- 10 - 449,479 l. 449,419

Zu S. 168. Nach dem Claustbaler Harzkalender zählte man in Beziehung auf den Harz im J. 1854 von der Entdeckung der Erze im Rammelsberge 891 Jahr, von der Uebergabe des ehemaligen Communionharzes an Hannover 63 Jahre und vom Durchschlage des t. Georgstollens 54 Jahre.

S. 170 Z. 11 l. vom Burgstädter Zuge

- 173 Bemerkungen. Z. 5 l. P. = Poststationen

Tabelle über die Production der Eisenhütten Z. 5 v. u. statt 90600 l. 98600

Zu Tab. VI. Ueber die Aufbereitung sind von dem Hrn. Pochgeschwornen Wimmer zu Clausthal, — dessen Jahrsberichte und Vergleichungen bei der Uebersicht zum Grunde gelegt sind, — in der berg- und hüttenmännischen Zeitung vom J. 1853 und in Nr. 1. vom J. 1854 mehrere Bemerkungen mitgetheilt. Diese und die Bearbeitung der S. 27 angeführten Beschreibung etc. Rivot's von Hartmann, mit Zusätzen von Kerl, Osann und Wimmer, Weimar 1853, 8., in welcher jene zum Theil wiedergegeben sind, konnten in diesem Aufsatze noch nicht benutzt werden.

Tab. IX. Zu der nach den Angaben der Hrn. Marksch. Polle zu Clausthal, Wendeborn zu Zellerfeld und Strauch zu S. Andreasberg berichtigten und vervollständigten Uebersicht der Hauptschächte werden hier noch die seit 1849 veränderten Tiefen bei dem Schlusse des Jahres 1853 nachgetragen:

5.	Anne Eleonore (statt 278 l.)	276 L.
6.	Herzog Georg Wilhelm	329 -
8.	Rosenhöfer	289 -
10.	Silbersegner, seiger,	218 -
13.	Medingschacht	178 -
16.	Ernst August Schacht	56 -
17.	Haus Sachsener	189 -
18.	Jungfrauer	258 -
19.	Schreibfeder	220 -
20.	Rheinische Weiner	242 -
22.	Johann Friedricher	215 -
23.	Herzog Auguster	167 -
24.	Zellerfelder Hoffnung, seiger,	81 -
25.	Güte des Herrner Schacht	208 -
26.	Maassener	254 -
27.	Schwarze Grubener	165 -
28.	Juliane Sophier	134

Zu Tafel XIV. Wegekarte:

Bei S. Andreasberg

das Sieberstollen Mundloch nahe bei Königshof, der Oderstollen nördlich von Oderhaus

bei Lauterberg

das Auestollen Mundloch nördlich von Oderfeld, der Klingenthaler Schacht nördlich von Kupferhütte

Anh

Uebersicht der Erzförderung und der Met

Durchschnitts-Jahre	Clausthaler Bezirk Erzförd Tr.	Silber Mrk.	Blei Ctr.	Kupfer Ctr.	Zellerfelder Bezirk Erz Tr.	Silber Mrk.	Blei Ctr.	Kupfer Ctr.	Andreasberger Erz Tr.	Silber Mrk.	C
$18\frac{01}{05}$	4333	—	—	68	2430	—	—	91	800	5724	1
$18\frac{02}{04}$	—	22828	46175	52	—	4290	9238	92	—	5605	1
$18\frac{05}{08}$	—	33673	69847	47	—	6300	16870	117	—	7686	1
$18\frac{09}{13}$	—	30598	66860	70	—	6620	18450	220	—	7135	1
$18\frac{14}{19}$	5331	28417	67530	178	3307	6505	20000	300	1124	9667	1
$18\frac{20}{24}$	3680	24224	58700	260	2100	5593	17300	220	1120	10847	1
$18\frac{25}{29}$	4100	26480	63980	205	2240	8560	21430	200	1140	8140	1
$18\frac{30}{34}$	3670	30800	73200	200	2090	12975	28260	210	1120	7245	2
$18\frac{35}{39}$	3546	25795	62826	373	2095	13167	23762	211	1046	6362	
$18\frac{40}{44}$	3850	23220	56400	558	2424	14807	27370	310	1067	7114	
$18\frac{45}{49}$	4213	23843	57735	647	2324	16014	38795	345	1009	6285	

lle I.

tion des Oberharzischen Silberbergbaues.

überhaupt Silber Mrk.	Blei Ctr.	Kupfer Ctr.	Bemerkungen.
32199	59450	810	Nach Villefosse, I., p. 103, Tabl.
32733	58546	820	Vor der französischen Occupation und in den ersten Jahren derselben.
47660	88536	794	Während der letzten Jahre der französischen Occupation!
44353	87115	398	Unter der Westphälischen Regierung!
44589	89309	1068	Die Lauterberger Kupfergruben seit 1808 nur von $18\frac{14}{19}$ in gutem Betriebe.
41064	77300	760	Günstige Verhältnisse des Haushalts und Störung des Betriebes durch den Wassermangel von $18\frac{22}{23}$.
43180	86630	545	Geringste Bleipreise; stärkste Production im J. 1832 von 7009 Treib., 6970 Röste, 54128 Mrk. Silber, 111312 Ctr. Blei und 533 Ctr. Kupfer mit dem Durchschnittswerthe von 1337577 Thlr. und dem nur zu 1050000 Thlr. berechneten Ertragswerthe.
51020	103617	530	
45324	87534	687	
45742	84700	897	
46142	87511	1122	

Zusammenstellung der Erzfö

	1815			
	Erz Treib.	Schliech Röst.	Silber Mrk.	Blei Ce
I. Nach den Bezirken:				
1) Clausthal	6188	4525	27772	66
2) Zellerfeld	3768	1626	6567	20
3) S. Andreasberg	1005	391	8657	1
Ueberhaupt	10961	6542	42996	88
II. Nach dem Eigenthume:				
1) der gewerkschaftl. Gruben	3943	2832	24463	44
2) d. K. Gruben, Cassen etc.	7018	3710	18533	43
III. Nach d. Geldwerthe in Thlr.:	—	—	601944	440
1) f. d. gewerkschaftl. Grub.	—	—	354578	223
2) f. d. K. Gruben, Cassen etc.	—	—	247366	217
IV. Nach Hunderttheilen:				
A. nach den Bezirken				
1) Clausthal	—	—	65	7
2) Zellerfeld	—	—	15	2
3) S. Andreasberg	—	—	20	2
B. nach dem Eigenthum				
1) der gewerkschaftl. Gruben	—	—	56,9	5
2) d. K. Gruben, Cassen etc.	—	—	43,1	4
C. nach dem Werthe	—	—	56	41
V. Ausgaben der Gruben selbst:	—	—	—	—
1) der gewerkschaftlichen .	—	—	—	—
2) der Königlichen	—	—	—	—

Anhang. T

Schliechlieferung und des Metallausbringens

Geldw. Rthlr.	1826 Erz Treib.	Schliech Röst.	Silber Mrk.	Blei Centn.	Kupfer Centn.	Geldw. Rthlr.
728163	3884	4409	23955	61134	199	646015
203193	1982	1401	8638	20572	208	328992
142663	1170	441	8924	1166	269	137491
074019	7036	6251	41517	82872	676	1012498
—	—	—	21662	33753	204	—
—	—	—	19855	49119	472	—
—	—	—	581238	414360	16900	—
581153	—	—	303268	168765	5100	477133
492866	—	—	277970	245595	11800	535365
67,9	—	—	57,7	73,8	79,4	—
18,9	—	—	20,8	24,8	30,8	—
13,3	—	—	21,5	1,4	39,8	—
54,7	—	—	52,1	40,7	30	47,1
45,3	—	—	48,9	59,3	70	52,9
100	—	—	57,3	41	1,7	100
927000	—	—	—	—	—	878000
327000	—	—	—	—	—	390000
600000	—	—	—	—	—	488000

abelle II.

des Oberharzischen Silberbergbaues von der

1835						
Erz Treib.	Schliech Röst.	Silber Mrk.	Blei Centn.	Kupfer Centn.	Geldw. Rthlr.	Erz Treil
3412	4601	28628	66865	236	741017	436
1951	1679	13243	22972	157	304187	242
1088	304	5475	814	94	83070	101
6451	6584	47346	90651	487	1128274	780
2763	—	26898	43916	273	—	299
3888	—	20448	46735	214	—	—
—	—	662844	453255	12175	—	—
—	—	376572	219580	6825	602977	—
—	—	286272	233675	5350	525297	—
—	—	60,4	73,8	48,4	65,6	—
—	—	27,9	25,3	32	27	—
—	—	11,7	0,9	19,6	7,4	—
—	—	56,8	48,4	56	54	—
—	—	43,2	51,6	44	46	—
—	—	58,8	40,2	1	100	—
—	—	—	—	—	700000	—
—	—	—	—	—	304000	—
—	—	—	—	—	396000	—

5, 1826, 1835 und 1847.

	1847 Blei Centn.	1847 Kupfer Centn.	1847 Geldw. Rthlr.	Bemerkungen.
9	57592	840	639626	Für die Jahre und Bezirke sind die ganze Production etc. angegeben, für die gewerkschaftlichen Gruben Caroline, Dorothee, Bergmannstrost, S. Margarethe und Kranich, sowie für die nachher ausgefallenen Gruben N. Benedicte und Gabe Gottes und Rosenbusch, im Clausthaler Bezirke, Bergwerkswohlfahrt im Zellerfelder Bezirke und Samson u. Catharine Neufang zu S. Andreasberg die für sie berechneten Beträge aufgeführt. Unter den Kön. Gruben u. Cassen sind auch die für einige andere Cassen erfolgten Producte etc. mit zusammengefasst.
6	27164	303	352359	
1	989	51	90374	
6	85745	1194	1082359	
9	40145	197	—	
7	45590	997	—	
4	428725	29850	—	
6	200775	5925	550646	
8	227950	24925	531713	
	67,2	70,3	59	
	31,6	25,4	32	
	1,2	4,3	9	
	46,8	16,5	50,9	
	53,2	83,5	49,1	
	39,6	2,8	100	
	—	—	839000	
	—	—	370000	Ohne die Ausgaben der Hauptstollen, Versuche, allgemeinen Zwecke etc.
	—	—	469000	

Anha

Zusammenstellung der Erzförderung de

für 1 Treiben Erz nach dem Met

1816,

Gruben	1816 Erz Tr.	1816 Geldw. Thlr.	1816 Ausgab. Thlr.
I. Clausthaler Bezirk.			
A. Burgstädter Zug.			
1) Caroline	1022	124,2	89
2) Dorothee	1527	168,1	163,7
3) Bergmannstrost	90	87,5	40,6
4) Neue S. Margarethe . .	315	78,1	95,2
5) Kranich	545	73,8	46,6
6–8) Königl. Gruben . . .	800	45,8	72,5
9) Königin Charlotte . . .	—	—	—
B. 10–12) Rosenhöfer Grub.	977	76,7	111,4
II. Zellerfelder Bezirk.			
13–15) Hauptzug	1993	68,3	68,3
16) Herz. Aug. u. Joh. Friedr.	171	71,2	124,3
17) Lautenthals Glück . . .	1213	52,3	74
18) Juliane Sophie	28	85	148,7
19) Bergwerkswohlfahrt . . .	—	—	—
20) Hülfe Gottes	—	—	—
III. S. Andreasberger Bezirk.			
21) Catharine Neufang . . .	109	326	230,9
22) Samson und Felicitas .	212	344,7	186,7
23) Andreas Kreuz	294	68,2	101,7
24–26) Vereinigte Gruben .	320	114,6	184

e III.

chen Silbergruben und der Geldbeträge d den Ausgaben von den Jahren 1847.

Ausgab. ılr.	1847 Erz Tr.	1847 Geldw. Thlr.	1847 Ausgab. Thlr.	Bemerkungen.
7,5	375	127	97,3	
8,4	618	219	139,2	
3,6	632	154	82,2	
1,3	412	168,4	129,4	* 4. Der Betrieb der Grube Neue S. Margarethe vorübergehend sehr günstig.
8,6	357	83	65	
2,5	815	78,7	77,6	6.–8. Anna Eleonore, Herzog Georg Wilhelm und König Wilhelm.
3	105	140	177	
5,6	968	104	119	
4,5	849	62	72	13.–15. Die noch in Betrieb stehenden Gr. Ring u. Silberschnur u. Regenbogen u. d. 1816 u. später eingestellten Gruben Haus Hannover und Braunschweig, N. S. Joachim und Charlotte.
1,9	315	205	158	
2,6	664	82,5	111	
8,9	129	52	97,5	
9	230	334	242	
4	228	249	124	
2,9	61	337	213,4	
8	314	159	277,5	
3,4	295	39,4	159	
8,8	342	47,3	74,6	24.–26. Gnade Gottes, Abendröthe und Bergmannstost.

Bezirke, Reviere und Gruben.	Belegung Aufseher	Arbeiter	Erz Tr.
I. Clausthaler Bezirk.			
A. Burgstädter Zug.			
1) Gewerkschaftliche Gruben . . .	40	529	2309
2) Königliche Gruben	16	267	911
Zusammen	56	796	3220
B. Rosenhöfer Zug	20	407	951
Ueberhaupt	76	1203	4171
II. Zellerfelder Bezirk.			
A. Gew. Grube Bergwerkswohlfahrt . .	10	128	210
B. Königliche Gruben:			
1) Hülfe Gottes	3	63	208
2) des Hauptzuges	16	205	783
3) Herzog Aug. u. Johann Friedrich	11	147	294
4) Lautenthals Glück	13	175	583
5) Juliane Sophie	4	43	130
zusammen	47	633	1998
Ueberhaupt	57	761	2208
III. Andreasberger Bezirk.			
1) Gewerkschaftliche Gruben . . .	15	235	317
2) Königliche Gruben	12	151	556
Ueberhaupt	27	386	873
Alle Gruben zusammen . . .	160	2350	7252
„ „ „ 1835			6451
Gewerkschaftliche 1849	65	892	2836
Königliche „	95	1458	4416

Anhang.

Jebersicht des Betriebes der Oberha

n Blei Ctr.	Kupfer Ctr.	Erz- und Berg- Gewinnung	Förderung	Unterhaltung der Gruben	Absenkung der Schächte	Versuch-arbeiten	
34453	149	49729	14048	11389	667	769	
5502	477	25805	7897	5419	—	—	
39955	626	75534	21945	16808	667	769	
10610	33	40582	7157	6343	1390	—	
50565	659	116116	29102	23151	2057	769	
6062	24	10559	3070	3713	570	—	
2358	7	3855	804	1659	470	2482	
4309	8	17345	4849	5066	1039	—	
8399	14	8862	3400	2479	1068	4950	
5785	264	14470	4060	3771	857	—	1
886	12	3409	597	666	—	1441	
21740	305	47941	13710	13641	3434	8873	
27802	329	58500	16780	17354	4004	8873	
75	142	16554	3716	2004	—	7501	
815	140	13314	2163	1003	—	3263	
890	282	29868	5879	3007	—	10764	
79257	1270	204484	51761	43512	6061	20406	7
82996	439	161205	44806	39081	4770	14623	7
41561	315	76842	20834	17106	1237	8270	2
37696	955	127642	30927	26406	4824	12136	4

Tabelle IV.

…rzischen Silbergruben vom Jahre 18…

Künste	Scheidung der Erze	Aufbereitung	Baue und Reparaturen	Materialien	Erstattungen	Steuern	Bergwerks-…
1909	305	26621	2083	28094	5881	16632	43…
497	32	7229	120	12836	1466	3573	—
2406	337	33846	3203	40930	7377	20205	43…
1226	—	8061	399	15964	1483	2124	—
3632	337	41907	2602	56894	8860	22329	43…
300	904	7376	472	6176	515	1291	80…
141	—	5931	85	2742	116	95	—
624	1859	5292	328	11737	1088	525	—
707	648	5290	571	8718	372	231	—
1428	988	7325	3246	11377	2135	210	—
229	—	1809	45	2473	224	59	—
3129	3495	25647	4275	37047	3935	1120	—
3429	4399	33023	4747	43223	4450	2411	804…
779	2059	3665	583	10290	6687	2309	30…
28	381	5204	4	6308	296	1838	—
807	2440	8869	587	16598	6983	4147	30…
…7868	7176	83799	7936	116715	20293	28887	1265…
…7599	7026	75740	6520	120889	12112	26050	1839…
…2988	3268	37658	3138	44560	13083	20232	1265…
…1880	3908	46141	4798	72155	7210	8655	—

Ausgaben	Hüttenkosten	Ganze Ausgaben	Ausbeute	Bemerkungen.
13	74810	254454	41080	Ausbeute auf 130 Kuxe.
-	12152	81820	—	Sonstige Ausgaben unter anderen für Drahtseilfabrication.
13	86962	326274	41080	
-	22411	113555	—	
13	109377	449829	41080	
35	14230	60496	22008	Ausbeute auf 131 Kuxe.
-	5645	25601	—	
51	8888	62498	—	
11	16472	56426	—	
33	12656	66169	—	
29	1680	13629	—	
74	45341	224323	—	
09	59571	284819	22008	
24	8386	70574	1560	Ausbeute auf 130 Kuxe.
47	9583	46604	—	
71	17969	117178	1560	
93	186913	851826	64648	
52	212010	—	47888	
72	97426	385524	64648	
21	89487	466302	—	

Anhang. Tabelle V.

Uebersicht des Betriebes der Versuchbaue, Stollen und anderer Zweige des Oberharzischen Silberbergbaues vom Jahre 1849.

Betriebszweige	Belegung: Aufseher	Belegung: Arbeiter	Ausgabe Rthlr.	Bemerkungen
I. Hoffnungsbaue u. Versuche.				
1) Grube Gabe Gottes und Rosenbusch		10	3180	I. Neben diesen Kosten für selbstständige Versuche sind an Löhnen für Versucharbeiten noch bei den Gruben 10764 Rthlr., bei den Stollen aber 6127 Rthlr. verwandt.
2) im II Rosenhöf. Reviere	1	5	1618	
3) auf d. Silbernaal. Gange	—	—	3076	
4) vom vierten Georgstollen Lichtloche	3	36	3282	
5) Grube Ernst August . .	—	—	4885	
6) in Lautenthal	—	—	1130	
7) in Andreasberg, Dorotheer Ort	—	6	1135	
8) bei Lauterberg	1	22	3642	
zusammen	—	—	21948	
II. Die Stollen.				II. Ausser den Stollenkosten u. Verwendungen für Versuche umfassen der Georgstollen die Ausgaben für die Silbersegner Wassersäulenmaschine, die Neunzehn- und Dreizehn-Lachterstollen aber gemeinschaftliche Ausgaben d. Burgstädter Zuges, die Erzverschiffung etc., welche v. d. Gruben erstattet werden, das Zellerfelder erste Revier den Betrieb des westlichen Hauptzuges bis zur Grube Ernst August und den der Grube Spiegelthals Hoffnung.
A. Clausthaler Bezirk:				
1) Tiefe Georgstollen. . .	1	—	8113	
2) Neunzehn- u Dreizehn-Lachterstollen	—	—	8215	
B. Zellerfelder Bezirk:				
Erstes Stollenrevier. . . .	3	66	11919	
C. S. Andreasberger Bezirk.	1	7	2076	
zusammen	—	—	18124	
III. Pulver- u. Zechenhäuser .		—	1098	
IV. Pulverfabrikation:				
Betrieb der Fabrik in Lautenthal	—	—	3556	
Ankauf von Salpeter und Schwefel.	—	—	12815	
für den Privatbetrieb . . .	—	—	3002	
überhaupt	—	—	19374	
V. Bauhof zu Clausthal . . .	1	40	16044	
VI. Wasserwirthschaft:				VI. Einschliesslich der Arbeiten für Steinbrüche und in Clausthal für den Betrieb von zwei Wasserläufen; ungleiche Arbeiterzahl v. 50 bis 125 Mann.
1) im Clausthaler Bezirke	12	61	13386	
2) im Zellerfelder „	8	86	8608	
3) im Andreasberger „	—	2	1027	
zusammen	—	—	18142	
VII. Schiefergr. b. Lautenthal	—	—	1236	VII. Dachschieferbruch.

Bezirke	Scheidhäuser	Erzwäschen	Walzwerke	Pochwerke	Krätzpochw.	Thonschiefer
Clausthal	11	—	8	23	2	2
Zellerfeld	7	2	4	12	1	–
S. Andreasberg	1	3*	—	7	1*	
Ueberhaupt	19	5	12	42	4	2

Bezirke	Walzwerke	Pochstempel	Separationsrätter	Luttenrätter	Stockelwäschen	Rätterwäschen
Clausthal	22	49	29	2	—	1[illegible]
Zellerfeld	12	26	9	—	—	1[illegible]
S. Andreasberg	—	18	6	—	—	[illegible]
Ueberhaupt	34	93	44	2	—	3[illegible]

Bezirke	Verarbeitetes Erz, Treiben			der Gruben
	von den Gruben	von den Halden	zusammen	
Clausthal	4862	49	4911	3165
Zellerfeld	1993	—	1993	1339
S. Andreasberg	850	—	850	236
Ueberhaupt	7705	49	7754	4740

Anhang.

Uebersicht der Aufbereitung…

1) Der Werkstätten, Ma…

Walzenpaare	Pochstempel	Separations-rätter	Luttenrätter	Stockelwäschen	Rätterwäschen	Trommel-wäschen	Durchlässe	Setzmaschinen	Schossgerenne, beweglich	Schlämmgräben…
7	183	34	4	3	20	—	33	168	—	9…
4	96	16	—	1	14	1	19	80	—	6…
—	60	8	—	—	9	—	9	35	2	3…
11	279	58	4	4	43	1	61	280	2	18…

2) Der Belegung bei …

Setzmaschinen	Schossgerenne	Schlammgräben	Spitzkasten.	Stossheerde	Sichertröge	Kehrheerde	Plannenheerde	Bergwäschen	Schlamm-wäschen	Halden-…
180	—	113	—	4	7	170	46	—	—	—
76	—	75	—	—	—	112	26	22	—	…
11	—	47	—	—	3	52	14	—	—	—
267	—	235	—	4	10	334	86	22	—	…

3) Des…

…n Schliech, Röste						Geha… im Ganzen		
Trockne (Pochwerke)	Nasse (Pochwerke)	Wascherz	Arsenik	Arm u. After	insgesammt	Silber Mrk	Blei Ctr.	Schliech Ct…
1734	1097	—	—	—	3481	27242	72172	2…
590	569	—	—	—	1407	10450	31908	2…
16	222	9	22	214	245	6439	3811	1…
3270	1863	—	—	—	5133	44133	107891	—

Tabelle VI.

am Oberharze vom Jahre 1849.

ıschinen und Vorrichtungen.

	Stossheerde	Sichertröge	Kehrheerde	Plannenheerde	Spitzkasten.	Ueberhaupt
6	2	4	152	25	—	697
0	—	—	89	13	—	373
2	—	3	46	9	—	204
8	2	7	287	47	—	1274

1. Unter den Poch
wohlfahrt und die der
2. Auf der Clausth
Lautenthal und Andreas
3. Die Aufbereitun
a. im Clausthal
α. das Thals
β. das Inners
Bergwerks
b. im Zellerfeld
α. das Zellerf
β. das Laute
4. Unter den Setzm
Die Spitzkasten
* mit abwech

dem Betriebe der

scheidebänke	Krätzpochw.	Thonschief-pochw. u. Walz.	Scheidhäuser	Ueberhaupt Arbeiter bei der Erz-Aufbereitung	Ueberhaupt Arbeiter bei der After-Aufbereitung	Aufseher
-	—	8	142	956	878	53
8	—	—	—	520	474	23
-	—	—	—	205	204	12
8	—	8	142	1681	1556	88

5. Zu den Scheidh
6. Im Clausthaler
7. Die Verarbeitun

Betriebes.

lt	auf 1 Treiben Silber	auf 1 Treiben Blei	Ausgaben: Löhne Arbeit.	Löhne Fuhrl.	Löhne zusammen	Materialien	andere Ausg. Baue u. Reparaturen	sonstige
r.	Mrk.	Ctr.	Rthlr.	Rthlr.	Rthlr.	Rthlr	Rthlr.	Rth
7	6,5	16,84	50970	6768	57738	12755	4439	25
6	5,4	16,01	22769	3064	25833	6935	1338	19
1	7,9	4,50	8314	426	8740	2169	670	5
..	—	—	82053	10258	92311	21859	6447	50

emerkungen

lie Dorotheer Erzwäsche, das Pochwerk etc. der Grube Bergwerks-
ger gewerkschaftlichen Gruben eben diesen Gruben.
er Hütte sind besondere Stuffpochwerke vorhanden, aber die zu
zu anderen Zwecken benutzt.
l — abweichend von den Gruben —
i Reviere getheilt
senhöfer Zug, das Clausthaler Pochthal und die Silberhütte,
r die Pochwerke an der Innerste oberhalb der Hütte, auf der Grube
Burgstädter Zuge, im Polsterthale und auf der Altenauer Silberhütte;
lls in zwei Reviere
verke bei Zellerfeld, Spiegelthal, Wildemann, Grund und Schulenberg,
die Werke bei Bockswiese und zu Lautenthal.
sich in Clausthal 59, in Zellerfeld aber 1 gewöhnliche Stauchmaschine.
Jahre 1849 noch nicht angewendet.

das neue der Grube Margarethe mit 61 Arbeitern hinzugekommen.
Bezirke je 2, im Andreasberger Bezirke 1 Obersteiger.
Winterarbeit, pflegt 18 Wochen zu dauern.

Ueberhaupt Rthlr.	Kosten auf 1 Rost Schliech von dem Grubenerz Rthlr.	Kosten auf 1 Rost Schliech von dem After Rthlr.	Bemerkungen
77503	$19\frac{1}{8}$	$38\frac{1}{8}$	8. Einschliesslich 97 und 53, zusammen 150, Röste Kupferkies, ohne Silber- und Bleigehalt.
36063	$25\frac{1}{24}$	$56\frac{3}{4}$	9. Für S. Andreasberg ist die Schliechlieferung in doppelter Weise angegeben.
12110	$49\frac{1}{3}$	52	10. Die Arbeitslöhne begreifen nur die der Aufbereitungsarbeiten selbst, die für die Fuhrlöhne auch 1366 Rthlr , 393 Rthlr. und 56 Rthlr., zusammen 1815 Rthl., an Hundsläuferlöhnen.
25678	—	—	

Anhan

Zusammenstellung der Erfolge der A
Jahren 1

	1825						
			auf 1 Treiben				
			Silber		Blei		
	Erz	Schliech					Erz
	Trb.	Röste	M.	L.	Ctr.	Pfd.	Trb.
I. Burgstädter Zug.							
A. Gewerkschaftl. Gruben:							
1) Caroline	286	327	8	11	23	17	240
2) Dorothee	1094	1369	7	8	24	58	582
3) Bergmannstrost . .	142	91	4	2	13	46	205
4) S. Margarethe . . .	103	48	3	7	8	29	211
5) Kranich	316	190	6	—	12	79	224
zusammen	1941	2025	7	—	20	77	1462
B. Königliche Gruben:							
6) Anne Eleonore . .	275	145	5	12	10	66	232
7) Herzog Georg Wilhelm	130	46	3	12	9	39	336
8) König Wilhelm . .	41	32	5	3	13	85	55
9) Königin Charlotte .	—	—	—	—	—	—	25
zusammen	446	223	4	15	10	—	648
dazu gewerkschaftl. Gruben	1941	2025	7	—	20	77	1462
Burgstädter Zug überhaupt	2387	2248	6	9	18	76	2110
II. Rosenhöfer Zug.							
10) N. Thurm Rosenhof.	373	325	3	8	15	48	236
11) Altersegen . . .	220	337	6	6	27	88	212
12) Silbersegen . . .	404	498	5	8	21	16	278
zusammen	997	1161	5	—	20	52	726
dazu die Burgstädter Gruben	2387	2248	6	9	18	76	2110
Die Clausthaler Gruben überhaupt	3384	3409	6	2	19	—	2836
III. Silbernaaler Zug.							
13) Bergwerkswohlfahrt.	83	82	14	8	15	69	317
Die Gruben zusammen	3467	3491	6	4	—	—	3153
IV. Die Knappschaftscasse .	27	367	—	—	—	—	97
im Ganzen	3494	3858	6	14$\frac{5}{8}$	20	76$\frac{1}{2}$	3250

e VII.
ng des Clausthaler Bezirkes von den
und 1845.

iben Blei Ctr.	Pfd.	1845 Erz Trb.	Schliech Röste	auf 1 Treiben Silber M.	L.	Blei Ctr.	Pfd.
9	66	327	250	7	13	17	55
13	47	584	872	9	5	32	61
33	53	584	562	6	3	21	40
40	41	297	316	9	10	23	6
18	91	272	168	6	4	14	23
33	56	2064	2168	7	13	23	29
9	2	202	77	3	15	8	26
12	—	313	179	4	11	12	44
5	58	80	31	3	11	9	2
—	—	54	59	.....	—	—	—
7	56	649	346	3	15	9	69
33	56	2064	2168	7	13	23	29
29	61	2713	2514	6	14	20	—
16	66	265	177	2	10	12	37
35	27	201	284	7	4	26	82
21	40	195	171	4	11	16	85
23	88	661	632	4	10	18	—
29	61	2713	2514	6	14	20	60
26	24	3374	3146	6	3	19	63
21	97	286	361	20	8	24	37
—	—	3660	3507	7	9	20	—
—	—	101	255	—	—	—	—
26	80	3761	3762	7	14½	20	73¾

Bemerkungen

Nach den Berechnungen des im J. 1847 verstorbenen Pochverwalters Ey.

Für die Aufbereitung ist es nicht zu vermeiden gewesen, die zum Zellerfelder Bezirke gehörende Grube Bergwerkswohlfahrt noch dem Clausthaler Bezirke hinzuzurechnen.

No. 7. Einschliesslich der bis 1836 noch selbstständig gebliebenen Grube „Englische Treue."

No. 9. Die Grube Königin Charlotte liefert nur Kupferkies und fällt deshalb bei der Angabe des Gehalts an Silber und Blei aus.

IV. Der Knappschaftscasse sind die Halden und After überwiesen.

Anhang. Tabelle VIII.

Uebersicht des Betriebes der Oberharzischen Silberhütten vom Jahre 1849.

	Hütten zu Claus-thal.	Altenau.	Lauten-thal.	An-dreas-berg.	zu-sammen.	Bemerkungen.
I. Belegung:						
Arbeiter	164	106	76	53	399	ohne die Poch-arbeiter.
Aufseher	8	6	4	2	20	
II. Betrieb:						
A. Verschmolzene Schlieche, Röste	2265	1431	1124	291	5111	
B. Erfolg:						
1. Brandsilber . . Mrk.	20098	11002	8613	6623	46336	3. einschliesslich 82 Ctr. an Naturalabgaben. Ausserdem sind aus alten Glöttevorräthen 4778 Ctr. Blei erfolgt. 4.* und Krätzblei.
2. Glötte . . . Ctr.	8364	2475	2550	—	13369	
3. Blei . . . . . „	34402	21843	18151	503	74899	
4. Hartblei . . . „	1450	*1215	346	400	3411	
5. Kupfer . . . „	—	745	358	284	1387	
6. Arsenikglas . . „	—	—	—	348	348	
C. Verbrauch:						An Schlackensteinen sind auf der Clausth. H. 113,870, auf der Altenauer H. 104044 Stück angefertigt.
1. Eisengranalien . Ctr.	11551	5286	6065	1185	24087	
2. Cokes . . . Balg.	31057	18920	18450	—	68427	
3. Kohlen . . . Maass	94525	56207	42723	25500	218955	
III. Geldausgabe:						
1. bei den Arbeitszweigen. Thlr.	26794	13842	10017	5948	56601	
2. für Materialien . . „	60178	37229	32116	9412	138935	
3. für Baue und Reparaturen	3526	1332	1152	1063	7073	
4. Generalkosten . . . „	4673	3568	3252	2472	13965	
5. sonstige Ausgaben . „	2738	153	93	662	3646	
Zusammen	97909	56124	46630	19557	220220	

Bezirke	Grubenzüge etc.	G
I. Clausthal.	A. Burgstädter Zug	1)
		2)
		3)
		4)
		5)
		6)
	B. Rosenhöfer Zug	7)
		8)
		9)
II. Zellerfeld.	A. Silbernaaler Zug etc.	10)
		11)
		12)
	B. Hauptzug	13)
		14)
		15
	C. Spiegelthaler Zug	10
	D. Bockswieser Zug	16
	E. Lautenthal	17
	F. Schulenberger Zug	18
III. S. Andreasberg.	A. S. Andreasberg	19
		20
		21
		22
	B. Lauterberg	Ve

Anhang.

bersicht der Tiefen der Hauptschäch

llen	Schächte	1700	1725
. . .	1) Caroline	—	80
. . .	2) Dorothee	—	104
he . .	3) S. Elisabeth	119	138
	4) S. Margarethe. . . .	135	152
. . .	5) Anne Eleonore . . .	156	172
ilhelm .	6) Herzog Georg Wilhelm .	96	152
e . .	7) Königin Charlotte . .	—	—
senhof.	8) Rosenhöfer Schacht . .	150	151
. . .	9) Altesegener „ . . .	90	113
. . .	10) Silbersegener „ . . .	—	—
. . .	11) Zweites Lichtloch . .	—	—
	12) Viertes „ . .	—	—
hrt . .	13) Medingschacht . . .	—	—
	14) Haus Braunschweiger Sch.	* 167	167
. . .	15) Hülfe Gottes Schacht .	—	—
. . .	16) Ernst August „ . .	—	—
„	17) Haus Sachsener „ . .	* 78	78
. . .	18) Jungfrauer „ . .	* 102	137
„	19) Schreibfeder „ . .	* 147	147
rschnur .	20) Rheinische Weiner Sch. .	* 109	116
ffnung .	21) Spiegelthals Hoffnung .	—	—
h. Friedr.	22) Johann Friedricher Sch.	* 42	56
„	23) Auguster „	* 72	72
„	24) Zellerfelder Hoffnung „	—	—
ick . .	25) Güte des Herrn „	—	—
„	26) „ „ „ Richtsch.	—	—
„	27) Maassener Schacht . .	* 73	91
„	28) Schwarze Grubener Sch.	* 124	138
„	29) S. Jacober Schacht . .	* 13	98
. . .	30) Juliane Sophie . . .	—	—
ang . .	31) Cath. Neufanger Schacht	24	83
. . .	32) Samson „	35	116
„	33) Felicitas „	198	200
. . .	34) Andreas Kreuz „	—	28
ben . .	35) Gnade Gottes „	—	55
„	36) Bergmannstrost „	—	—
„	37) Abendröthe „	—	—
	38) Gottes Segener „	—	—
. . .	39) Klingenthals Kopf „	—	—

Tabelle IX.

ıte des Oberharzischen Silberbergba

1750	1775	1800	1820	1830	1840
137	176	212	242	254	254
151	177	195	230	262	278
160	168	176	201	225	257
152	152	152	132	132	132
217	224	224	234	275	278
219	223	223	266	310	315
—	—	—	—	—	57
163	163	173	197	225	260
153	154	163	218	218	220
—	—	—	60	174	194
—	—	82	82	108	108
—	—	69	69	69	69
—	—	—	—	111	140
† 167	† 167	† 167	† 167	† 167	167
—	—	—	—	—	78
—	—	—	—	—	—
88	93	134	143	160	160
198	203	203	203	203	227
152	158	158	158	184	184
119	119	129	178	192	225
—	—	—	41	94	94
60	60	64	110	171	194
110	110	110	110	116	128
—	—	—	—	33	59
101	121	144	152	164	172
—	—	—	—	—	23
118	160	171	179	179	186
150	150	150	155	155	155
137	150	150	150	150	150
—	42	50	85	113	125
158	186	228	228	228	228
153	193	241	302	333	370
† 213	† 213	† 213	† 213	222	243
50	94	121	196	212	235
94	140	149	149	149	149
30	73	103	136	136	136
13	54	88	88	88	88
6	100	108	108	108	108
—	—	—	—	—	—

9	Bemerkungen
4	Die Zahl der Lachter (6,57' H.) ist nach der flachen Teufe angegeben.
1	† Eingestellte Schächte.
7	Die Schächte der Gruben des Burgstädter Zuges Bergmannstrost, Kranich und König Wilhelm sind schon seit langer Zeit nicht mehr in Stande.
2	
3	1. Der Caroliner Schacht 1713 angefangen, nur bis auf 236 L. fahrbar.
5	
2	2. Der Dorotheer Schacht 1709 angefangen.
1	4. Der Margarether Schacht bis auf den Georgstollen verstürzt.
0	7. Vom Georgstollen ab 1835 angefangen.
1	
8	II. Für den Zellerfelder Bezirk hat statt des Jahres 1700 nur das Jahr 1716 angegeben werden können. *
1	10. Im J. 1817 angefangen.
5	
4	12. Schacht zu Wiemannsbucht.
4	13. Im J. 1829 angefangen.
3	14. Die Wiederaufnahme im J. 1834 angefangen.
0	15. Im J. 1831 wiederaufgenommen.
2	16. Vom Neunzehnlachter Stollen seit 1845 abgeteuft, 25 L. unter Tage.
6	17. Lange bis auf den Georgstollen abgegangen, wegen des Ernst August Stollens wieder aufgemacht und weiter abgesenkt.
4	
4	21. Im J. 1816 angefangen.
2	
47	
30	
32	
94	26. Von 1839 bis 1842 abgesenkt.
06	27. Seit 1844 zu Tage ausgeführt.
55	
50	
33	
28	
12	
43	33. Seit 1826 wiederaufgemacht.
56	
49	
36	
88	
08	
48	III. B. Der auf 147½ L. niedergebrachte Louise Christianer Schacht ist noch bis auf den Stollen 33 L. offen.

Stollenmittel, Schachtarbeiten und andere Gegenstände der Ausgaben.
1. Stollenmittel vom Mundloche zum . . . . . Hülfe Gotteser Schachte . . . .
2. Stollenmittel vom Hülfe Gotteser Schacht zum . IV. Georgsstollen Lichtschachte . . . . . .
3. Stollenmittel vom IV. Lichtschachte zum . . . Bergwerks Wohlfahrter Wasserstr. Orte . . .
4. Bergwerks Wohlfahrt. Wasserstr. Ort an den Stolle
5. Mittel vom Bergw. Wohlf. Wasserstr. Orte zum . Ernst Auguster Schachte . . . .
6. Absenken des Ernst Auguster Schachtes . . .
7. Instandsetzung u. Absenk. d. Haus Sachsener Schachte
8. Mittel vom Ernst Auguster Schachte zum . . . Haus Sachsener Schachte . . . .
9. Mittel vom Haus Sachsener Schachte zum . . . Schreibfeder Schachte . . . .
10. Flügelort vom Schreibfeder Schachte zum . . . Johann Friedricher Schachte . . . .
11. Nachreissen der Sohle vom Schreibfeder Schachte bi zum Lorenzer Schachte . . . .
12. Allgemeine Kosten . . . .
zusammen

Anhang.

Kosten-Anschlag der Anlag…

…eits-		Gesteinsarbeiten:						
…iefe. …er	Zeit. Jahr	Löhne. Rthlr.		Materialien. Rthlr.		andere Ausgaben. Rthlr.		i…
	12½	18200	33800	3848	7568	507	1014	22
	12½	15600		3720		507		19
	14¼	19101	37197	4652	9156	595	1457	24
	14½	18096		4504		862		23
	8	10539	15531	2670	3966	470	705	13
	4	4992		1296		235		6
	5	4640	4640	1358	1358	211	211	6
	12¾	15912	27600	4122	7154	756	1037	20
	9¼	11688		3032		281		15
55								
23¼	3½	2038	5763	1281	2159	103	216	3
		3725		878		113		4
	4¼	5304	15072	1417	4026	176	495	6
	7¾	9768		2609		319		12
	11½	15504	34632	4044	9154	480	1094	20
	15⅓	19128		5110		614		24
	19	25766	51532	6362	12477	038	1876	33
	19	25766		6115		938		32
—	—	—	6576	—	1583	—	266	
—	—	—	—	—	—	—	—	
—	—	—	232343	—	58601	—	8371	

Tabelle X.

e des Ernst August-Stollens.

ásgesammt. Rthlr.		Förderung. Rthlr.		Zimmerung und Mauerung. Rthlr		Baue, Anla Vorrichtun und Reparatur Rthlr.	
355 827	42382	954 3194	4148	4043	4043	2978 2297	52
348 461	47809	3097 3862	6959	1131	1131	2149 2250	43
679 523	20202	1984 1469	3453	330	330	1624 680	23
209	6209	962	962	—	—	341	3
790 001	35791	4988 2344	7332	1284	1284	2381 1400	37
422 716	8138	460	460	347	347	876	8
897 696	19593	869 2051	2920	1180	1180	463 999	14
028 852	44880	2868 3596	6464	— —	—	1979 2518	44
066 819	65885	5593 7110	12703	1112 1125	2237	3293 3966	72
—	8425	—	1888	205	205	—	–
—	—	—	—	—	—	—	–
—	299315	—	47249	—	10757	—	30

e	Ueberhaupt für die Abtheilung. Rthlr.	Ueberhaupt im Ganzen. Rthlr.
8	30745 4043 26518	61306
0	30945 1131 30873	62949
0	18237 330 9022	27589
6	7748	7748
0	29199 1284 19395	49878
3	3442 8032	11474
8	8651 1180 16282	26113
10	25695 31956	57651
16	49403 1350 51588	102401
88	—	12806
05	29505	29505
904	—	449419

Bemerkungen.

1. Nach neueren Wahrnehmungen, welche in der ersten Columne berücksichtigt sind, werden die Durchschläge vermuthlich auf etwas veränderte Punkte treffen, als 1851 in den Anschlägen angenommen war, auch Bohrlöcher behuf des Wetterwechsels anzuwenden seyn.

2. Bei den Gesteinsarbeiten sind unter Materialien etwa 27000 Rthlr. für Pulver, 18000 Rthlr. für Oel und 13500 Rthlr. an Schmiedekosten, unter „anderen Ausgaben" aber besonders der Magazinschaden, das Gnadenlohn und die Steuern für andere Werke und Cassen berechnet.

3. Die Kosten der Absenkung des Ernst August Schachtes, als einem selbstständigen Versuchbaue angehörig, fallen nicht unter die Ausgaben für die Anlage des Stollens.

4. Auf S. 164 ist wie hier (bei Nr. 4) statt 389 L. zu lesen 147 L. und im Ganzen 7280 L. statt 7522 L., und 54,3 Thlr. statt 52,7 Thlr., auch S. 165 12806 Thlr. statt 12866 Thlr. und 449,419 Thlr. statt 449,479 Thlr.

Anha

Uebersicht der Be

Abtheilungen.	Anzahl der Einwohner.					
	1791	1812	1824	1836	1848	185
I. Bergstädte.						
1. Clausthal . .	7845	7313	8246	9379	9164	97
2. Zellerfeld . .	3400	3485	3634	4368	4825	49
3. Altenau . .	1060	1184	1440	1632	1835	19
4. Lautenthal .	1800	2133	2019	2121	2220	22
5. Wildemann .	964	998	1051	1142	1257	13
6. Grund . . .	780	876	952	1286	1502	14
7. S. Andreasberg	4000	3359	3864	4114	4302	42
zusammen	19849	19348	21206	24042	25105	258
II. Bergamtsbezirk.	„	3173	4057	4113	5663	557
Oberharz überh.	„	22521	25263	28155	30768	3145
III. Amt Elbingerode	„	3130	3600	4020	4106	427
Ganze Harzbezirk	„	25651	28863	32175	34874	3573

lle XI.

g des Harzbezirkes.

ohnstellen.	
2	1852
6	772
1	388
5	188
5	232
5	144
6	185
0	429
8	2338
0	507
3	2845
)	443
3	3288

Bemerkungen.

1. Die Angaben für 1791 aus Gilbert, für 1812 aus Hassel statist. Repert. d. Königr. Westphal., die übrigen aus den Zählungslisten entnommen.
2. Bei einigen Städten ist eine scharfe Vergleichung nicht immer zutreffend, weil die Verhältnisse der Gemeinden etc. neuerlich sich verändert haben.
3. Abgesehen von allmäliger Zunahme der Bevölkerung und dem Einflusse des Druckes der Fremdherrschaft sind die wesentlichsten Abweichungen durch grosse Feuersbrünste, in S. Andreasberg (1796), in Zellerfeld (1812), in Clausthal (1844), durch die neuen Gruben für Wildemann und Grund, durch den stärkeren oder neuen Betrieb der Eisenhütten bei Altenau und Lerbach und durch einige Fabriken veranlasst.
4. Die Anzahl der Wohnstellen hat sich zum Theil in Folge der grossen Feuersbrünste verringert, indem statt der abgebrannten, oft noch sehr kleinen, Häuser ungleich geräumigere erbauet sind.
5. Auf den Zustand von Lautenthal wirkte besonders die Beschränkung des dasigen Bergbaues und die Einstellung der Hahnenkleer Gruben sehr ein.
6. Von dem ehemaligen Bergamtsbezirke fallen seit 1852 in 7 Wohnstellen etwa 70 Einwohner dem Amte Scharzfels zu.

KARTE
der
TIEFEN STOLLEN
der
Clausthaler u. Zellerfelder Grubenbezirke

Mit Zugrundelegung der Karte des Herrn Prediger
vom nordwestlichen Oberharze

CLAUSTHAL 1851.

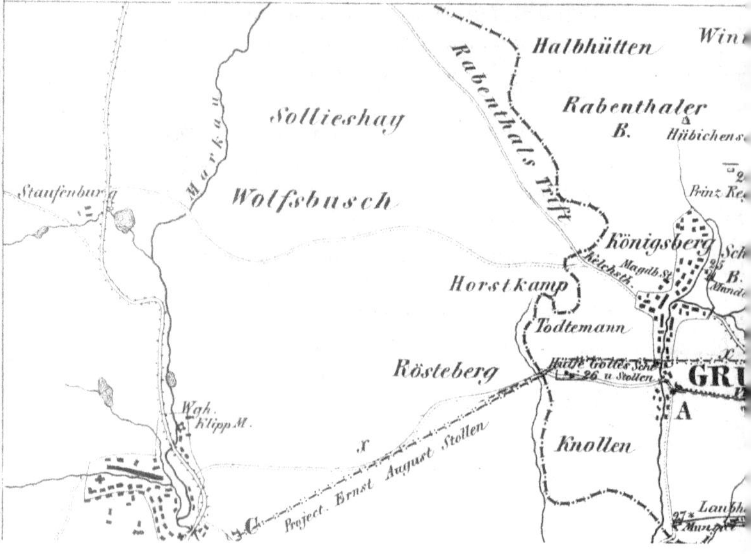

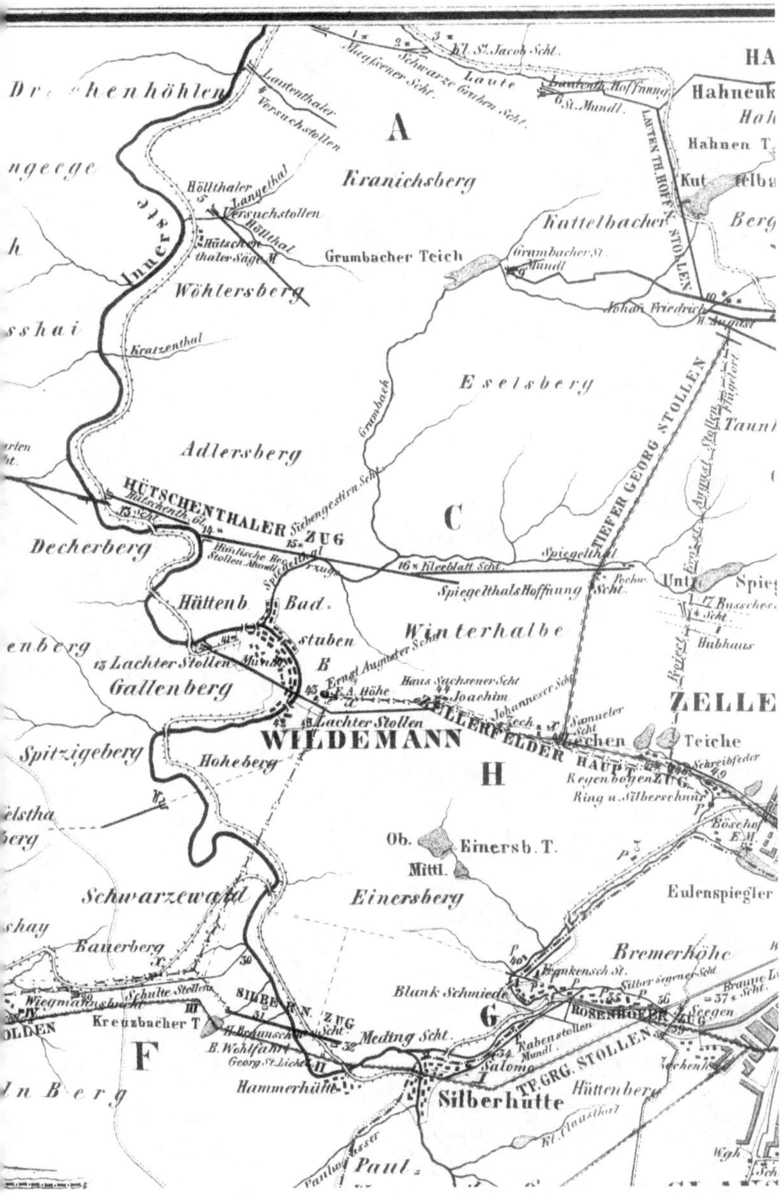

A
Kranichsberg
Kuttelbacher
Grumbacher Teich
Wöhlersberg
Eselsberg
Adlersberg
HÜTSCHENTHALER ZUG
TIEFER GEORG STOLLEN
C
Decherberg
Spiegelthals Hoffnung
Winterhalbe
Gallenberg
13 Lachter Stollen
WILDEMANN
H
ZELLE
Teiche
Spitzigeberg
Hoheberg
Ob. Einersb. T.
Mittl.
Einersberg
Eulenspiegler
Schwarzewald
Bauerberg
Bremerhöhe
Blank Schmiede
Schulte Stollen
Kreuzbacher T
Meding Scht.
G
F
Hammerhütte
Silberhütte
TF. GRG. STOLLEN
Hüttenberg
Lautenthaler Versuchsstollen
Höllthaler
Langethal
Versuchsstollen
Innerste
Kratzenthal
Grumbach
Hahnen T.
Kut
Johan Friedrich
Taun
Spiegelthal
Hubhaus
Regenbogen ZUG
Ring u. Silberschnur
Rosenhöfer Zug
Silbernaal Zug
Rabenstollen
Salomo
Paul

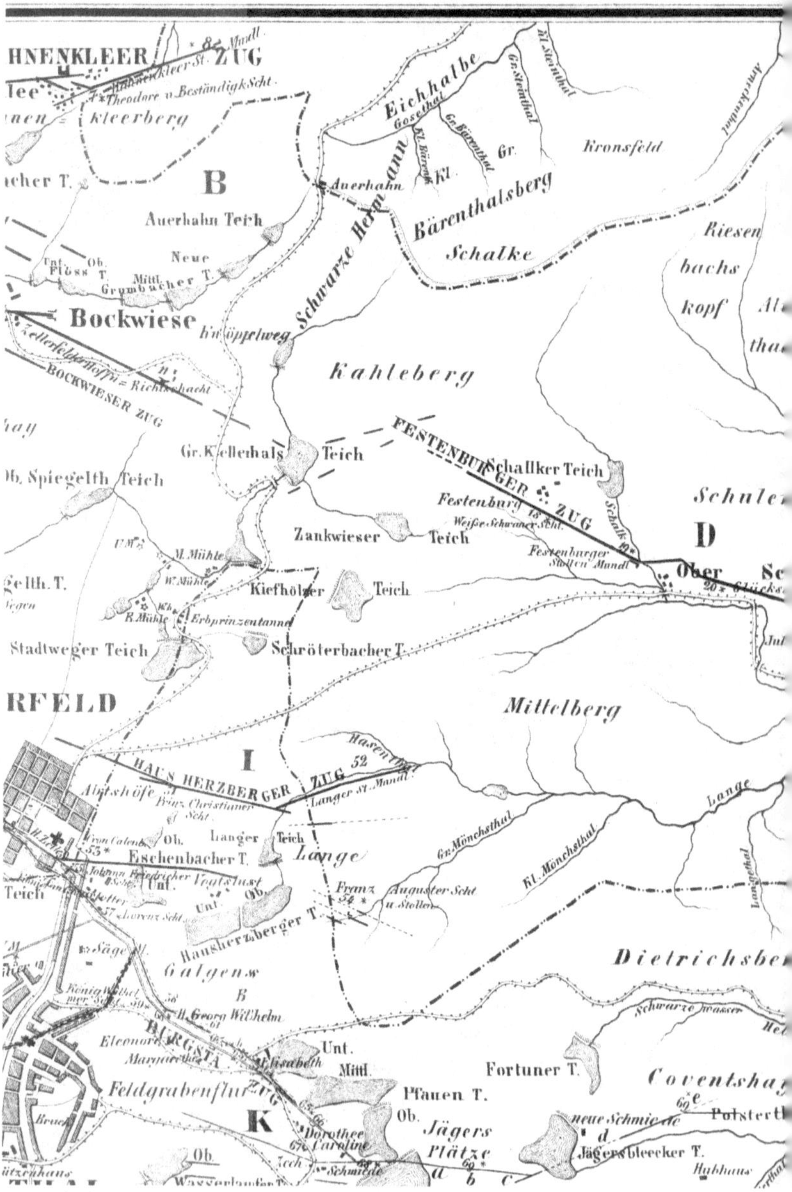

HNENKLEER ZUG
Kleerberg
B
Auerhahn Teich
Bockwiese
BOCKWIESER ZUG
Eichhalbe
Bärenthalsberg
Schalke
Kronsfeld
Schwarze Hermann
Kahleberg
Gr. Kellerhals Teich
Ob. Spiegelth Teich
FESTENBURGER ZUG
Schallker Teich
Zankwieser Teich
Kiefhölzer Teich
Stadtweger Teich
Schröterbacher T.
RFELD
D
Mittelberg
I
HAUS HERZBERGER ZUG
Eschenbacher T.
Hausherzberger T.
Galgensw
Dietrichsbe
Fortuner T.
Coventsha
K
Feldgrabenflur
Jägers Plätze
Jägersbleecker T.
Pfauen T.
Riesenbachskopf
Schulen

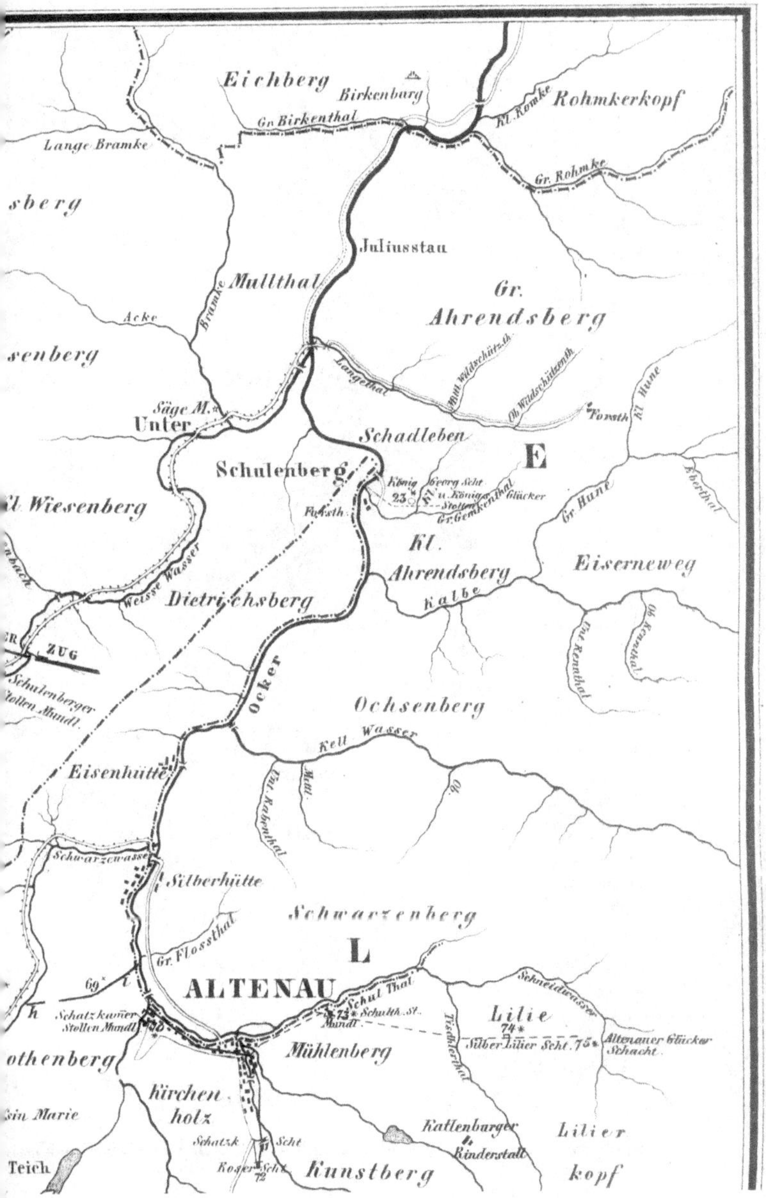
Eichberg
Birkenbarg
Rohmkerkopf
Kl. Romke
Gr. Birkenthal
Lange Bramke
Gr. Rohmke
sberg
Juliusstau
Mullthal
Bramke
Gr.
Ahrendsberg
Acke
senberg
Langethal
Unt. Wildschütz th.
Ob. Wildschütz th.
Forsth
Kl. Hune
Säge M.
Unter
Schadleben
E
Schulenberg
König Georg Scht u. Königs Stollen
23
Glücker
Gr. Gemkenthal
Gr. Hune
Kl. Wiesenberg
Forsth
Kl.
Ahrendsberg
Eisernewega
Weisse Wasser
Dietrichsberg
Kalbe
ZUG
Ob. Rennthal
Unt. Rennthal
Schulenberger Stollen Mundt.
Ocker
Ochsenberg
Kell Wasser
Eisenhütte
Unt. Rabenthal
Mittl.
Ob.
Schwarzewasser
Silberhütte
Schwarzenberg
L
Gr. Flossthal
69
ALTENAU
Schul Thal
73
Schulth. St. Mundt.
Lilie
74
Schneidwasser
Schatzkamer Stollen Mundt
Tischlerthal
Silber Lilier Scht.
75
Altenauer Glücker Schacht
othenberg
Mühlenberg
Kirchen holz
sin Marie
Kattenbarger
Rinderstall
Lilier
Schatzk
Scht
Teich
Koser Scht
72
Kunstberg
kopf

GITTELDE
Windhausen
Schwarze Wasser
Schlangwasser
Unt. Ritterheide
Teichhütte
Vogelsang
Markau
Glüshütte
Kl. Sülpke
Steinbühl
Gr. Sülpke
Sülpkebach
Harzweg
Gr. Ufer
Badenhausen
Neuehütte
Söse Säge M.
Ufernbach
Söse
Gips M.
Oberhütte
Badenhauser Landwehr
Heimcher
Bemerkungen
Versuche in östlicher Richtung
bis zum Ockerflusse
69
a, Prinzessin Amalie
b, St. Ursula
c, Prinzessin Elisabeth
d, Neue Fortuna
e, St. Ursula
f, N. Herzog August
g, Neuer Andreas u. Kg. Balthasar
h, Löwenburg
i, Segen Gottes tiefer Stollen
k, Cron Calenberg u. Prinzessin Elisabeth
l, König David u. drei Steiger
m, Prinzessin Marie
Lasfelde
Katzenstein
Schwarzehütte
B
Petershütte
Kalk Mühle
Rothe Mühle
nach Nordheim

Wasser
CLAUS
Kalteborn
Harzweg
Brand
N.M.
Blank Schmiede
Unt.
Hahnebalzer Teich
Ob.
Flambacher T.
Ob.
Unt.
Flamb Mühle
Semel
wieser T.
Haderbacher T.
Schwarze
Hasen
Flamsberg
Steinthal
Steinthaler
B.
Innerste
Buntenbock
Prinzen T.
Hunderücken
Gr. Leimenthal
Leimen
thalerb.
Brandhay
Ziegelh.
Schieferecke
Borns
Berg
Stollens
Gr. Lehmthal
Lehmenth
rücken
Heiligenstock
Schieferber
Buchholz Klippe
mansst.
Krebs
hay
Clausthaler
Tiefen
Gr. Bremke
Schönenberg
Wgh.
des
Langenberg
Kanzenloch
Büchenberg
Linie
Kumpelbrücke
Langenköpfe
Kl. Bremke
Lerbach
Eiserne
Stieg
Knöppelberg
Rothesohl
Bären
Durren
kopf
Volkenskopf
kopf
Eulenspiegel
Gr.
Eisenhütte
Blank Schmiede
Kl.
Sonnenkopf
Forsth
Hengstrücken
Degenköpfe
Engelnthal
Scheerenberg
Sösekopf
Kl.
Gr.
Krummewagen
Miesekenköpfe
Freyheit
Brunsberg
Burg
Scheerenberg
Bleiweisfabrik
Steilewand
Eulenburg
Söse
Gr.
Kl.
Breitenberg

THAL
Unt.
Hirschler T.
Polsterberg
Schiren
Tannen
Trift
Mühlenberg
Teich
Lange
Mühlen T.
Innerste
Sprung
Ob.
Nassenwieser T.
Brücke
Unt.
Kehrzug
Sumpf T.
Ziegenb. T.
Bärenbrucher T.
Schwarzenberg
Lerchenkappe
Hutthal
Haldenkappe
Hängenthal
Schwarzenthal
Brandkopf
Alte Riefensbeck
Clausberg
Heidelbeerköpfe
Quitschen
B.
Kl. Söse
Gr. Söse
Camschlack
Limpig
Kl.
Mittelberg
Vossenke
Steinberg
Riefensbeck
Bösenthal
Bösenberg
Gr. Limpig
Söse
Eichelnberg
Herzberger
Rinderstall
Kl. Mollenth
Kl.
Breitenberg
Gr. Schacht
Hassethal
Drecksthal
Kl. Mollenth.
Gierskopfe
Gr.
Breitenberg
Wienthalskopfe
Gr. Kabenthal
Weinthal
Rauhe Schacht
Hanskühnenb
Haspelkopf
Kanapee Klipp

Rothenbeck
Fohlenbrink
Gr. Gerlachsbach
Brand
Gr. Ocker
Kl. Gerlachsbach
Ockerklippen
Buchenkopf
Dammhaus
Torfschuppen
Hammerstein
Vosshay
Riesenthal
Kl. Morgenbachsthal
A C K E R
Erklärung der Topographischen Zeichen
Landesgränze gegen das Herzogthum Braunschweig.
Grenze des alten Fürstenthums Grubenhagen (des einseitigen Oberharzes) gegen d. vorm. Commun:
Tiefe Georgstollen mit seinen Örtern, Flügelörtern etc. etc.
Tiefe Wasserstrecke.
Tiefe Wasserstrecke schiffbar
Ernst August Stollen Linie
Obere Stollen u. Querschläge
Gangzüge
eingestellter Schacht
inwendiger Schacht
Schacht
Stollenmundloch
Maasstab 50000
1/3 hannoversche Meile.
1270 Lachter
50 100 200 300 400 500 Ruthen
122 244 487 730 975 1230 Lachter

Lautenthal

Fig. 1. Seigerris

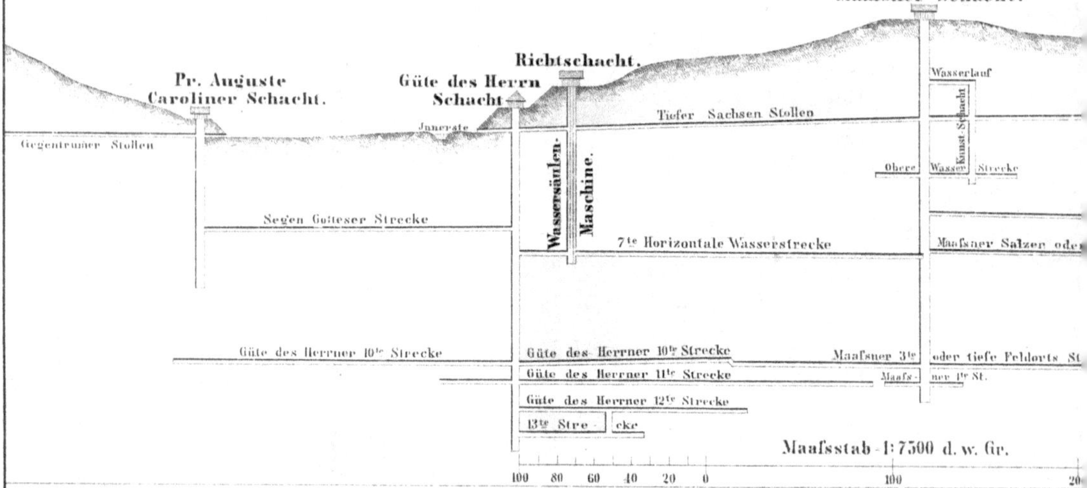

Fig. 2. Situationsplan.

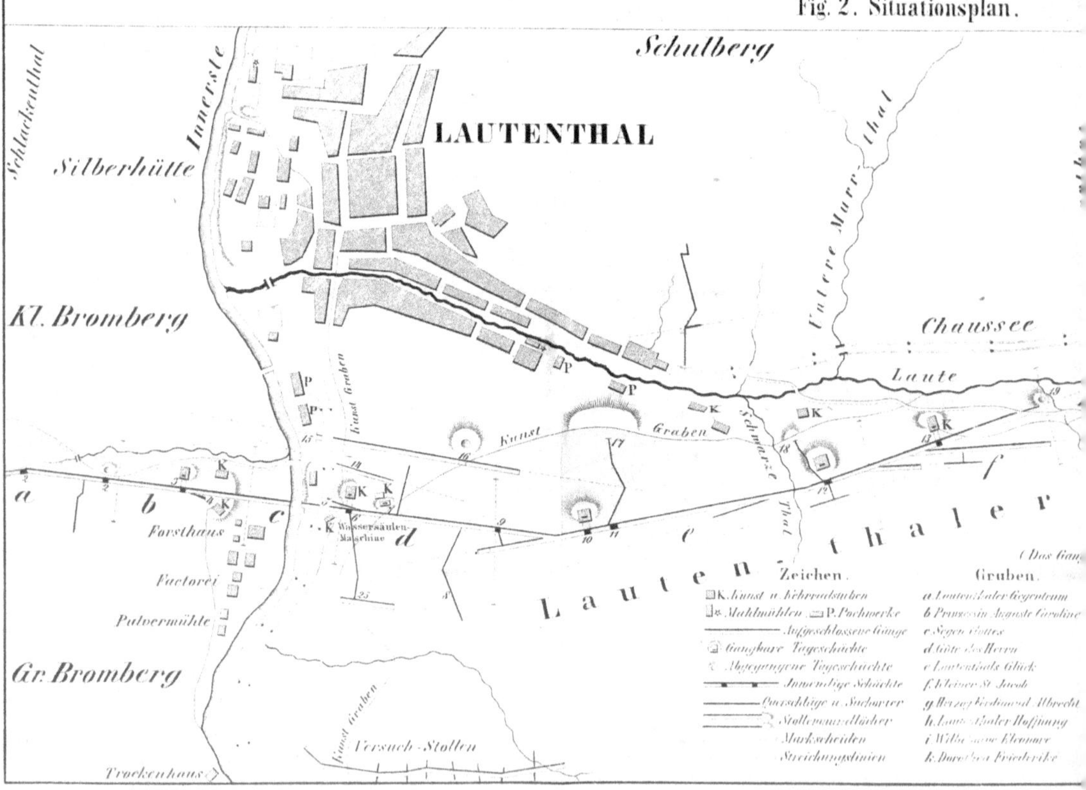

erksrevier.

utenthals Glück.

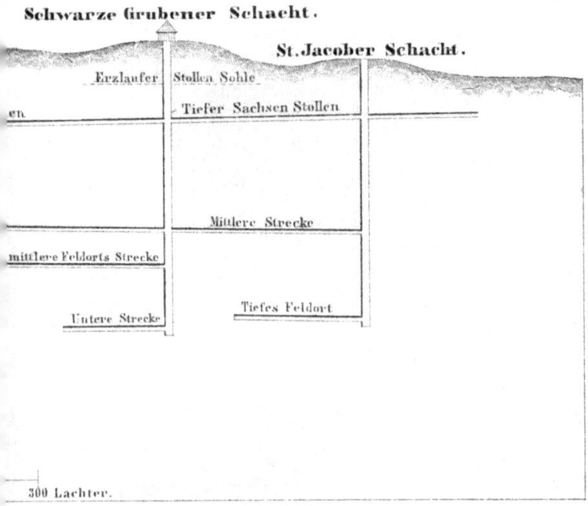

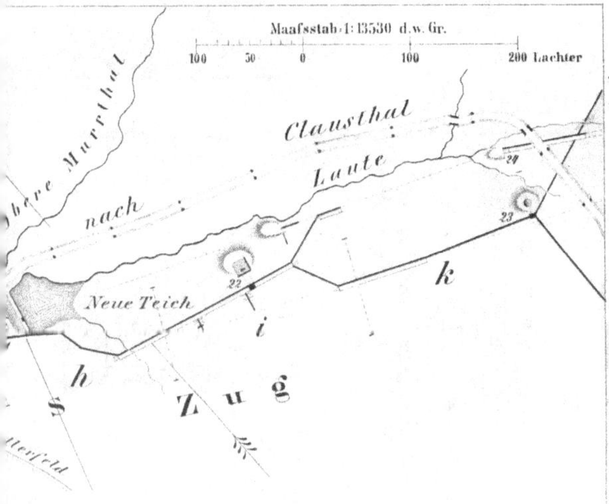

NG der ZEICHEN.

tiefen Sachsenstollens verzeichnet.)

Schächte, Stollen und Suchörter.

Schacht
nmer Schächte
Caroliner Schacht
undloch
mundloch
chacht
n Suchort
ht
icht

11. Maassener Kunstschacht
12. Schwarze Gruber Schacht
13. Kleine Jacober Schacht
14. Altes Bergsterner Stollenmundloch
15. Altes Leopolder Stollenmundloch
16. Neuer Bergsterner Schacht
17. Wasserlaufs Mundloch
18. Erzläufer Stollenmundloch
19. Morgenröthe und Abendstern
20. Lautenthaler Hoffnungsstollenmundloch

21. Herzog Ferdinand Albrecht u. Lautenthaler Hoffnung Gesammtschacht
22. Erstes Lichtloch des Lautenthaler Hoffnungs Stollen
23. Dorothea Friederiker Schacht oder 2tes Lichtloch
24. Lehnschacht Auguster Suchstollen
25. Hangender Querschlag auf der 10ten Strecke

Fig. 3. Übersicht der Wassersäulen-Maschine in der Güte des Herrn Richtschacht.

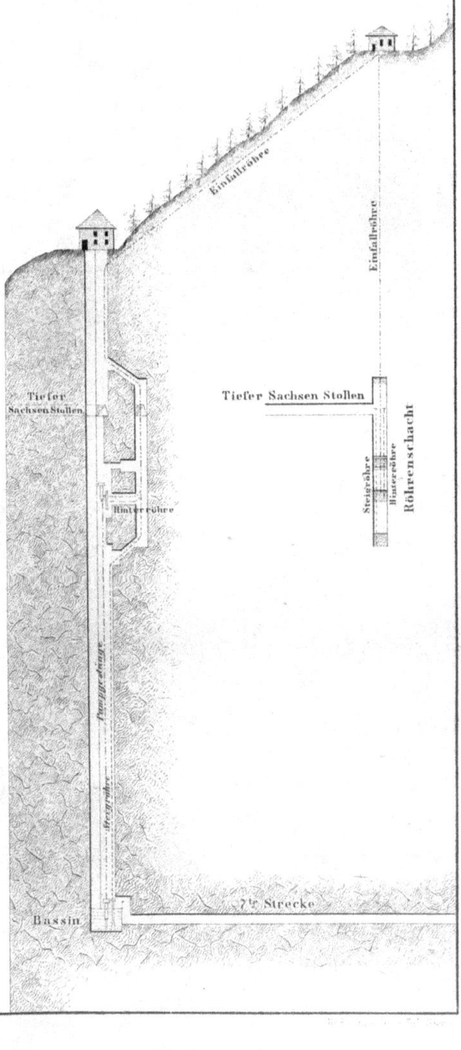

Wasser

im Gruben

Standriss des

Fig.1. nach der Länge des Scha

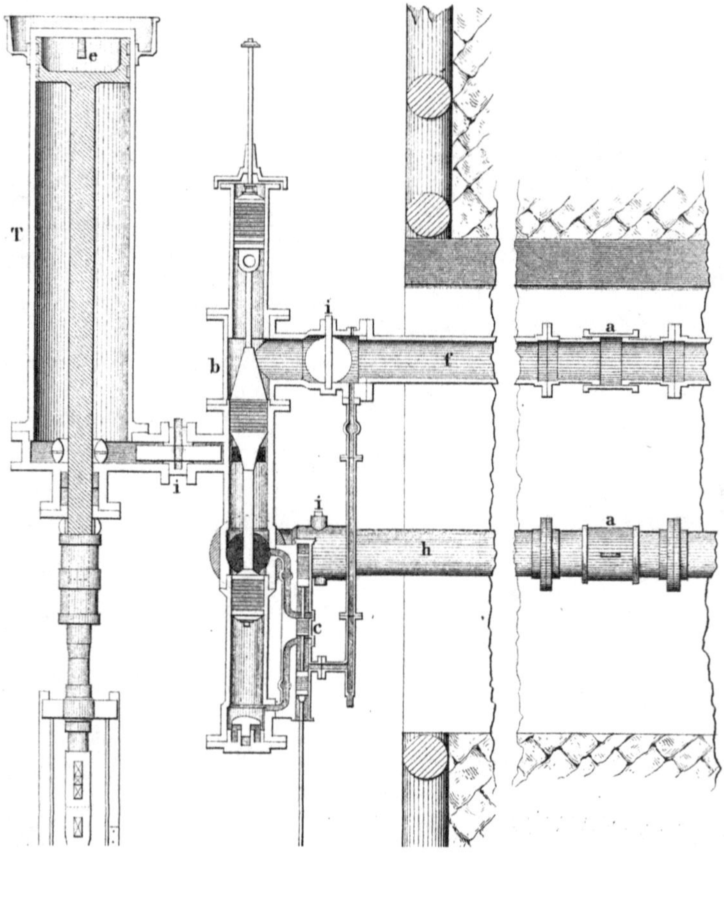

aschine

Lautenthal.

mit Zubehör,

Fig. 2. nach der Weite des Schachtes.

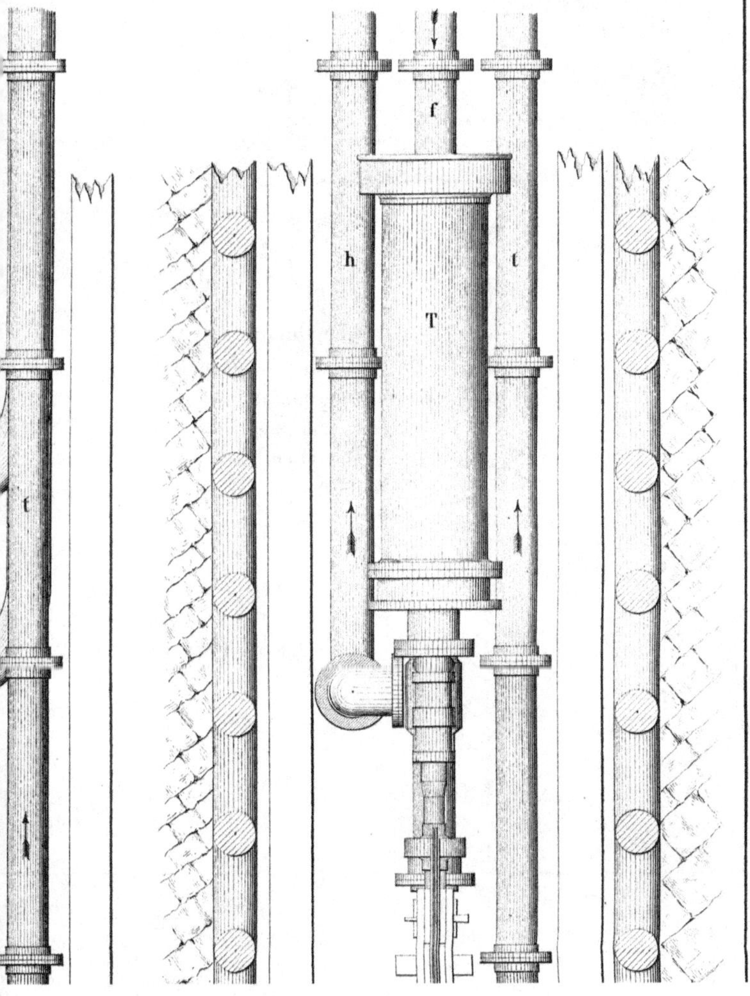

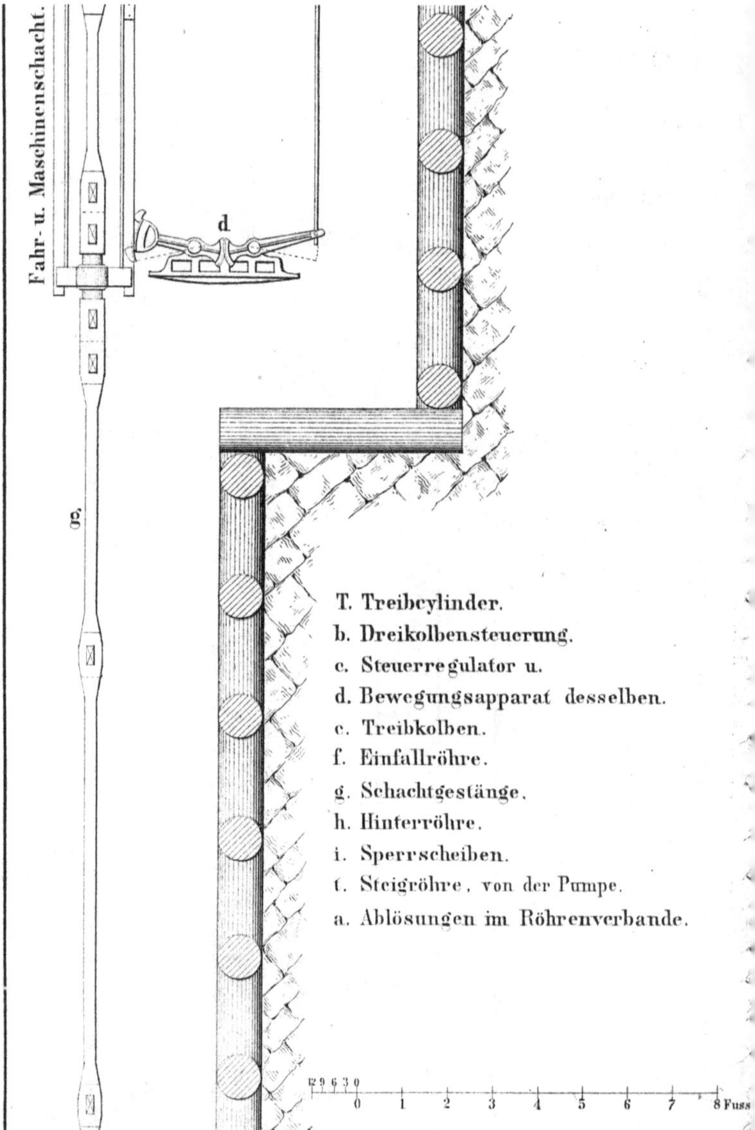
Fahr- u. Maschinenschacht.
d
g
T. Treibcylinder.
b. Dreikolbensteuerung.
c. Steuerregulator u.
d. Bewegungsapparat desselben.
e. Treibkolben.
f. Einfallröhre.
g. Schachtgestänge.
h. Hinterröhre.
i. Sperrscheiben.
t. Steigröhre, von der Pumpe.
a. Ablösungen im Röhrenverbande.
12 9 6 3 0
0 1 2 3 4 5 6 7 8 Fuss

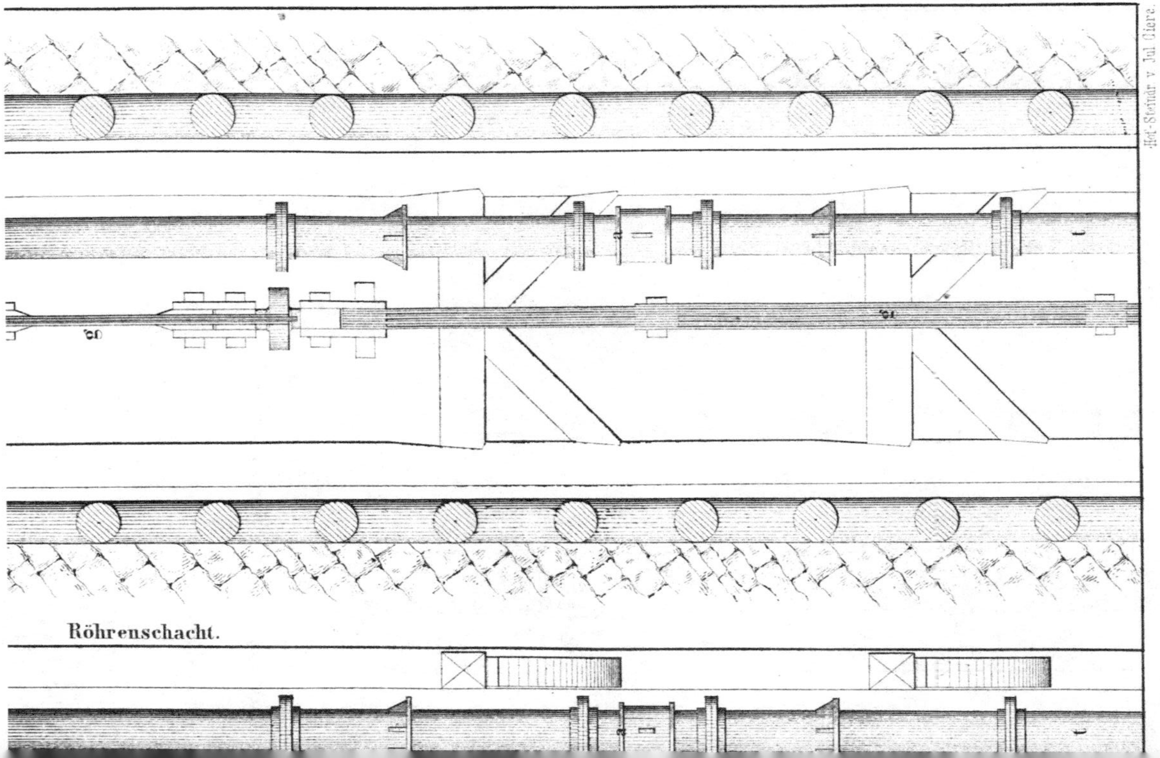

Hof-Steindr. v. Jul. Giere.

Wassers

im Gruben

Standriss der v

Fig. 3. nach der Länge des Schac

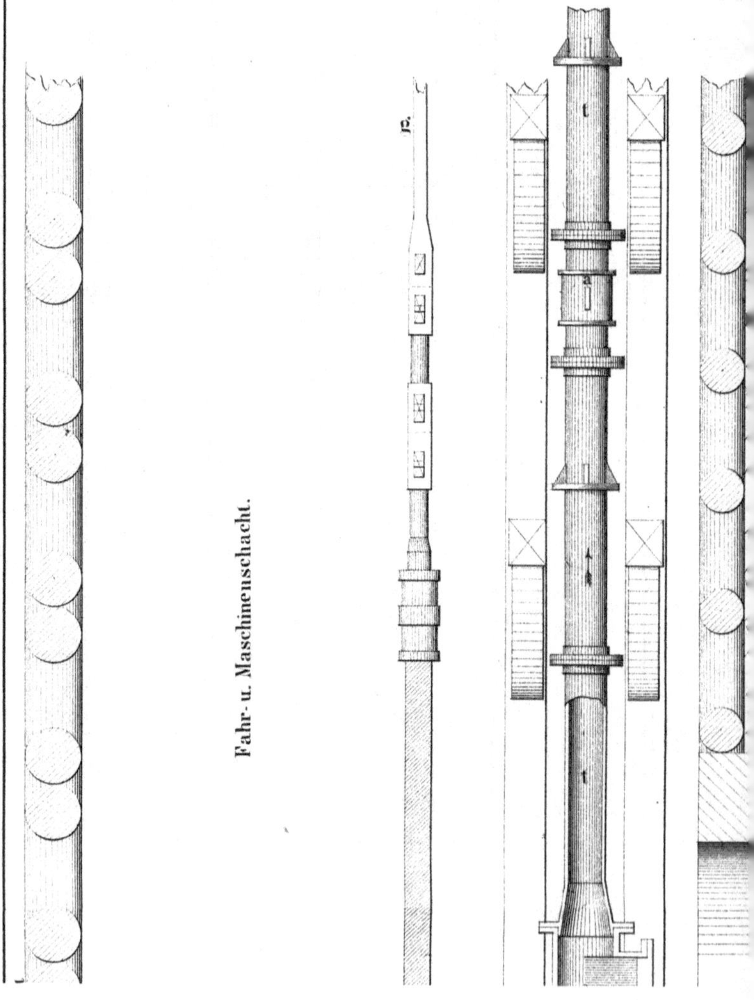

aschine

Lautenthal.

g- u. Hebepumpe

stänge. - Fortsetzung.
der.
Kolben.
hlussrohr.
e.
il.
l.
e.
im Röhrenverbande.

Fig. 4. nach der Weite des Schachtes.

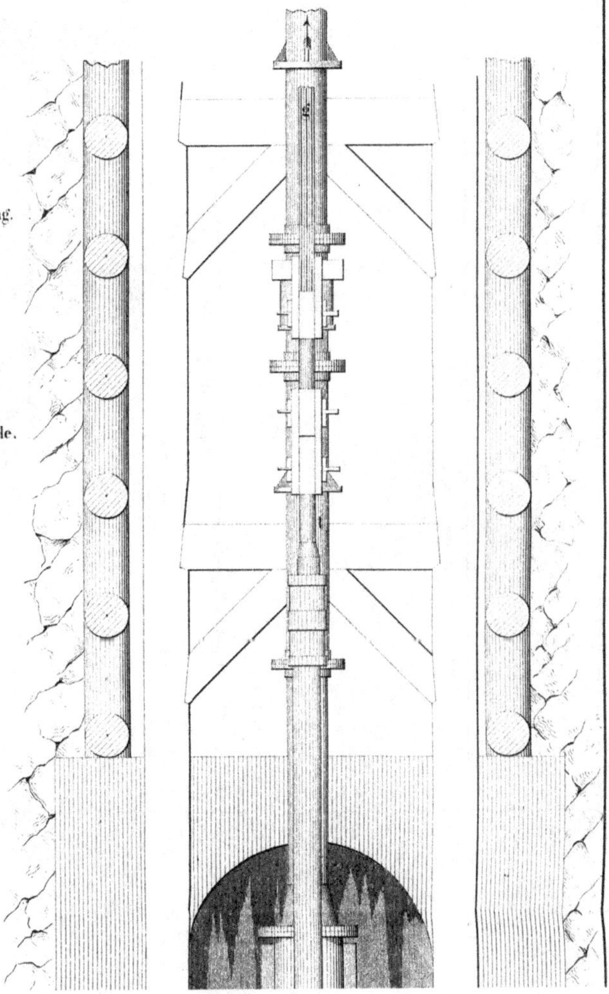

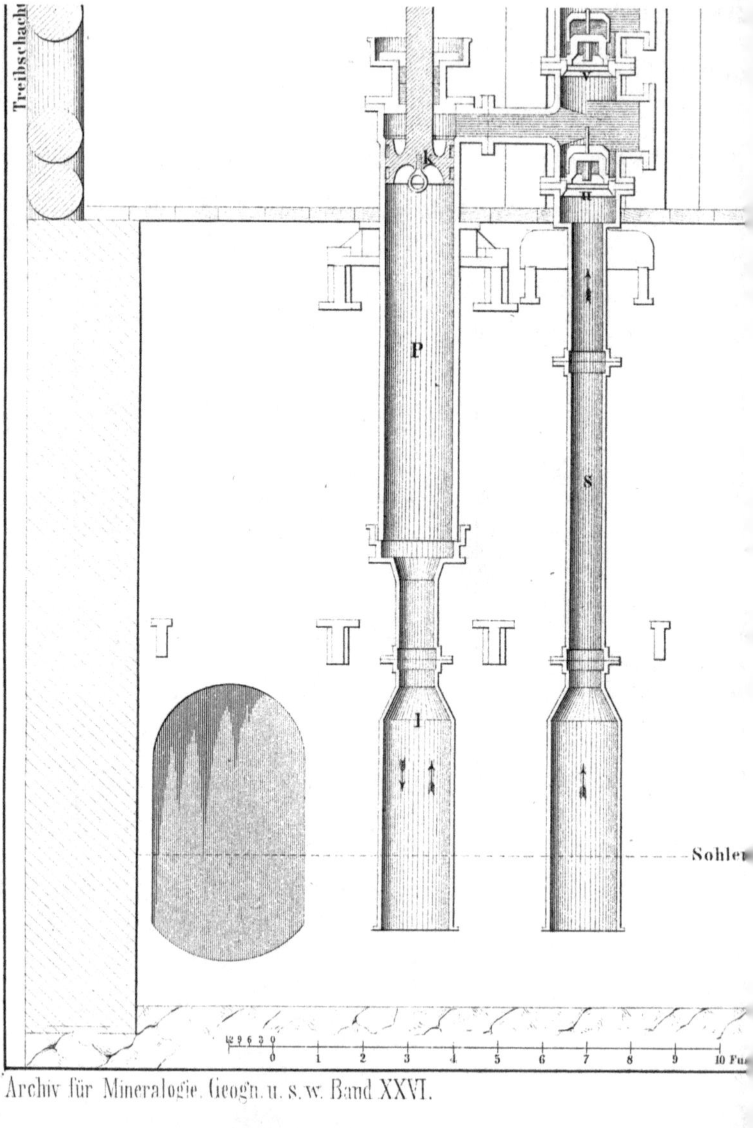

Treibschacht
k
v
u
P
s
I
Sohle
10 Fu

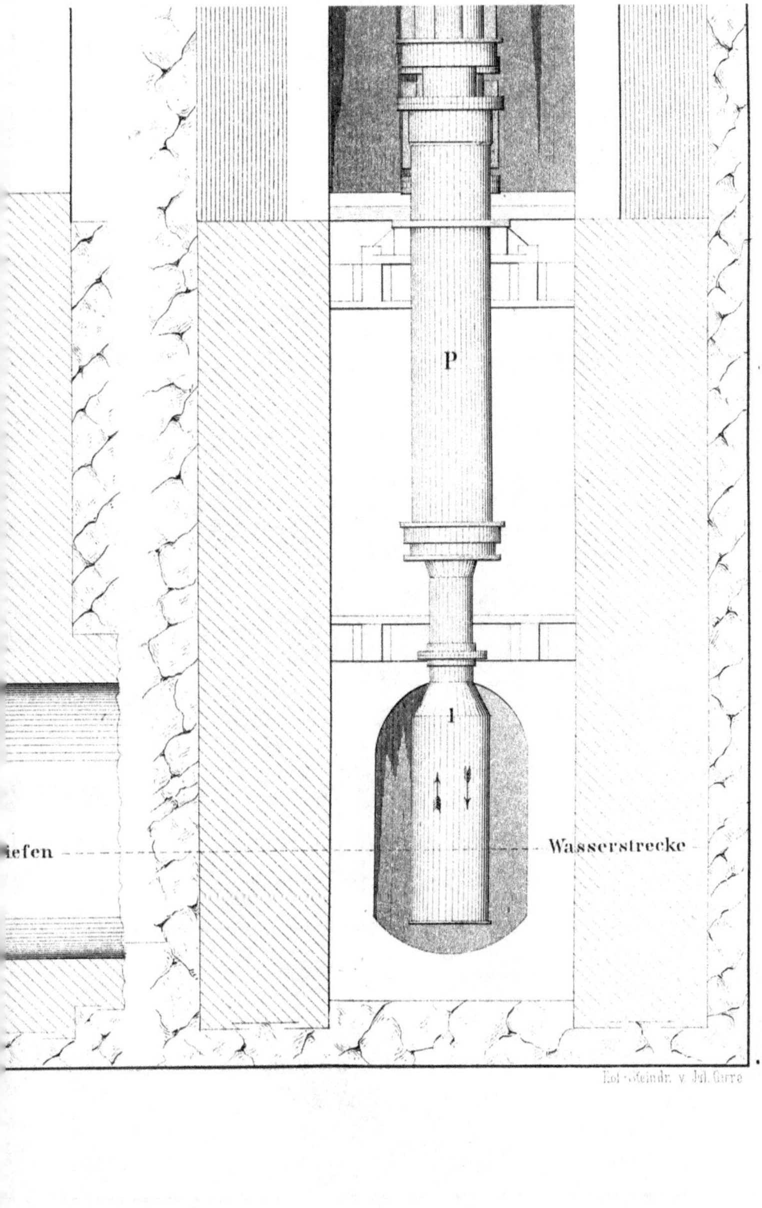
P
I
iefen
Wasserstrecke

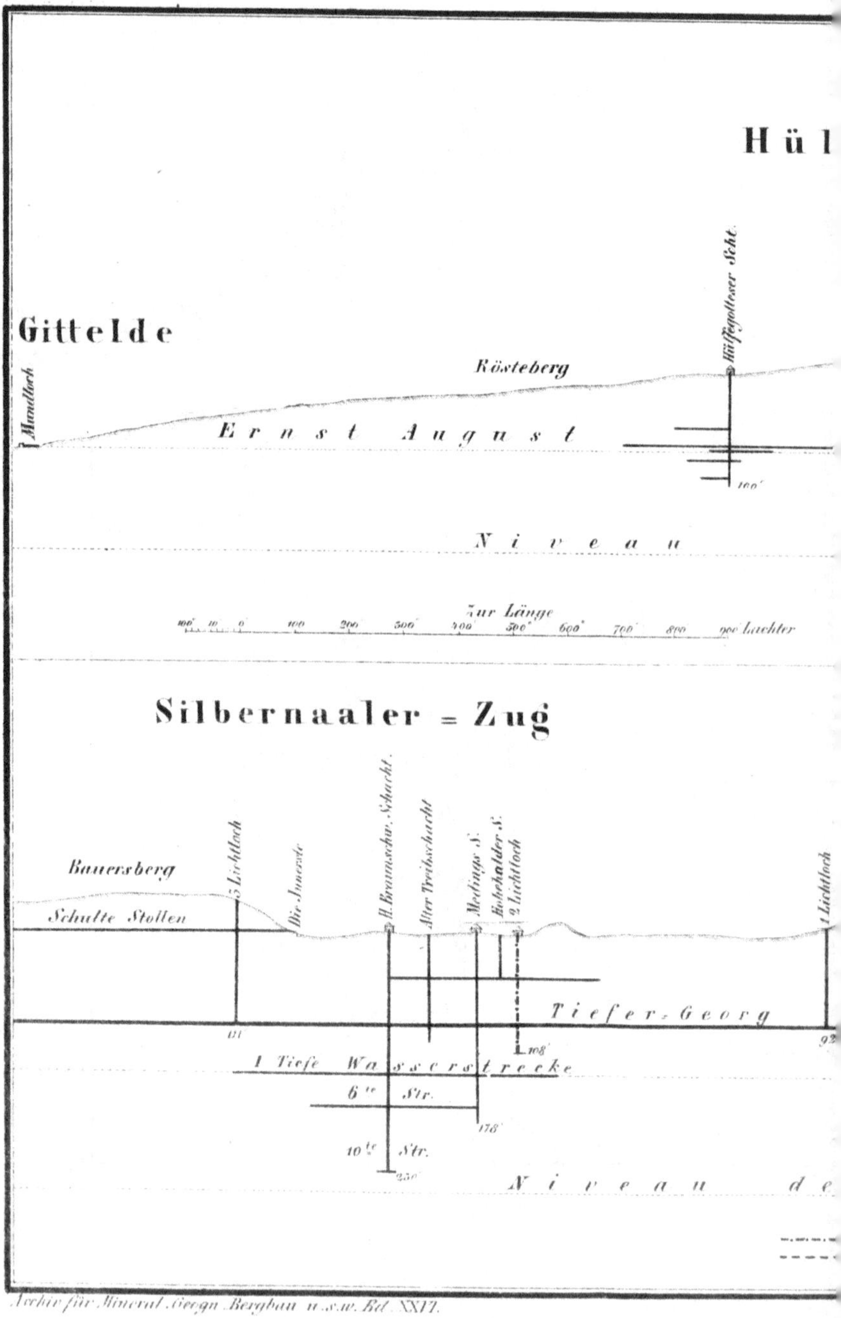
Hül
Gittelde
Mundloch
Rösteberg
Hülfegotteser Schl.
Ernst August
100'
Niveau
Zur Länge
100' 10 0 100 200 300 400 500' 600' 700 800 900 Lachter
Silbernaaler = Zug
Bauersberg
Schulte Stollen
5 Lichtloch
Die Innerste
H. Braunschw. Schacht
Alter Treibschacht
Medings S.
Kobehalder S.
2 Lichtloch
1 Lichtloch
Tiefer = Georg
108'
1 Tiefe Wasserstrecke
6te Str.
178'
10te Str.
Niveau de

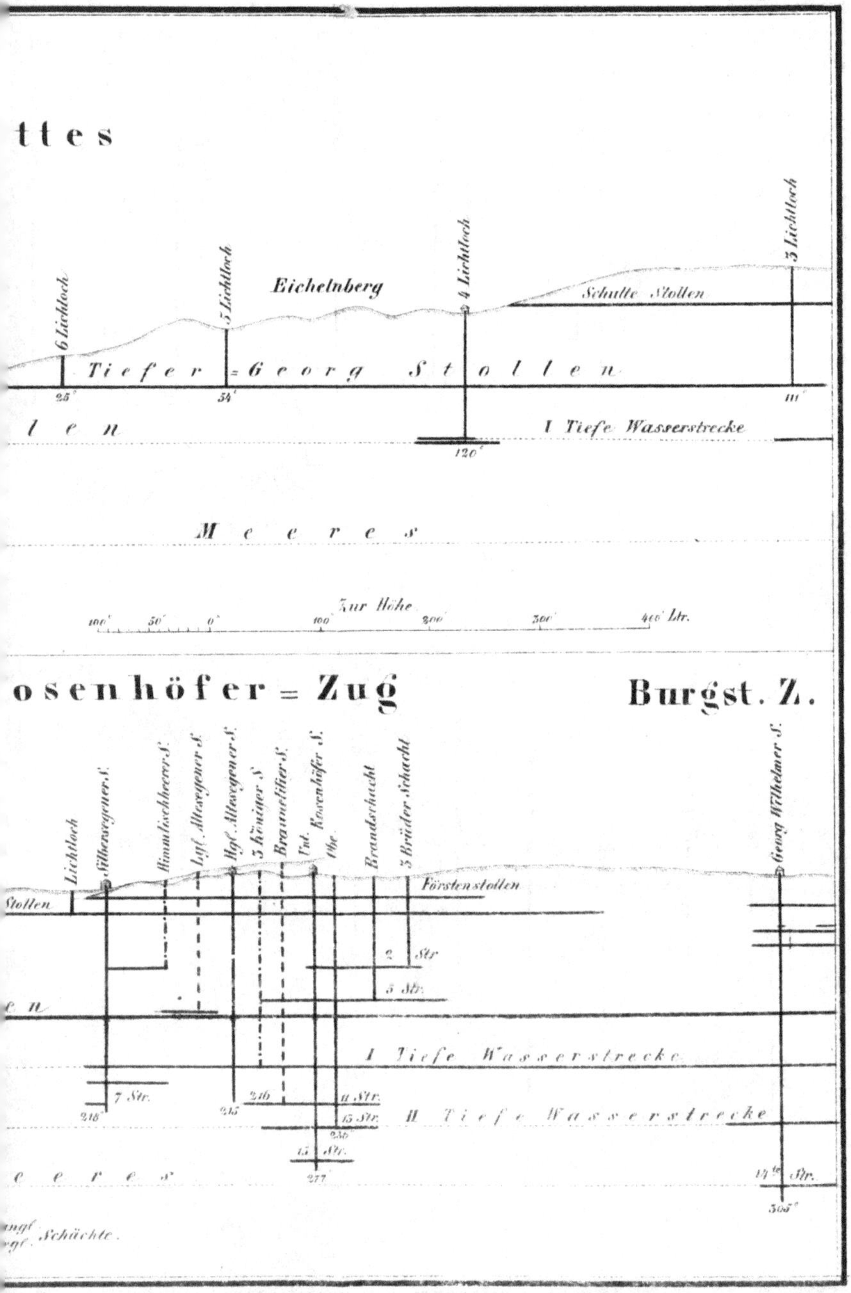
ttes
6 Lichtloch
5 Lichtloch
Eichelnberg
4 Lichtloch
3 Lichtloch
Schutte Stollen
Tiefer = Georg Stollen
25'
54'
111'
len
I Tiefe Wasserstrecke
120'
Meeres
Zur Höhe
100'
50'
0'
100'
200'
300'
400' Ltr.
osenhöfer = Zug
Burgst. Z.
Lichtloch
Silbersegener S.
Himmlischheerer S.
Lgf. Altesegener S.
Hgf. Altesegener S.
3 Königer S.
Braunelilier S.
Unt. Rosenhöfer S.
Obe.
Brandschacht
3 Brüder Schacht
Georg Wilhelmer S.
Förstenstollen
Stollen
2 Str.
3 Str.
en
I Tiefe Wasserstrecke
7 Str.
218'
215'
216
11 Str.
II Tiefe Wasserstrecke
13 Str.
15 Str.
277'
eeres
14te Str.
305'
Schächte.

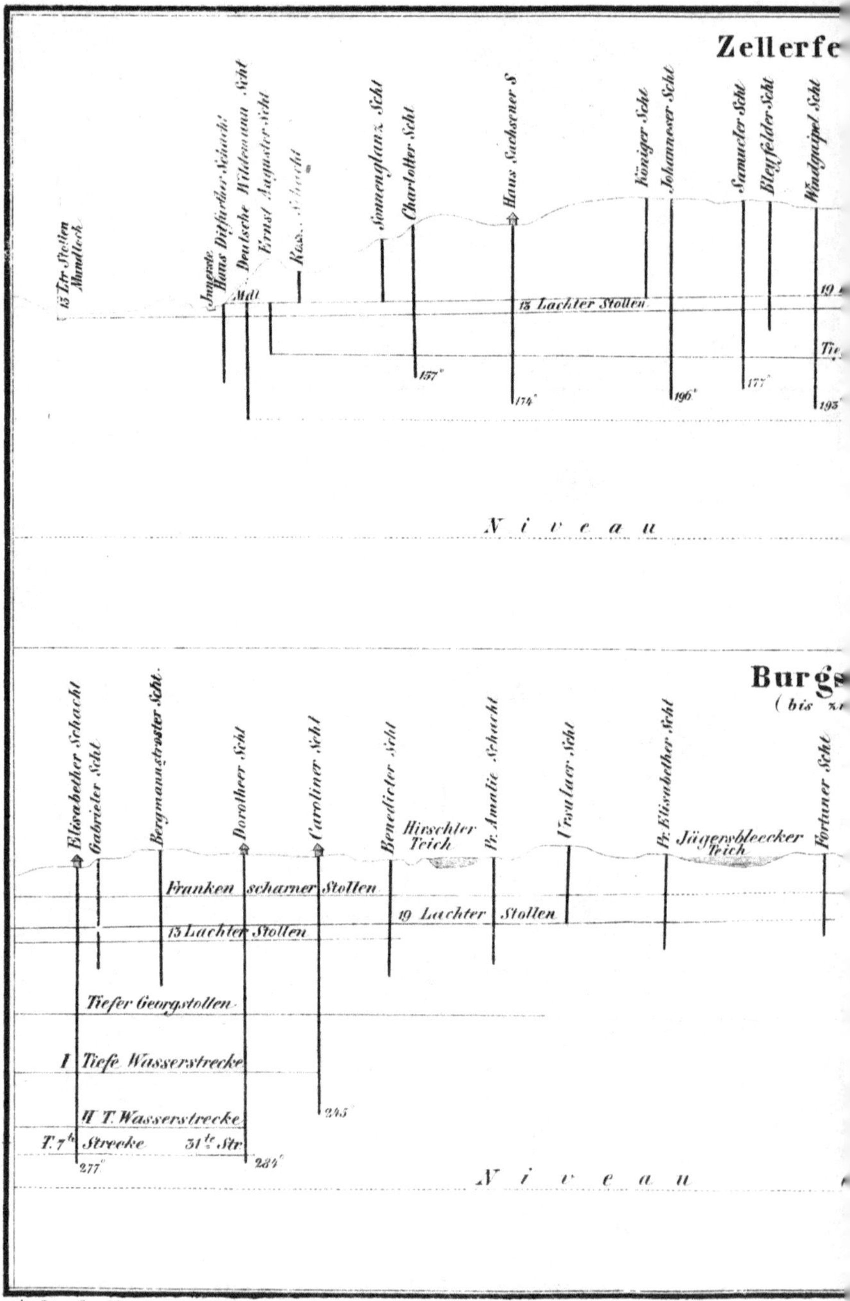
Zellerfe
Burg
(bis
13 Ltr Stollen Mundloch
Haus Ditfurther Schacht
Deutsche Wildemann Scht
Ernst Auguster Scht
Sonnenglanz Scht
Charlotter Scht
Haus Sachsener S
Königer Scht
Johanneser Scht
Samueler Scht
Bleyfelder Scht
Windgaipel Scht
13 Lachter Stollen
157°
174°
196°
177°
193°
Niveau
Elisabether Schacht
Gabrieler Scht
Bergmannstroster Scht.
Dorotheer Scht
Caroliner Scht
Benedicter Scht
Hirschler Teich
Pr. Amalie Schacht
Ursulaer Scht
Pr. Elisabether Scht
Jägersbleecker Teich
Fortuner Scht
Franken scharner Stollen
19 Lachter Stollen
13 Lachter Stollen
Tiefer Georgstollen
I Tiefe Wasserstrecke
II T. Wasserstrecke
T. 7te Strecke
31te Str
277°
284°
245
Niveau

TAF. IX.

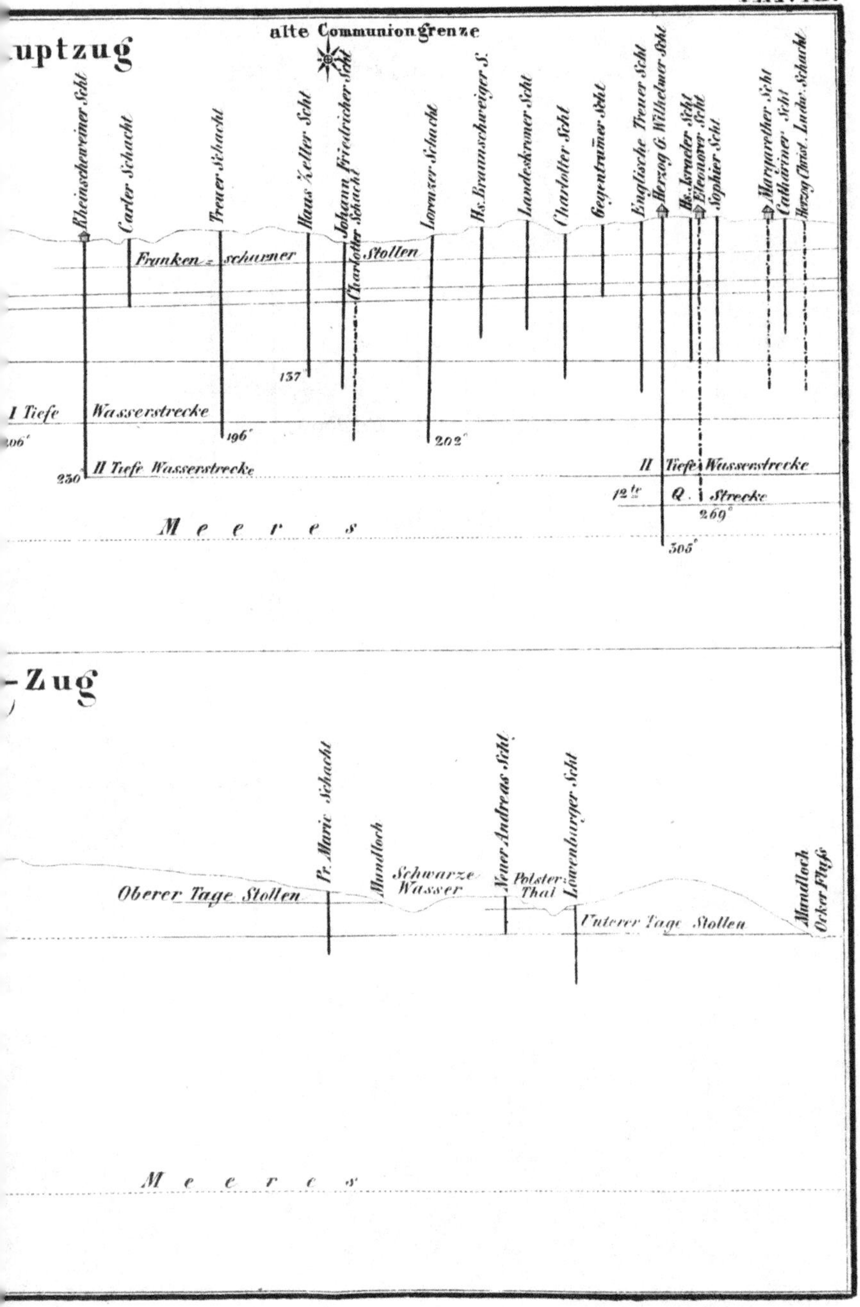
alte Communiongrenze
uptzug
Rheinsdewemer Scht
Carler Schacht
Treuer Schacht
Haus Zeller Scht
Johann Friedricher Scht
Charlotter Schacht
Lorenzer Schacht
Hs. Braunschweiger S.
Landeskroner Scht
Charlotter Scht
Gegentrümer Scht
Englische Treuer Scht
Herzog G. Wilhelmer Scht
Hz. Israeler Scht
Eleonorer Scht
Sophier Scht
Margarether Scht
Catharinen Scht
Herzog Christ. Ludw. Schacht
Franken = scharner Stollen
137°
I Tiefe Wasserstrecke
196°
202°
II Tiefe Wasserstrecke
230°
II Tiefe Wasserstrecke
12 te Q. Strecke
269°
305°
M e e r e s
-Zug
Pr. Marie Schacht
Mundloch
Schwarze Wasser
Neuer Andreas Scht
Polster: Thal
Löwenburger Scht
Oberer Tage Stollen
Unterer Tage Stollen
Mundloch Ocker Fluss
M e e r e s

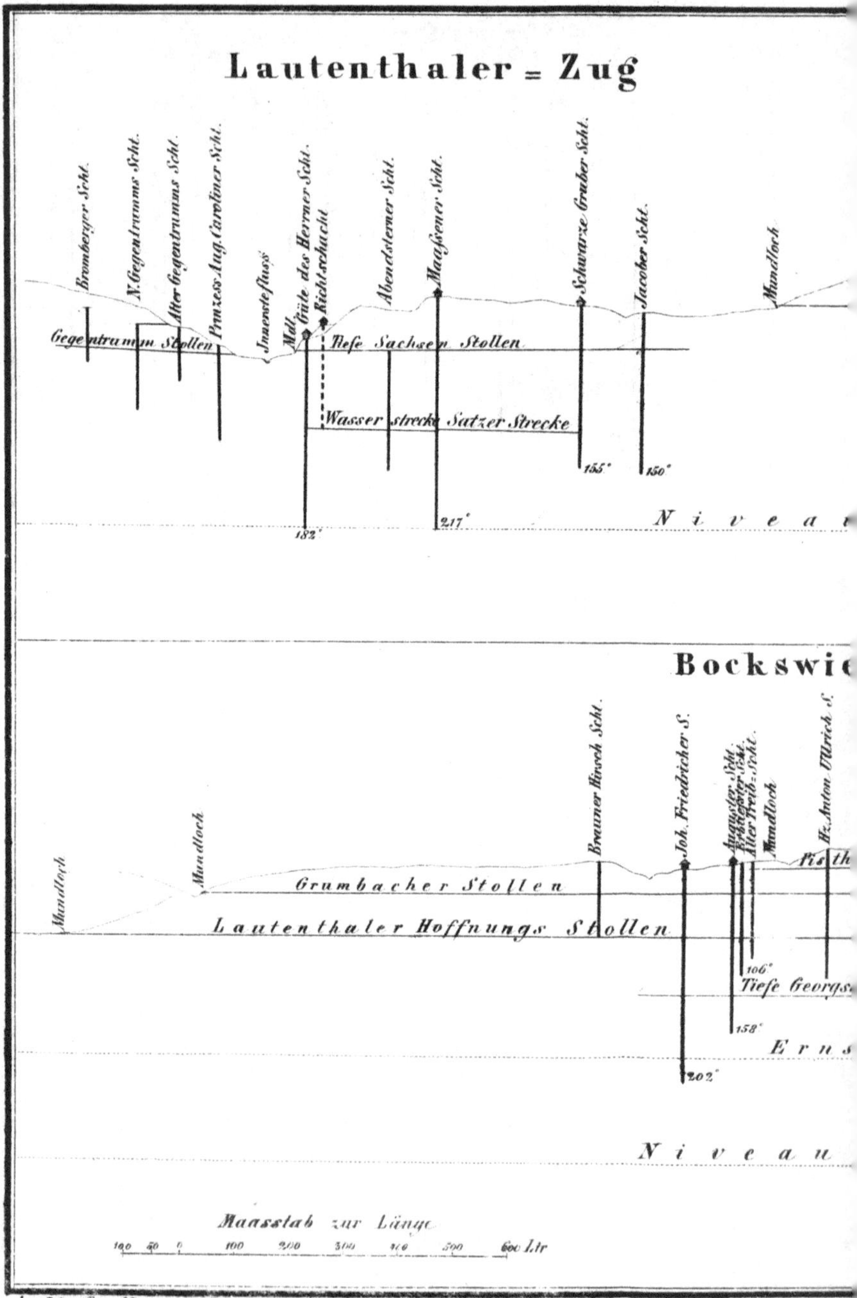
Lautenthaler = Zug
Bromberger Scht.
N. Gegentrumms Scht.
Alter Gegentrumms Scht.
Prinzess Aug. Caroliner Scht.
Innerstefluss
Mdl.
Güte des Herrner Scht.
Richtschacht
Abendsterner Scht.
Maaßener Scht.
Schwarze Gruber Scht.
Jacober Scht.
Mundloch
Gegentrumm Stollen
Tiefe Sachsen Stollen
Wasser strecke
Satzer Strecke
155°
150°
217°
182°
Niveau
Bockswie
Braunen Hirsch Scht.
Joh. Friedricher S.
Mundloch
Hz. Anton Ulrich S.
Mundloch
Mundloch
Grumbacher Stollen
Lautenthaler Hoffnungs Stollen
106°
Tiefe Georgs
158°
Erns
202°
Niveau
Maasstab zur Länge
100 50 0 100 200 300 400 500 600 Ltr

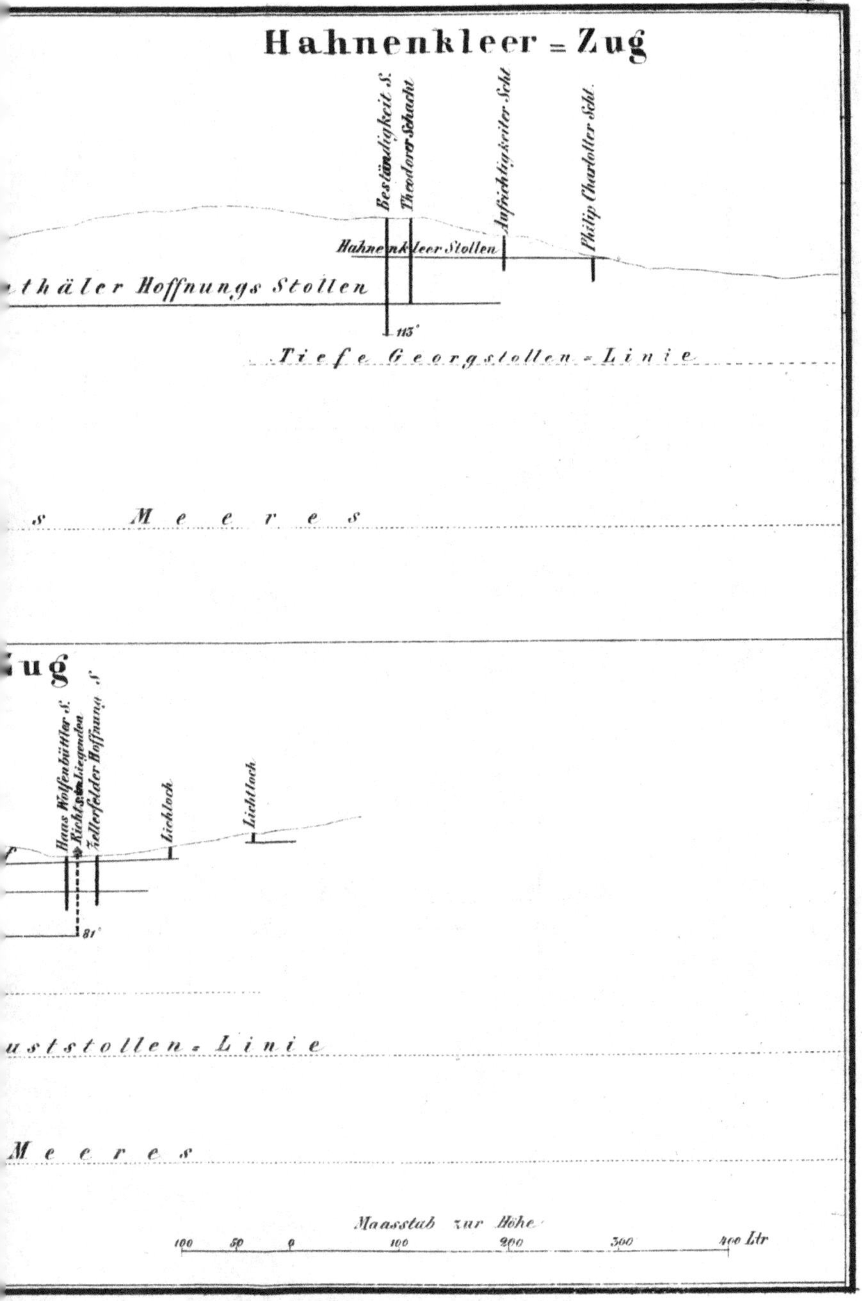
Hahnenkleer = Zug
Beständigkeit S.
Theodorer Schacht
Aufrichtigkeiter Scht
Philip Charlotter Scht.
Hahnenkleer Stollen
thäler Hoffnungs Stollen
113°
Tiefe Georgstollen = Linie
s Meeres
ug
Haus Wolfenbüttler S.
Zellerfelder Hoffnung S.
Lichtloch
Lichtloch
81°
uststollen = Linie
Meeres
Maasstab zur Höhe
100
50
0
100
200
300
400 Ltr

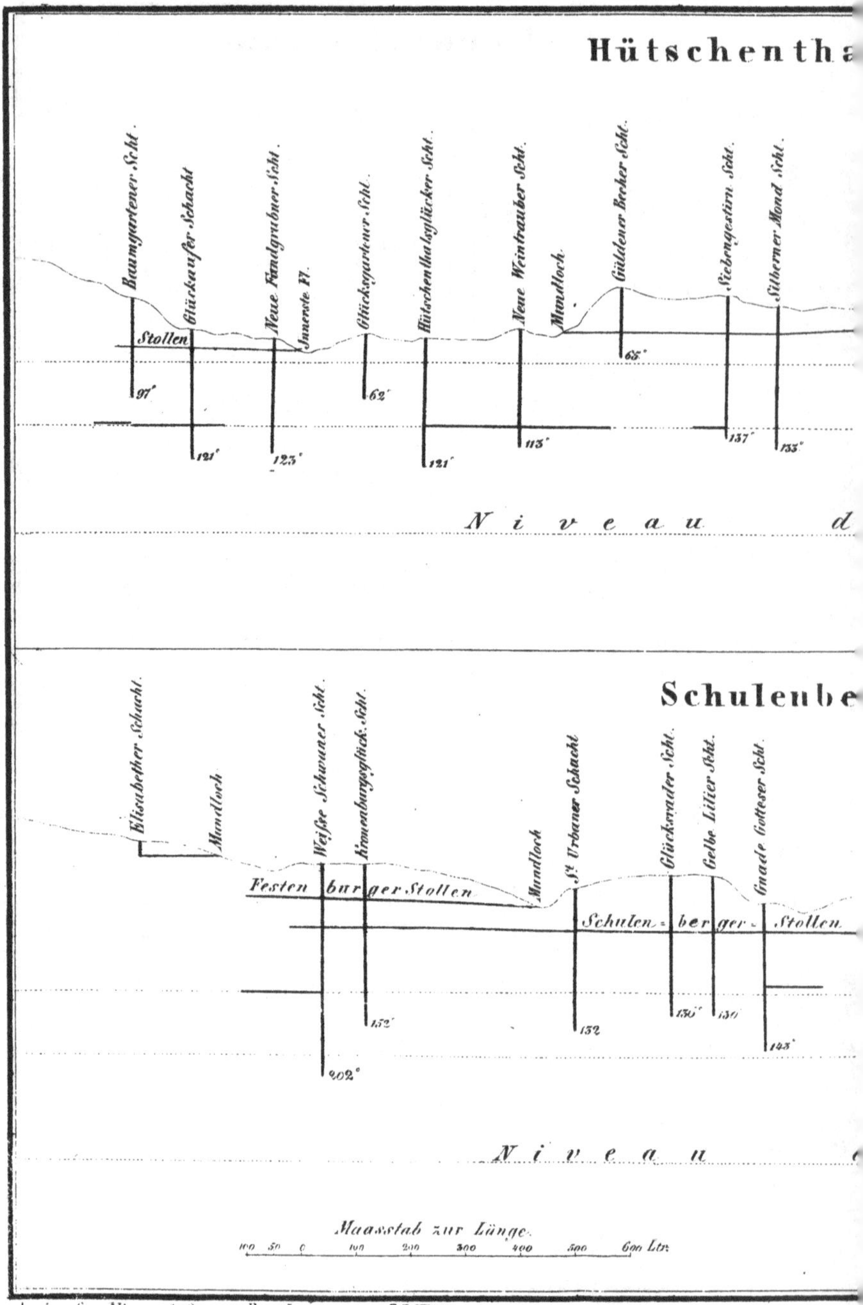
Hütschentha
Baumgartener Scht.
Glückaufer Schacht
Neue Fundgrubner Scht.
Innerste Fl.
Glücksgartener Scht.
Hütschenthalsglücker Scht.
Neue Weintrauber Scht.
Mundloch
Güldener Becher Scht.
Siebengestirn Scht.
Silberner Mond Scht.
Stollen
97°
121°
123°
62°
121°
113°
65°
137°
133°
N i v e a u d
Schulenbe
Elisabether Schacht
Mundloch
Weiße Schwaner Scht.
Kronenburgsglück Scht.
Mundloch
St Urbaner Schacht
Glücksrader Scht.
Gelbe Lilier Scht.
Gnade Gotteser Scht.
Festen burger Stollen
Schulen = ber ger = Stollen
152°
132
130°
130
143°
202°
N i v e a u
Maasstab zur Länge.
100 50 0 100 200 300 400 500 600 Ltr.

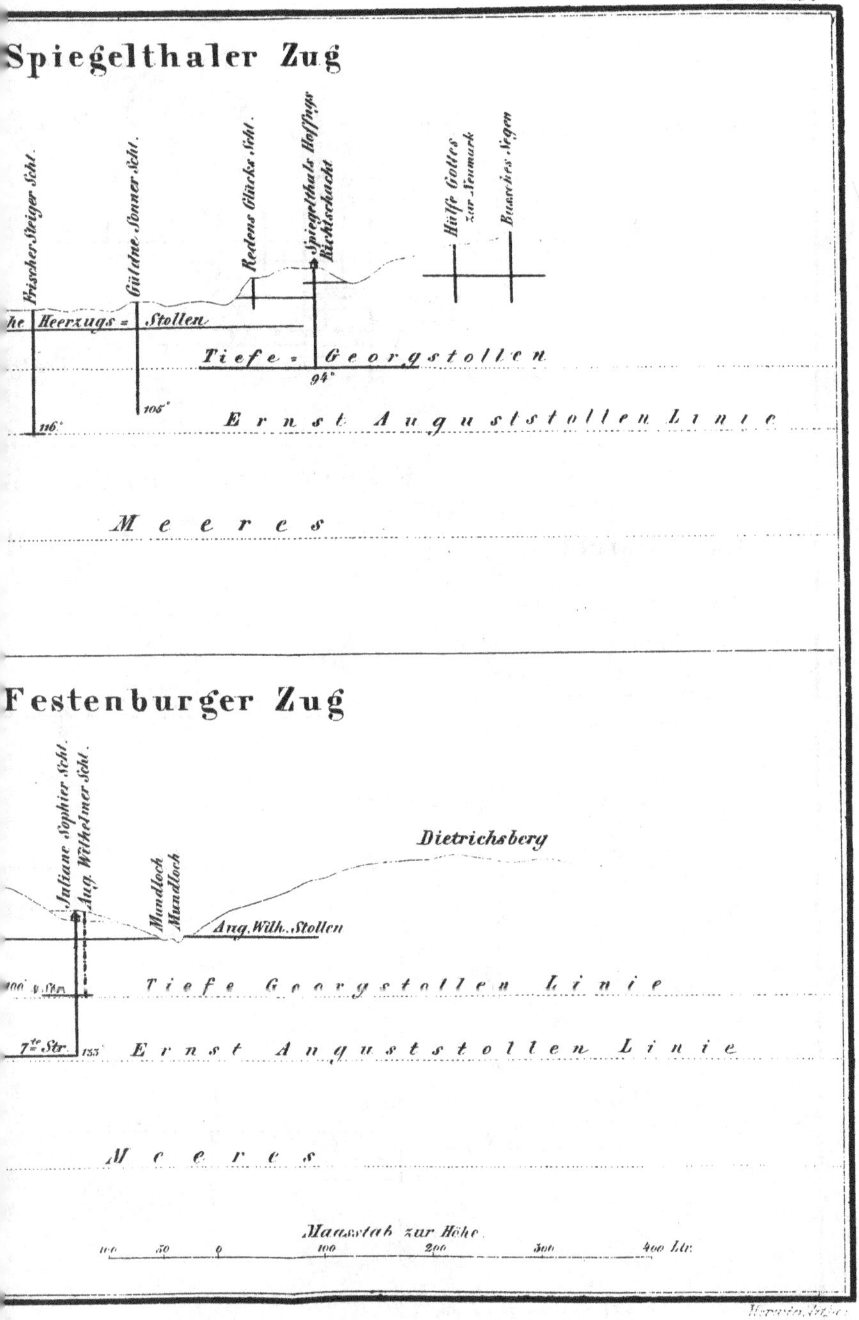

Spiegelthaler Zug
Frischer Steiger Scht.
Güldne Sonner Scht.
Redens Glücks Scht.
Spiegelthals Hoffnungs Richtschacht
Hülfe Gottes zur Neumark
Busches Segen
he Heerzugs = Stollen
Tiefe = Georgstollen
94°
105°
116°
Ernst Auguststollen Linie
Meeres
Festenburger Zug
Juliane Sophier Scht.
Aug. Wilhelmer Scht.
Dietrichsberg
Mundloch
Mundloch
Aug. Wilh. Stollen
Tiefe Georgstollen Linie
7te Str.
Ernst Auguststollen Linie
Meeres
Maasstab zur Höhe
50
0
100
200
300
400 Ltr.

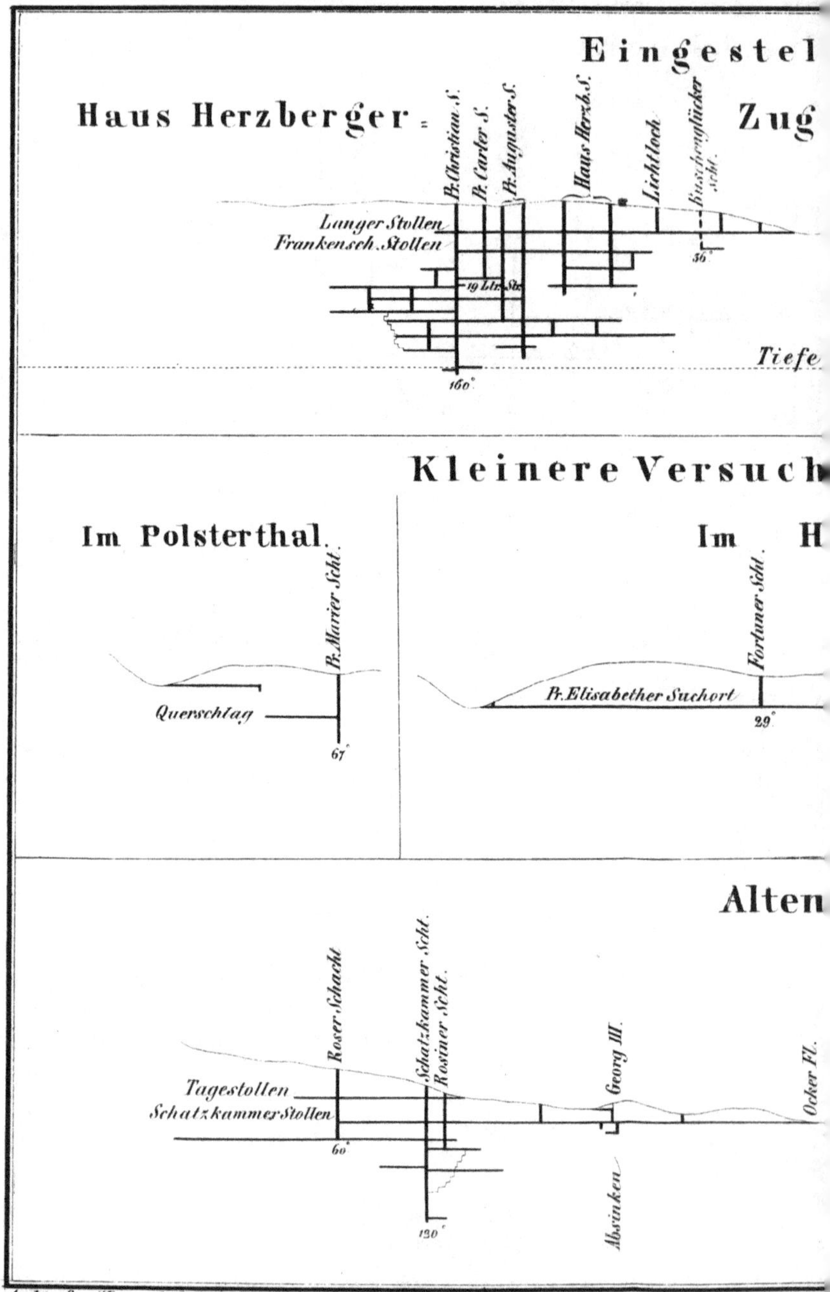
Eingestel
Haus Herzberger = Zug
Pr. Christian S.
Pr. Carter S.
Pr. Augustus S.
Haus Herzb. S.
Lichtloch
Buschenglücker Scht.
Langer Stollen
Frankensch. Stollen
36°
19 Ltr. Str.
Tiefe
160°
Kleinere Versuch
Im Polsterthal.
Pr. Marier Scht.
Querschlag
67°
Im H
Fortuner Scht.
Pr. Elisabether Suchort
29°
Alten
Roser Schacht
Schatzkammer Scht.
Rosiner Scht.
Georg III.
Ocker Fl.
Tagestollen
Schatzkammer Stollen
60°
130°
Absinken

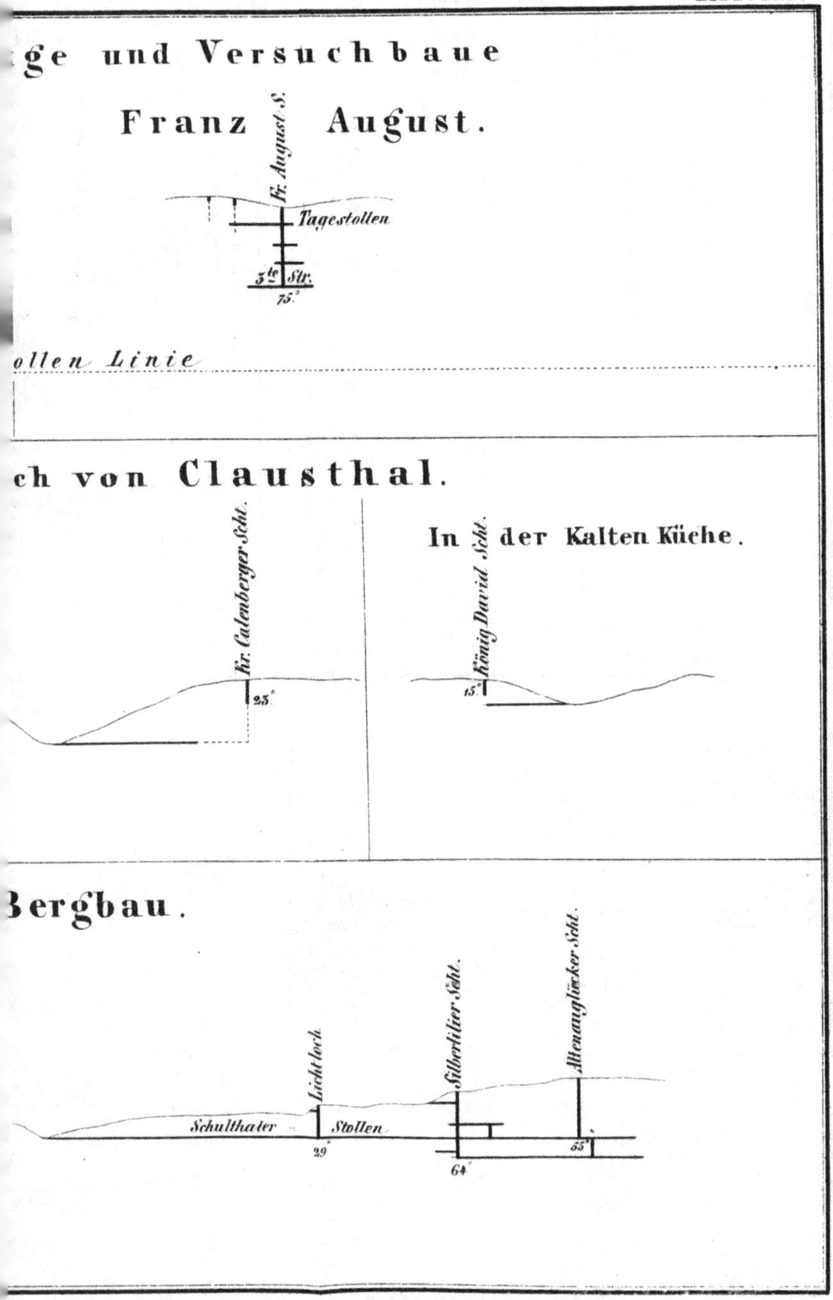
ge und Versuchbaue
Franz August.
Fr. August S.
Tagestollen
3te Str.
75°
ollen Linie
ch von Clausthal.
Kr. Calenberger Scht.
23°
In der Kalten Küche.
König David Scht.
15°
Bergbau.
Lichtloch
Silberlilier Scht.
Schulthaler
Stollen
29°
64°
55°

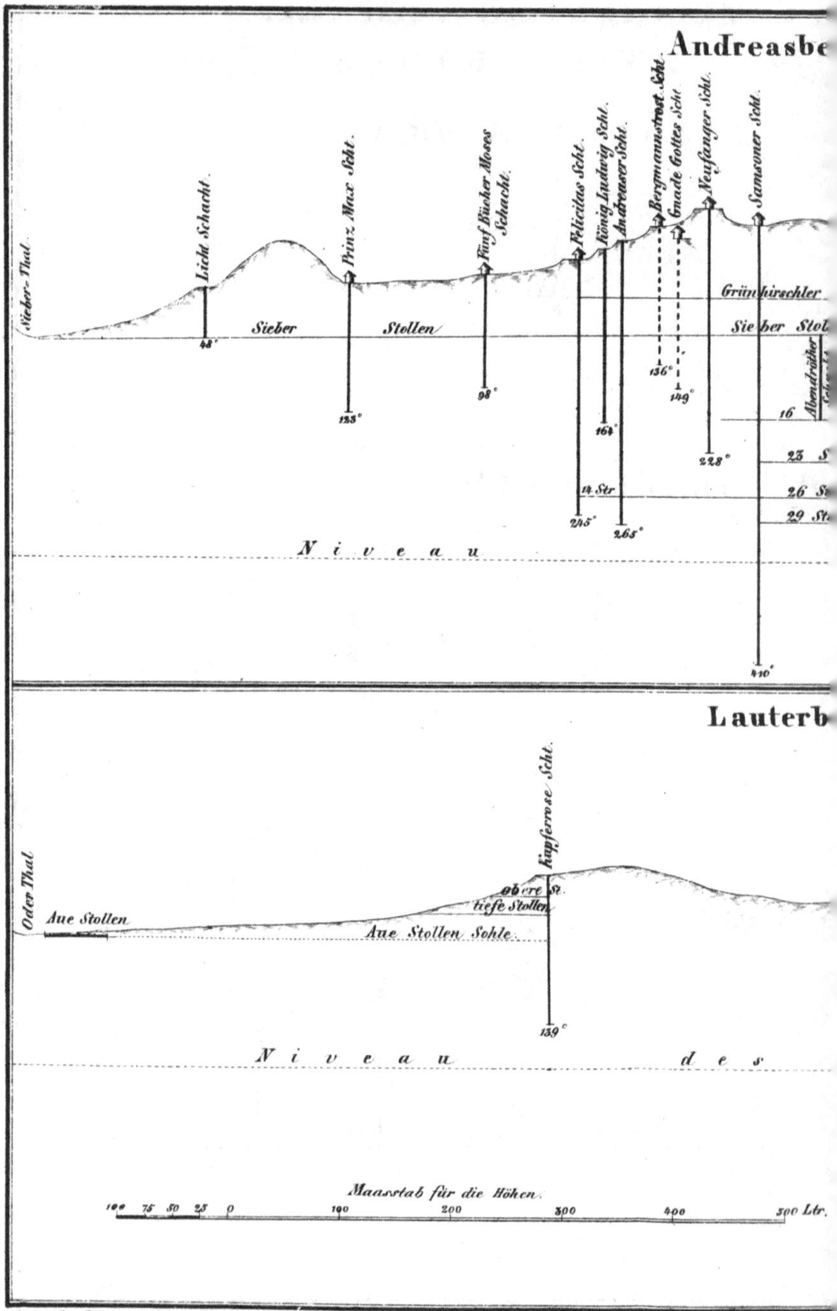

Archiv für Mineral. Geogn. Bergbau u.s.w. Bd. XXVI.

TAF. XIII.

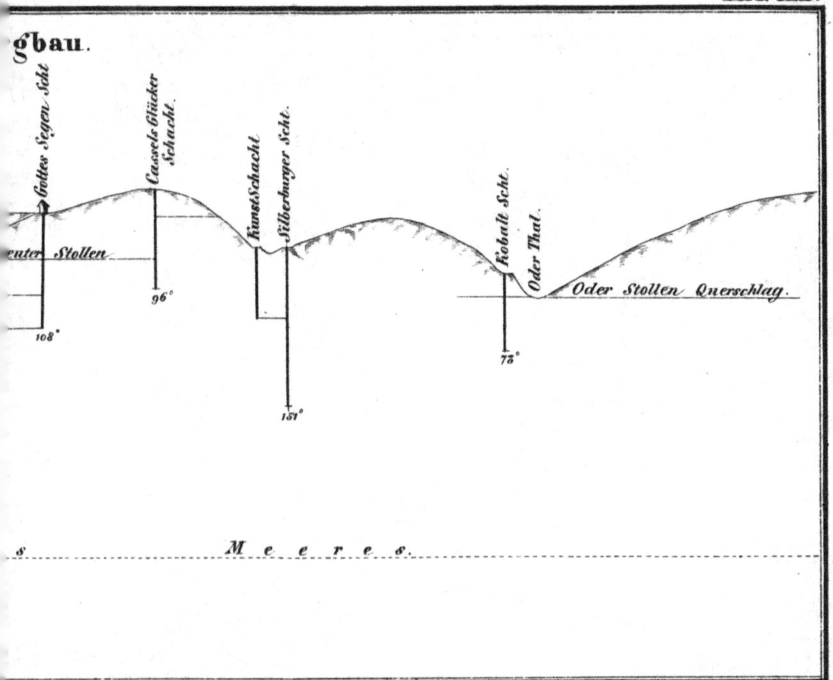

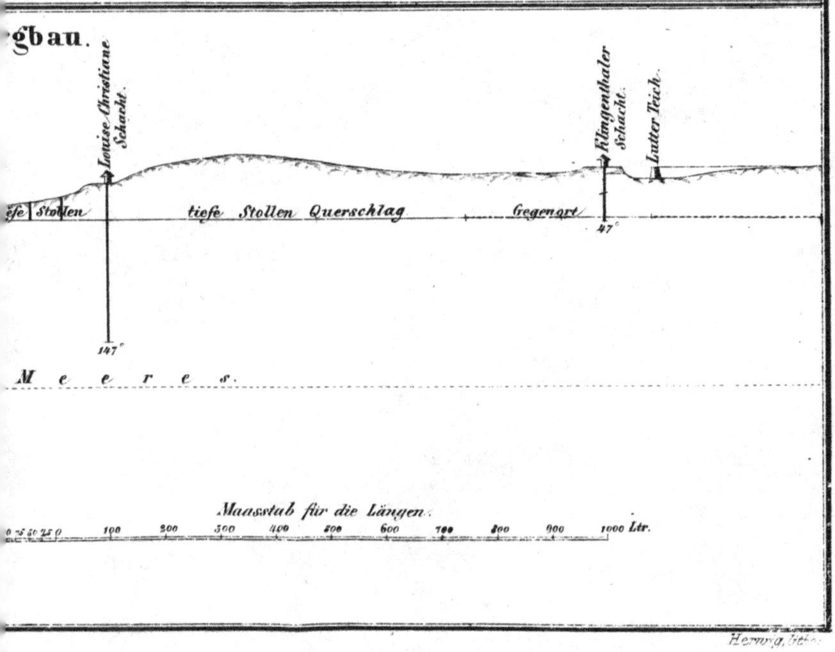

Herwig, lith.

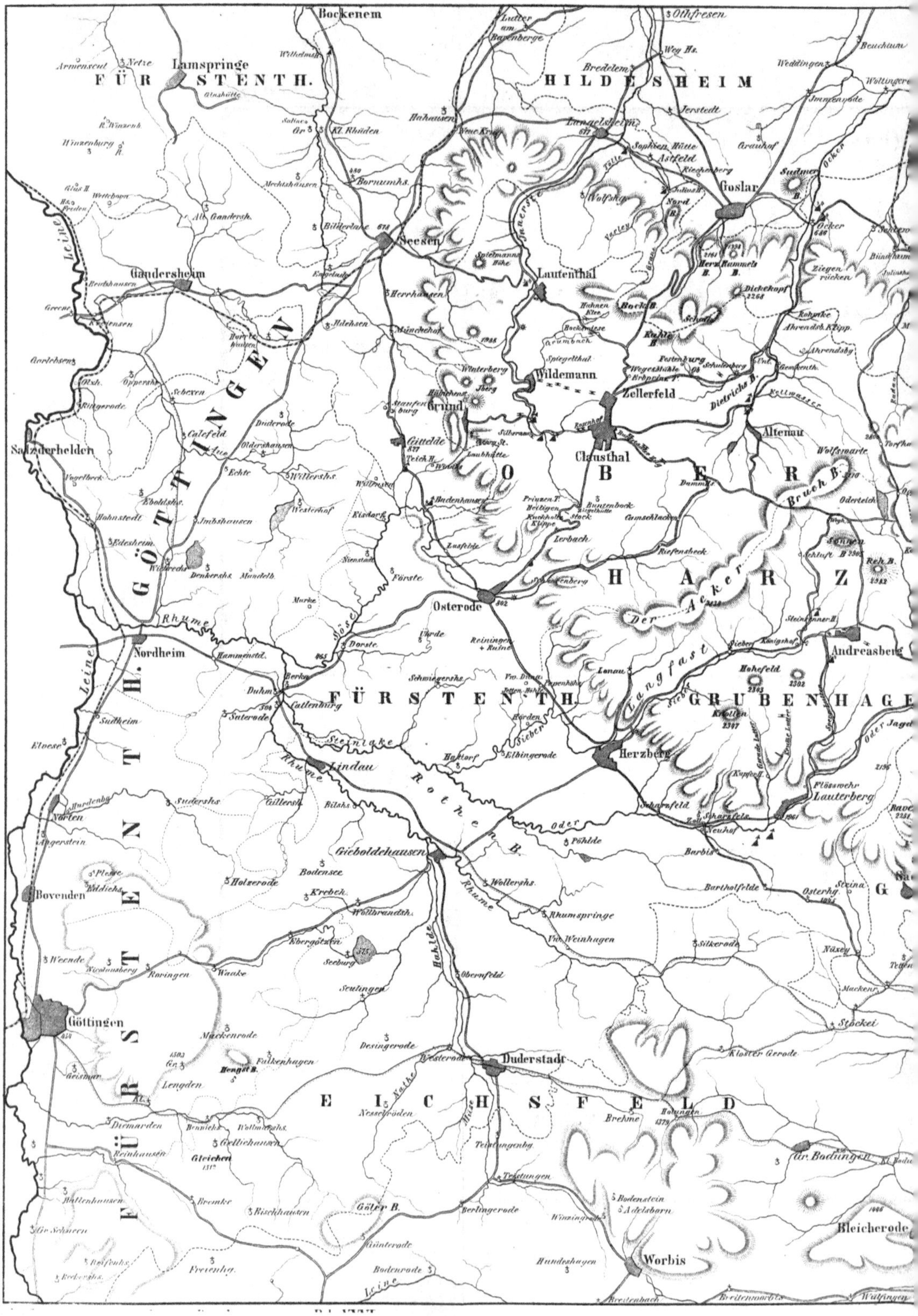

Bockenem
Lutter am Barenberge
Othfresen
Beuchtum
Lamspringe
FÜR STENTH.
HILDESHEIM
Bredelem
Weddingen
Jerstedt
Immenrode
Langelsheim
Sophien Hütte
Astfeld
Grauhof
Kl. Rhüden
Bornumhs.
Mechtshausen
Goslar
Sudmer B.
Ocker
Gandersheim
Seesen
Lautenthal
Herz. Rammels B.
Dickekopf
Bock B.
Kahle B.
Ahrendsb. Klipp.
Herrhausen
Ildehsen
Münchehof
Wildemann
Zellerfeld
Dietrichs B.
Altenau
GÖTTINGEN
Winterberg
Jberg
Grund
Gittelde
Clausthal
Buntenbock
OBERHARZ
Bruch B.
Salzderhelden
Calefeld
Oldershausen
Echte
Willershs.
Westerhof
Eisdorf
Badenhausen
Imbshausen
Edesheim
Gumschlacken
Zerbach
Riefensbeck
Förste
Osterode
Der Acker
Sonnen B.
Reh. B.
Rhume
Nordheim
Hammenstd.
Dorste
Sösse
Reiningen + Ruine
Andreasberg
Berka
Duhm
Callenburg
Schwiegershs.
FÜRSTENTH. GRUBENHAGEN
Langfast
Lonau
Sieber
Sudheim
Suterode
Elvese
Lindau
Hattorf
Elbingerode
Herzberg
Oder
Rothe B.
Lauterberg
Scharzfeld
Neuhof
Sudershs.
Gillersh.
Bilshs.
Nörten
Angerstein
Pöhlde
Barbis
Gieboldehausen
Bodensee
Holzerode
Krebek
Wollershs.
Bovenden
Bartholfelde
Osterhg.
Wollbrandsh.
Rhumspringe
Ebergötzen
Seeburg
Weende
Nicolausberg
Roringen
Waake
Seulingen
Obernfeld
Silkerode
Göttingen
Mackenrode
Desingerode
Stöckei
Falkenhagen
Hengst B.
Geismar
Lengden
Westerode
Duderstadt
Kloster Gerode
EICHSFELD
Nesselröden
Brehme
Diemarden
Wollmershs.
Gelliehausen
Reinhausen
Gleichen
Teistungenbg.
Teistungen
Gr. Bodungen
Bremke
Bischhausen
Göter B.
Berlingerode
Bodenstein
Adelsborn
Bleicherode
Günterode
Bodenrode
Hundeshagen
Worbis
Freienhg.
Leine
Breitenbach
Wülfingen

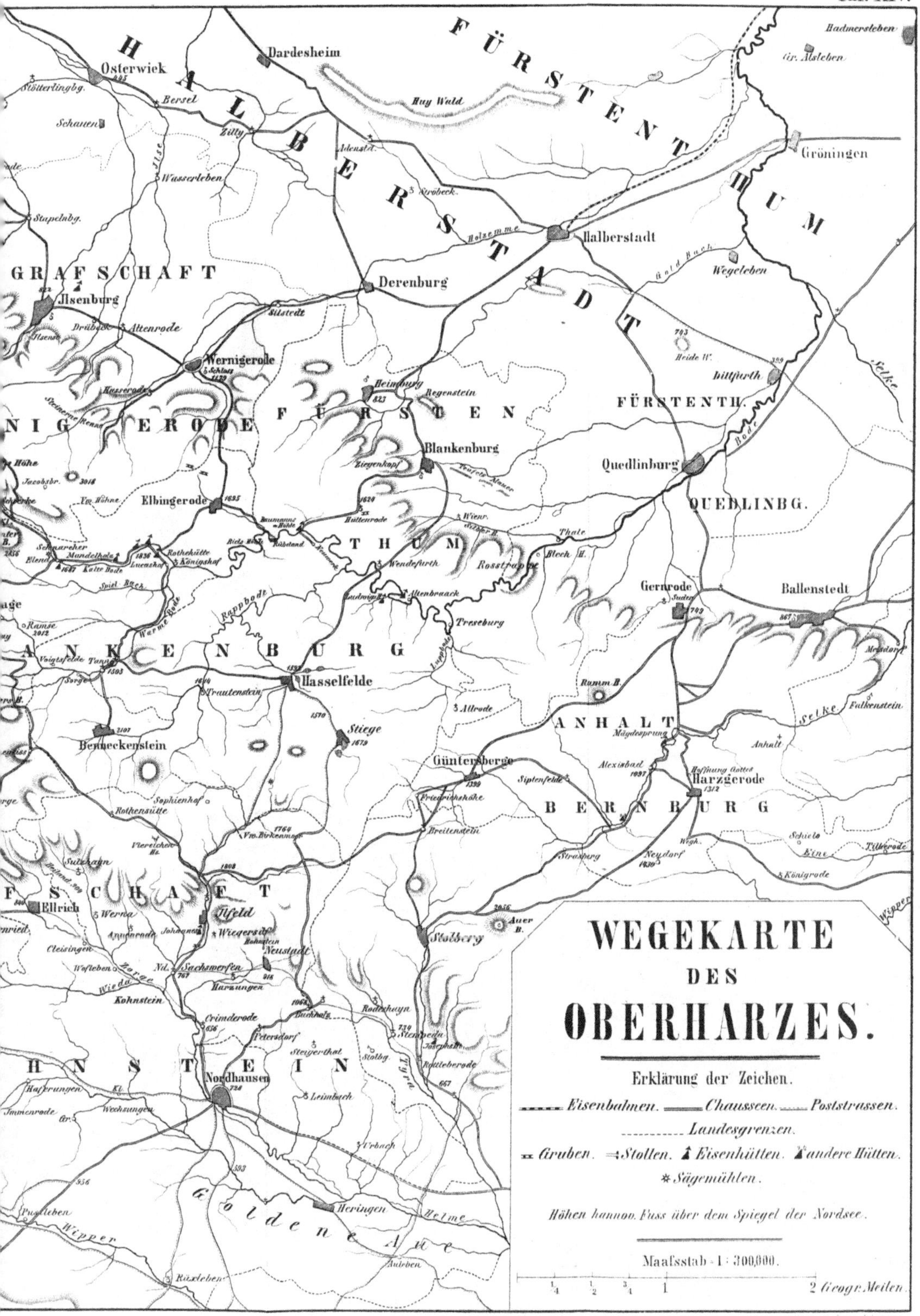
WEGEKARTE
DES
OBERHARZES.
Erklärung der Zeichen.
Eisenbahnen. Chausseen. Poststrassen.
Landesgrenzen.
Gruben. Stollen. Eisenhütten. andere Hütten.
Sägemühlen.
Höhen hannov. Fuss über dem Spiegel der Nordsee.
Maafsstab 1 : 300,000.
2 Geogr. Meilen
FÜRSTENTHUM HALBERSTADT
GRAFSCHAFT WERNIGERODE
FÜRSTENTHUM BLANKENBURG
QUEDLINBG.
ANHALT BERNBURG
Osterwiek
Dardesheim
Halberstadt
Gröningen
Derenburg
Ilsenburg
Wernigerode
Blankenburg
Quedlinburg
Elbingerode
Hasselfelde
Benneckenstein
Stiege
Gernrode
Ballenstedt
Güntersberge
Harzgerode
Stolberg
Ilfeld
Neustadt
Ellrich
Nordhausen
Heringen
Goldene Aue

FSC
www.fsc.org
MIX
Papier | Fördert
gute Waldnutzung
FSC® C083411

Kolibri 360 GmbH
Ferdinand-Jühlke-Straße 7
99095 Erfurt, Deutschland
produktsicherheit@kolibri360.de